Cap de Catalunya
Cap de Formentor
Cala Sant Vicenç
La Troneta
Formentor
Cala Solleric
Port de Pollença
Pollença
Badia de Pollença
Cap des Pinar
Cala Solana
Es Clot
Alcúdia
Ermita de la Victòria
Llac Gran
Platja des Port d' Alcúdia
Platja de Muro
Badia
d' Alcúdia
Canal de Siurana
Can Picafort
Cap de Ferrutx
Es Caló
Cala Fosca
Cala Mata
Cala den Sureda
Es Serralot
Morei
562
Cala Mitjana
Cap des Freu
Jaumell
271
Cala Agulla
Punta de Capdepera
Cala Ratjada
Capdepera
Sa Colònia de Sant Pere
Artà
Sa Font de sa Cala
Sa Pobla
Campanet
Puig de Santa Magdalena
304
Ermita de Santa Magdalena
Muro
Santa Margalida
Llubí
Sineu
Ariany
Puig d´Alpare
487
Penyal Roig Jordi
315
Cap Vermell
Canyamel
Cala Rotja
Cap des Pinar
Esquerda
382
Son Mesquida
Son Servera
Sant Llorenç des Cardassar
Pla
Petra
Puig de Bonany
317
Sant Joan
Atalayas
182
Son Carrió
Badia d´Artà
Sa Coma
Punta de n´Amer
Platja de sa Coma
Manacor
Montuïri
Vilafranca de Bonany
Cala Morlanda
Serra de Llevant
Porto Cristo
Porreres
Son Josep
S´Hospitalet
Cala Mandia
Cala Murada
Felanitx
Cas Porrerenc
Campos
Son Negre
Mamellas
271
Porto Colom
Punta de ses Crestes
Can Beca
Cala Marsal
Castell de Santueri
Calonge
Sa Sorda
Puig Gros
270
Cala d´Or
Cala Ferrera
Santanyí
Salines de Llevant
Finca Sant Blai
Es Llombards
Porto Petro
Punta de sa Torre
Banys de Sant Joan
Ses Salines
Cala Figuera
Estany des Tamarells
Can Sobeta
Cala Santanyí
Estany de ses Gambes
Platja de ses Roquetes
Punta des Baus
Caló des Màrmols
Illot des Caragol
Racó de na Barbera
Cap de ses Salines

Köstliches Mallorca

Claudia Bittau/Michael Möser

Köstliches Mallorca

SÜDWEST

Palma de Mallorca bei Nacht, *mit seinen vielen funkelnden Lichtern, ist immer wieder ein faszinierender Anblick, vor allem wenn man abends auf der Insel ankommt.*

Markttag in Santa Maria del Camí *mit köstlich frischem Inselgemüse und Obst.*

Die einsam gelegene Ermita de Trinitat *bietet einen herrlichen Rundumblick (Seite 4/5).*

Son Marroig – *ein idyllisch gelegenes altes Landgut aus dem 18. Jahrhundert mit wunderschönem Ambiente (Seite 6/7).*

Eine der vielen schönen Buchten *auf Mallorca (Seite 8/9).*

INHALT

Wenn die Temperaturen steigen, *trifft man sich zur Siestazeit zu einem gemütlichen Plausch mit den Nachbarn.*

Die beschauliche Inselmitte *versorgt die Mallorquiner mit reichlich Getreide, Obst und Gemüse.*

Lloret de Vista, Alegre *fasziniert durch seine zahlreichen Orangenbäume, die saftig-süße und sehr aromatische Früchte tragen (Seite 12/13).*

Einführung

Alle Mütter, die Töchter haben,
sollten ein Kochbuch
für jede ihrer Töchter schreiben.

Coloma Abrinas Vidal

Geschmackvoll und vielfältig – das sind wohl die Hauptattribute, die man der mallorquinischen Küche, der *cuina mallorquina*, zusprechen kann. Auch wenn sie vielleicht nicht so bekannt ist wie die Küchen anderer mediterraner Länder, hat sie doch eine lange Tradition, immer wieder bereichert durch die verschiedenen Kulturen der vielen Besatzer und Siedler, die sich auf der Insel niederließen. So kann man auch heute noch Gerichte auf der Speisekarte finden, die auf jüdische und arabische Einflüsse zurückgehen, oder Rezepte nachkochen, die aus dem frühen Mittelalter stammen.

Die mallorquinische Küche ist eine Familienküche, d.h. die Vielfalt bei der Zubereitung vieler Gerichte lässt sich nicht durch die Vorlieben einzelner Regionen oder Landstriche erklären, sondern hat sich im Laufe von Generationen innerhalb der Familien entwickelt, wobei jede Familie, ausgehend von den Basisrezepten, dem persönlichen Geschmack entsprechend ihren ganz eigenen Stil geprägt hat. Wenn wir die in diesem Buch vorgestellten Rezepte auf die verschiedenen Inselregionen verteilt haben, hat dies lediglich gestalterischen Charakter und nichts mit einer regionalen Küche zu tun.

Wie wichtig die Familientradition bei der Zubereitung mallorquinischer Spezialitäten ist, wird durch eine kleine Geschichte deutlich: Die junge Coloma Abrinas kam im Jahr 1901 mit 14 Jahren eher zufällig in ein hochherrschaftliches Haus nach Palma. Die Hausherrin suchte schon seit längerem eine neue Köchin, da die alte in andere Dienste gewechselt hatte. Sie fragte Colomas Mutter, die dort als Hausmädchen arbeitete, ob sie damit einverstanden sei, wenn die Tochter als Köchin zu ihr käme. Colomas Mutter war mehr als überrascht und erklärte hastig, dass ihre Tochter noch niemals etwas gekocht habe, geschweige denn wisse, wie man ein Herdfeuer entfache. Die Antwort der Hausherrin war so einfach wie logisch: »Besser so«, antwortete sie nämlich, »denn dann kann ich sie nach meinem Geschmack einweisen.« Damit begann Colomas Laufbahn als angesehene Köchin, und sie übte ihren Beruf bis weit über ihr 80. Lebensjahr hinaus aus. Während ihrer letzten Jahre schrieb sie auf Drängen und Betteln von Freunden und Gästen, die bei ihr gegessen hatten, ihre Rezepte in einem kleinen Büchlein nieder, das mittlerweile in 17. Auflage immer noch erhältlich ist: ›Cocina Selecta Mallorquina‹!

Dank der hochwertigen landwirtschaftlichen Produkte der Insel kann es sich die mallorquinische Küche erlauben, weitestgehend auf exotische Gewürze und raffinierte Zutaten zu verzichten. Ihre Qualität beruht eher auf der Verwendung stets frischer Zutaten und einer zwar einfachen, durch die vielen kleinen Einzelschritte häufig aber eher zeitaufwendigen Zubereitungsform. Denn die mallorquinische Küche ist hausgemacht und kann deshalb hinsichtlich Qualität und Frische ohne weiteres mit den großen Küchen der Welt konkurrieren. In jedem Fall vermittelt die echte *cuina mallorquina* mit ihren Rezepten und ihrem Variantenreichtum ein Stück mallorquinischer Lebensart und ist gleichzeitig Repräsentant dieses kleinen Inselkontinents, der wie in der bunten Vielfalt seiner Landschaft auch in der Vielfalt seines Speisezettels für jeden Geschmack etwas bereithält.

Mein Einstieg in die mallorquinische Küche fand im Zentrum der Insel statt. Dort, wo noch immer die eigene Scholle bestellt und nach alten Traditionen gekocht und gebacken wird, war es mir hautnah möglich, die echte mallorquinische Landküche kennen zu lernen. Ich durfte meinen Nachbarn und Freunden bei der Zubereitung über die Schulter und in den Kochtopf schauen, unterhielt mich mit den Hausfrauen auf dem Wochenmarkt und konnte auf diese Weise nach und nach ein Gefühl für die authentische *cuina mallorquina* entwickeln, deren bekannteste Rezepte Sie in diesem Buch sowohl mit mallorquinischer als auch mit spanischer Bezeichnung wiederfinden. Da auf Mallorca viele Gerichte bzw. Lebensmittel einmal auf *mallorquin* benannt werden, wie etwa *pa amb oli*, ein andermal unter ihrer spanischen Bezeichnung geläufiger sind, wie etwa *calamares* oder *pan moreno*, habe ich bei den Rezepten oder bei Hinweisen zu einzelnen Lebensmitteln die jeweils bekanntere Bezeichnung gewählt.

Immer habe ich bereitwillig Auskunft erhalten, wie denn dieses oder jenes Gericht zubereitet wird, obwohl – wie sollte es bei so vielen Familienrezepten auch anders sein – nicht immer alle einer Meinung waren. Dann entspannen sich heftige Diskussionen, die aber dank des Variantenreichtums der mallorquinischen Küche immer damit endeten, dass jeder Recht hat! Mir hat das Ausprobieren und Nachkochen alter Rezepte und Klassiker sehr geholfen, mich schnell auf der Insel zu Hause zu fühlen, die Menschen und ihre Traditionen besser kennen und meine neue Heimat Mallorca lieben zu lernen. Denn schließlich heißt es ja nicht umsonst: »Die Liebe geht durch den Magen.« In diesem Sinne wünsche ich Ihnen »Guten Appetit« oder, wie man auf Mallorca sagt, »*bon profit*«!

CLAUDIA BITTAU

Auf der Suche nach den vielen Gesichtern Mallorcas entdecken wir immer wieder neue. Das einsame und wilde, das sanfte und milde, das stille und laute und immer wieder das einfache, genussvolle Mallorca.

INSEL-GESICHTER

ANTONIO COMAS

Gemüsehändler aus Sóller

Antonio ist zu Scherzen aufgelegt, denn er hat gute Geschäfte gemacht. Seit Jahren steht er jeden Sonntag auf dem Markt in Santa Maria del Camí.
»Alle Produkte stammen aus meiner eigenen kleinen Finca; natürlich gibt es viele andere lokale Märkte, aber hier gefällt es mir am besten. Schaut euch doch einfach mal um – wo sonst sind am Sonntagvormittag so viele nette Leute auf den Beinen?«,
meint Antonio lachend und balanciert einen Wirsing auf dem Kopf.

Trotz flirrender Hitze pflanzen diese Bäuerinnen aus Petra unzählige Stauden, an denen in wenigen Wochen die köstlichen Inseltomaten reifen (Seite 16/17).

Die sonnenverwöhnte Mittelmeerinsel scheint eine magische Anziehungskraft auszuüben: Zuerst lockte sie rätselhafte Megalithkulturen an, dann kamen die Römer, die Araber und schließlich die Spanier. Auch Piraten statteten der Insel immer wieder mal einen Besuch ab. Heute sind es vor allem Urlauber, die sich von Mallorcas abwechslungsreicher Landschaft, von seinen langen Sandstränden, seinen malerischen Buchten und den herrlichen Wanderbergen angezogen fühlen. Die allermeisten Besucher sehen Mallorca zuerst einmal durch das Flugzeugfenster. Aus der Vogelperspektive betrachtet, fällt sofort die Dreiteilung der 3680 Quadratkilometer großen Insel ins Auge. Im Westen erstreckt sich das imposante Gebirge der Serra de Tramuntana mit dem 1445 Meter hohen Puig Major, im Osten die gemäßigte Serra de Llevant, die sich bis auf 561 Meter erhebt, und dazwischen liegt die zentrale Ebene Llanura del Centro, kurz Es Pla genannt. In die Landschaft eingeschnitten, fallen auch gleich die beiden weiten Buchten Badia d'Alcúdia im Norden und die Badia de Palma im Süden ins Auge. Die mal zackig scharfe, mal sanft geschwungene Küstenlinie zieht sich über 555 Kilometer hin und lässt schon von weit oben eine Unzahl von Buchten, *calas*, erkennen.
Die Schönheit Mallorcas wussten schon die Römer zu schätzen: Bereits ein Jahr, nachdem Quintus Cäcilius Metellus an Land gegangen war, befand sich die bis dahin bei Seeräubern beliebte Insel komplett unter römischer Herrschaft. Auf der Balearis Major oder kurz Majorica, wie die größte der fünf Baleareninseln seit 124 v. Chr. genannt wurde, ließ Metellus verdiente Ex-Legionäre ansiedeln und plantagenweise Ölbäume pflanzen, die die Insel sprichwörtlich aufblühen ließen. Nach ziemlich brutalen »Besuchen« von Vandalen, Byzantinern und Normannen wurden die Balearen im Jahr 902 von Isman al Jaulani erobert. Mehr als 300 Jahre dauerte die islamische Herrschaft, und man spricht heute noch von dieser kulturellen Blütezeit. Mit Beginn der Reconquista im September 1229, als katalanische Truppen unter der Führung Jaume I. auf der Insel landeten, begann die 120 Jahre währende Periode des »unabhängigen« Mallorca, wenngleich dies eine Neubesiedelung der Insel durch die Aragonesen und Katalanen bedeutete.
Im Jahr 1276 gründete Jaume II. das Königreich Mallorca, und 1324 bestieg Jaume III. den Thron. Während seiner Regentschaft entwickelte sich Palma zum Zentrum des Seehandels im gesamten Mittelmeerraum und wurde damit wiederum für Spanien interessant. So entsandte Pedro IV. von Aragón seine Truppen, gegen die König Jaume III. am 25. Oktober 1349 bei der Entscheidungsschlacht vor Llucmajor keine Chance hatte, und Mallorca verlor seine Unabhängigkeit an die Spanier, die es erst 1983 zurückgewann.

Mallorca zählt heute etwa 620 000 Einwohner, von denen mehr als 95 Prozent *català* sprechen, genauer genommen einen Dialekt des Katalanischen, nämlich *mallorquin*, die balearische Variante. Denn echte Mallorquiner kochen ja auch nicht katalanisch oder spanisch, sondern nennen ihre Küche stolz *cuina mallorquina*. Mit der Küche hat übrigens auch die erste Schiffsverbindung zwischen Mallorca und dem spanischen Festland zu tun: Angeblich soll sie nämlich nur deshalb eingeführt worden sein, weil man die Überschüsse der erfolgreichen mallorquinischen Schweinezucht auf das Festland exportieren wollte. Dies hatte allerdings nachhaltige Folgen, denn mit den ersten Linienschiffen kamen auch die ersten Reisenden in größerer Zahl.

Konzentriertes Arbeiten *inmitten der quirlig lebendigen Inselmetropole: ein Fischer, der auf der Straße in aller Ruhe seine Netze flickt, bevor er sich zur nächsten abendlichen Ausfahrt aufs Meer bereitmacht.*

Wie in allen Mittelmeerländern *kann man auch auf Mallorca den Frauen bei der Handarbeit zuschauen.*

»Schwein gehabt!«, könnte man sagen und müsste noch ironischerweise hinzufügen, dass heutzutage manche Besucher nicht zuletzt wegen der *lechona*, des Spanferkels vom Holzofengrill, einfliegen.

Mit der Entdeckung Mallorcas als Sommerfrische um 1800, den Aufenthalten der ersten Prominenten wie Frédéric Chopin, George Sand oder Erzherzog Ludwig Salvator, galt Mallorca – touristisch betrachtet – als erschlossen. Das erste Ferienhaus wurde 1872 in S'Arenal gebaut, und die ersten englischen Pensionäre landeten um 1900 auf der Insel. Drei Jahre später wurde das »Gran Hotel« in Palma eröffnet, und der Tourismus kam in Schwung.
Vor dem Spanischen Bürgerkrieg schipperten Kreuzfahrtgäste zur Sonneninsel, dann wurde Mallorca zum Flitterwochenziel, und – sensationell – während Francos Herrschaft war sogar das Nacktbaden am Es-Trenc-Strand erlaubt!

Anfang der fünfziger Jahre entdeckte man noch mehr herrliche Strände. Badeurlaub wurde in und man zog die ersten Hotelklötze hoch. Spätestens seit den sechziger Jahren war es mit der Illa de la Calma, der Insel der Stille, wie Mallorca früher genannt wurde, vorbei. Prominenz wie Winston Churchill, Charlie Chaplin, Audrey Hepburn oder Helmut Schmidt wurden von ihr angelockt, Michael Douglas und Bruno Kreisky kamen und blieben mittels Zweitwohnsitzen. In den siebziger Jahren wurden bereits zwei Millionen Urlaubsgäste pro Jahr gezählt, und gegenwärtig reisen jährlich zwischen sechs und sieben Millionen Menschen an, die überwiegend in 280 000 Betten, verteilt auf 1300 Hotels, absteigen. Das größte Eiland der Balearen verdankt dem Tourismus mittlerweile rund 65 Prozent seines Bruttoinlandsprodukts, Tendenz steigend.
Etwa 75 Prozent der Bevölkerung leben direkt oder indirekt vom Tourismus, so dass Mallorca heute über das

»Reis de Mallorca« nennt sich ein Zusammenschluss von individuellen Hotels, die in stilvollen oder historischen Gebäuden dem Gast versprechen, sich wie »ein König zu fühlen« (Seite 71). Unter den 18 »Königen von Mallorca« sind auch das »Arabella Golf Hotel Son Vida« (Seite 49) und das »La Residencia« (Seite 95).

Bilder wie diese *haben viele Jahre Mallorcas Image geprägt – jetzt wird von der Regierung einiges dagegen unternommen.*

Diese Mallorquinerin *nutzt den Weg nach Santa Margalida zum Flechten der typischen Körbe.*

Informationen über Mallorca erhalten Sie im Spanischen Fremdenverkehrsamt, Postfach 17 05 47, 60079 Frankfurt/Main, Tel. 0 69/72 50 33 oder 72 50 38, Fax 0 69/ 72 53 13, oder vor Ort in der Touristeninformation, Plaça de la Reina 2, 07012 Palma, Tel. 71 22 16.

Fisch und Meeresfrüchte *vom Feinsten werden in vielen Inselrestaurants angeboten.*

höchste Pro-Kopf-Einkommen Spaniens verfügt. Wie die Insel den alljährlich wiederkehrenden sommerlichen Massenansturm verkraftet, ist erstaunlich, und ebenso, wie die Verantwortlichen dabei agieren, denn immerhin hat man es geschafft, jeden zehnten Urlauber vom Strand wegzulocken und das »Ballermann 6«- und »Sangria-Olé«-Image aufzubessern.
Heute lädt die Insel zum Aktivsein ein – sie genießt den Ruf eines Radlerparadieses, und rund 150000 deutsche Golfer schwingen hier jährlich ihre Schläger. Die Gebirge sind ideal zum Wandern, und 40 Sporthäfen machen Mallorca zu einem maritimen Paradies. Einer, der es wissen muss, ist der spanische König Juan Carlos. Er verbringt mehrere Wochen im Jahr in seiner Residenz auf Mallorca, zeigt Staatsgästen wie Bill Clinton seine zweite Heimat und steuert seine Segeljacht bei Regatten schon mal als Erster über die Ziellinie.

Das Klima auf Mallorca ist mild und ergibt sich aus der Lage der Insel: Sie liegt inmitten des subtropischen Mittelmeergürtels, der sogar manch milderen Winter als auf dem spanischen Festland beschert. Hier fällt die Temperatur selten unter 0 °C, und an schönen »Wintertagen« klettert die Quecksilbersäule schon mal bis zur 20 °C-Marke hoch. Das bis zu 1445 Meter hohe Gebirge im Westen bewahrt vor allem die Inselmitte vor Schlechtwetterwolken und versorgt weite Teile des Landes mit Wasser, das in Form von starken Niederschlägen in der Regel im April und November niedergeht. Dennoch ist die Wasserknappheit auf Mallorca ein großes Problem, das erst durch eine Meerwasserentsalzungsanlage in den Griff zu bekommen wäre. Die Sommer sind trocken und heiß, und an manchen Augusttagen kann das Thermometer bis auf 40 °C ansteigen.

Starker Wind, von Norden kommend und in Frankreich als Mistral bekannt, gab dem als Schutzschild fungierenden Kalksteingebirge entlang der Westküste seinen Namen: Tramuntana. Das ungefähr 90 Kilometer lange und 10 bis 15 Kilometer breite Gebirge war früher das Reich der Eremiten und Aussteiger, während der Kalksteinriegel heute vor allem als Wander- und Radfahrerparadies bekannt ist. Ausflügler und Biker lieben die kurvige Bergstraße C 710, wie eine der schönsten Küstenstraßen des gesamten Mittelmeerraums reichlich profan heißt. Sie schlängelt sich über fast 150 Kilometer von Andratx nach Pollença und hätte eigentlich einen blumigeren Namen verdient, etwa »Straße der Sehnsüchte« oder «Route der Träume«, denn zwischen den kahlen Gipfeln und der schroffen Steilküste zieht sich im Frühjahr ein farbenfrohes Band von Obst-, Oliven- und Mandelbaumterrassen an ihren Seiten entlang.

Auf Inseltouren begegnet man ohnehin auf Schritt und Tritt der üppigen Vegetation Mallorcas. Macchia, Aleppokiefern und knorrige Steineichen an den felsigen Küsten im Westen und Osten, wilde Oliven- und Johannisbrotbäume im Südwesten und weitflächig verstreut riesige Mandel- und Obstbaumhaine, wunderschöne Zypressenalleen, haushohe Dattelpalmen oder stachelige Kakteen, die gelegentlich sogar Zäune ersetzen. Einige der dicken knorrigen Olivenbaumstämme im Norden sollen angeblich sogar noch von Römerhand gepflanzt worden sein. Von Januar bis Februar verwandelt die Mandelblüte Mallorca in eine weiße Pracht, und im Frühling breiten sich auf den blühenden Wiesen bunte, duftende Blumenteppiche mit roten Mohnblumen und gelben Margeriten aus. Heidekräuter überziehen die Berghänge im Frühjahr

Fincas werden auf Mallorca *die alten, größtenteils umgebauten Landhäuser genannt. Viele von ihnen wurden inzwischen zu Wohnhäusern, einige auch zu komfortablen Ferienhäusern oder Gastpensionen umfunktioniert, in denen Sie herrliche Ferien auf dem Land, weitab von den großen Touristenhotels, verbringen können.*

Pollença: *Laden mit inseltypischen Korbwaren.*

mit leuchtenden Blüten, in vielen Gärten und Innenhöfen (Patios) strahlen Geranien und Bougainvilleen. Und überall steigt einem der Duft der wild wachsenden Kräuter in die Nase – Rosmarin, Majoran, Kamille, Wacholder, Myrte oder Fenchel –, die für die inseltypischen Gerichte genutzt werden und auch bei der Herstellung der mallorquinischen Kräuterschnäpse und Liköre unentbehrlich sind.

Auch die Hügellandschaft der Ostküste, die exponierten Kaps mit ihren steilen Klippen, die zahllosen Buchten mit dem traumhaft türkis- bis lapislazulifarbenen Wasser und die kilometerlangen, feinsandigen Strände gehören ebenso zu Mallorca wie die beliebten Ausflugsziele Deià und Sóller sowie natürlich Palma, die Hauptstadt mit Charme und Grandezza. Doch selbst wenn es Leute gibt, die mal eben übers Wochenende »runterfliegen«, von ihrer *finca* (einem meist mit viel Liebe und Peseten umgebauten alten Landhaus) den nächsten Golfplatz ansteuern und abends zusammen mit Freunden in die Welt der Inselgastronomie eintauchen – wer die ländliche, die authentische *cuina mallorquina* erleben will, sollte um die großen Ferienorte einen weiten Bogen machen und das Hinterland ansteuern. Und wer sich auf einer touristischen *finca* einmietet und selbst mal den Kochlöffel schwingen möchte, kann sich bereits beim Einkauf auf die Suche nach dem unverfälschten Mallorca begeben.

Frische Produkte kauft man am schönsten auf einem der zahlreichen lokalen Märkte oder auf den größeren Bauernmärkten. Dazu holt man sich – vielleicht sogar direkt beim Bauern – ein frisches Stück Fleisch, entdeckt in Markthallen vielerlei Fisch und frische Meeresfrüchte, bekommt von Köchen gute Tipps, entlockt Hausfrauen alte mallorquinische Rezepte und beginnt sich mit der typischen Küche anzufreunden.

Die Associació Agroturisme Balear hat ausgesuchte *fincas* in einem kleinen Führer zusammengefasst. *Fincas* sind auch über deutsche Reiseveranstalter, etwa die TUI und diverse Reservierungsbüros in Deutschland zu buchen (mehr darüber erfahren Sie auf Seite 70).

Romantische Abendstimmung *in der weiten Es-Pla-Ebene.*

Millionen von Mandelbäumen *stehen im Februar auf Mallorca in voller Blüte.*

Auf der Insel gibt es eine reiche Auswahl an süßen und pikanten Rezepten mit Mandeln wie etwa den köstlichen Mandelkuchen, das feine Mandeleis oder das berühmte *escaldums*, das Huhn mit Mandeln.

Mandeln, Nüsse und Feigen *werden körbeweise auf den Inselmärkten angeboten.*

Mallorcas günstiges Klima dient nicht nur dem Tourismus, sondern bildet auch die Grundlage für einen reich gefüllten Warenkorb mit wohlschmeckenden, feinsten Inselprodukten. Ganz Mallorca leuchtet, wenn die Mandelblüte Ende Januar/Anfang Februar – in manchen Lagen hält sich die Blüte sogar bis in den März – den Frühling ankündigt und die weiße Blütenpracht von mehr als sechs Millionen Mandelbäumen die Insel wie mit einem riesigen Brautschleier überzieht. Weitläufige Mandelbaumkulturen finden sich in der weiten Ebene Es Pla, in der Inselmitte und im Südosten. Natürlich werden die mallorquinischen Mandeln für zahlreiche traditionelle Gerichte verwendet, etwa im berühmten Hühnertopf mit Mandeln, dem *escaldums,* oder in Form einer köstlichen Mandelsauce zu Fischgerichten. Auch der süße Duft in den mallorquinischen Bäckereien und Konditoreien trägt immer den Hauch von Mandeln mit durch die Lüfte.

Zu den süßen Verführern zählen der *gató d'ametlla*, der Mandelkuchen, die Mandelplätzchen mit Pinienkernen, *panellets amb pinyons*, und natürlich auch das himmlische Mandeleis, *gelat d'ametlla.* Zur Weihnachtszeit bereiten die Hausfrauen den *indiot de Nadal* zu, den Weihnachtstruthahn mit Mandeln, und die *llet d'ametlla*, eine köstliche Mandelmilch, die an heißen Tagen im Sommer eisgekühlt als *orxata* genossen wird.

Mallorcas Bauern verdanken der arabischen Herrscherperiode (902–1229) durch die Einführung der Mandeln auf der Sonneninsel heute noch reiche Erträge. Mandeln werden nicht nur in der Küche, sondern auch von Marzipan- und Nougatfabriken verarbeitet, und die Bittermandeln finden in der Arznei- und Parfümherstellung Verwendung. Seit etwa hundert Jahren werden die mallorquinischen Mandeln exportiert, und heute zählt man mehr als ein Dutzend verschiedener Mandelsorten auf Mallorca. Sie sehen zwar nicht so schön gleichmäßig aus wie die kalifornischen, schmecken Experten zufolge besser und intensiver.

Die Mandelbäume werden ebenso dem Erbe der Mauren zugeschrieben wie die vielen Aprikosen-, Pfirsich- und Johannisbrotbäume. Schon die Griechen, aber auch Araber und Phönizier nutzten den Samen der Johannisbrotfrucht als Gewichtseinheit. Denn ein Samen wiegt fast immer 0,2 Gramm und war deshalb ideal zum Aufwiegen von Gold oder Edelsteinen geeignet. Die unreifen Früchte des Johannisbrotbaums dienen heutzutage auf Mallorca im Winter als Viehfutter. Im Frühjahr werden die *algarrobas*, die reifen schwarzbraunen Johannisbrotfrüchte, als Beigabe zu diversen Gerichten serviert, und früher bildete Johannisbrot die Basis für den Magenbitter *palo.*

Die Mauren waren es auch, die Mallorca in einen blühenden Garten verwandelten. Sie führten nicht nur die bis heute so charakteristischen Windmühlen ein, sondern schufen aus kargen Felshängen, hauptsächlich an der Westseite des Tramuntana-Gebirges, fruchtbare Terrassenfelder. Bis in unsere Tage hat diese Landwirtschaftskultur dank der über Jahrhunderte verfeinerten Kunst, Mauern mit Bewässerungssystemen zu kombinieren, überlebt. Bei Banyalbufar, das auf arabisch »buniola al bahar« (kleiner Weingarten am Meer) heißt, wurde von den Mauren sogar Wein (Malvasia) angebaut. Inzwischen rentiert sich der Weinanbau in den schmalen Terrassengärten kaum noch, dafür wurden auf den wenigen verbliebenen Feldern Oliven-, Obst- und Mandelbäume oder Gemüsebeete angelegt.

Die mallorquinischen Oliven *mit ihrem würzig-nussigen Aroma und dem leicht bitteren Geschmack werden nach der Ernte zuerst mehrere Monate in großen Holzbottichen eingelegt. Als besondere Delikatesse gelten die getrockneten schwarzen Oliven aus Valldemossa.*

Die ältesten Olivenbäume *nahe Sóller und im Norden Mallorcas sollen angeblich schon von den Römern gepflanzt worden sein.*

Mallorca musste zwar immer wieder neue Besatzer erdulden, profitierte aber auch von deren Mitbringseln. Wein und mehr noch Oliven brachten z. B. die Römer mit, die liebend gerne all ihre Speisen einölten, aber auf Mallorca leider keinen einzigen Ölbaum vorfanden und deshalb überall auf der Insel Nachschub pflanzten. Die ältesten der knorrigen Ölbaume, die man heute auf der Insel, vor allem im Norden und bei Sóller, sehen kann, sollen sogar noch aus der Römerzeit stammen. Kenner schwärmen jedenfalls von den mallorquinischen Oliven wegen ihres würzig-nussigen, leicht bitteren Geschmacks. Geradezu als Delikatesse wird von Markthändlern die *acetuna panchida*, die getrocknete schwarze Olive aus Valldemossa, angepriesen. Die grünen, halbreifen Oliven werden zwischen sechs Monaten und einem Jahr in großen Bottichen eingelegt. Die schwarzen, reifen Oliven schmecken milder als die grünen und werden etwa ein Vierteljahr lang eingelegt.

Olivenöl spielt in der mallorquinischen Küche eine wichtige Rolle, auch wenn die Schweinebutter, *manteca de cerdo*, wie das Schweineschmalz auf Mallorca genannt wird, zum Braten und Backen bevorzugt wird.

Heute kann man in einigen Restaurants, die aus ehemaligen Ölmühlen entstanden sind, noch den *trull*, den dekorativ installierten Mahlstein, bewundern, und in manchen Landgasthöfen werden als Begrüßungssnack eingelegte graugrüne Oliven zwischen Fenchelkraut und Zitronenscheiben *per a picar* (zum Naschen) auf den Tisch gestellt.

Doch nicht nur die Römer und Mauren, sondern auch die Spanier bereicherten den mallorquinischen Speiseplan, indem sie kulinarische Genüsse wie Kartoffeln, Mais und Tomaten aus Südamerika auf die Insel brachten. Und mit Tomaten und Oliven haben wir bereits die beiden wichtigen Grundlagen für *pa amb oli tomàtiga*, eine beliebte mallorquinische

Das vorzügliche mallorquinische Olivenöl ist eine wichtige Zutat für *pa amb oli* (»Pamboli« gesprochen) *tomàtiga*, einer überaus beliebten Vorspeise, für die eigens die aromatischen Wintertomaten (*ramellet*) gezüchtet werden.

Auch die ganz kleinen Mallorquiner *scheinen das Essen schon sehr zu genießen.*

Mallorquinische Zitronen *gibt es das ganze Jahr über, denn auf der Insel wird zwei- bis dreimal jährlich geerntet.*

Im Norden und in den geschützten Tälern im Nordwesten der Insel wachsen die Zitrusfrüchte das ganze Jahr hindurch, wobei vor allem die Orangen oft eine erstaunliche Größe erreichen.

Unnachahmlich frisch, süß und saftig – *Mallorcas Orangen sind ein echter Hochgenuss!*

Vorspeise, die aber auch mal als *tapa*, also zwischendurch kredenzt wird. Dafür werden die dickschaligen, fleischigen sowie gelblichen Wintertomaten, *ramellet*, aufgeschnitten und ihre saftigen Flächen über ein mit Olivenöl beträufeltes, ungesalzenes Bauernbrot (das *pa amb oli)* gerieben, wobei das Brot vorher oft geröstet wird. Nach dem Einreiben mit Tomate belegt man es nach Gusto mit luftgetrocknetem Schinken oder würzigem Käse. In einigen Restaurants überbäckt man – als köstliche Variante – das *pa amb oli* kurz im Backofen und serviert es warm.

Portugiesische Seefahrer entdeckten im 16. Jahrhundert in Indien und China wohlduftende Zitrusgewächse, die ihnen so gut schmeckten, dass sie die Samen und Setzlinge mit nach Hause brachten. Schnell wurden die exotischen Früchte zum Exportrenner im Mittelmeerraum und gelangten bald auch nach Mallorca. Fruchtbare Täler versorgen die Insel auch heute noch mit frischen Orangen und Zitronen, und in den von hohen Bergen geschützten, sonnigen Obstgärten bei Sóller und Fornalutx erntet man sogar zwei- bis dreimal im Jahr. Oftmals tragen die Zweige gleichzeitig frische Blüten und reife Früchte. Die süßen, saftigen Orangen schmecken so erfrischend wie eine kühle Meeresbrise, die über sonnenerhitzte Haut streicht, und die Zitronen gelten ohnehin als die besten Spaniens. Noch häufiger als in den Plantagen von Sóller wird nur in der Kornkammer Mallorcas, im mittleren Norden zwischen Muro und Sa Pobla geerntet. Bis zu vier Ernten im Jahr fahren die Bauern dieses fruchtbaren Teiles des Inselzentrums Es Pla ein, und ihre Produkte können auf einem der täglichen Wochenmärkte gekauft werden.

Zu den schönsten Märkten zählen Llucmajor und Santa Maria del Camí. Auch in dem malerischen Dörfchen Sineu, der ehemaligen Sommerresidenz des mallorquinischen Königshauses findet am Mittwochvormittag in den verwinkelten Sträßchen des Ortszentrums ein filmreifer Markt statt, von dem aus herrliche Düfte und Gerüche von Blumen und Gewürzen die Gassen durchströmen, und, eingerahmt von den alten Steinfassaden, bieten die Händler wie anno dazumal ihre Viktualien und Handwerkswaren an. *Sobrassadas* und *butifarrós*, die typisch mallorquinischen Würste, baumeln von der Stange, und köstlicher Käsegeruch steigt in die Nase: Er kommt vom berühmten Mahón-Käse, nach der Hauptstadt von Mallorcas kleiner Schwesterinsel Menorca benannt, aber auch von mallorquinischen Sorten, die sich hinter ihrem »Promi« nicht zu verstecken brauchen. Von kleinen Landkäsereien kommen reinste *quesos* aus Ziegen-, Schaf- und Kuhmilch, nur mit einer Prise Salz verfeinert, die von den Mallorquinern gegenüber den Mahonés wegen ihres milderen, weniger salzhaltigen Geschmacks oftmals bevorzugt werden. Eine der beliebtesten Käsesorten ist der junge, salzlose Ziegenkäse *formatge tendre*, der an den italienischen Mozzarella erinnert.

Den bunten Markt von Sineu sollte man nicht verlassen, ohne sich die traditionellen Handwerksarbeiten der mallorquinischen Töpfer an einigen Ständen anzusehen. Typisch für Mallorca sind die aus brauner Tonerde gebrannten feuerfesten, mal bauchigen, mal flachen Gefäße, die für die Zubereitung mallorquinischer Eintopfgerichte benutzt werden. Die Tonkrüge mit Henkel nennt man *ollas*, die flachen Schüsseln, ohne die keine Hausfrau Mallorcas auskommt, heißen *greixoneras*. Während die Töpfer in aller Ruhe ihre Waren anpreisen, geht es auf der Plaça unterhalb der Dorfkirche schon »tierisch« zur Sache. Denn auf dem tradi-

Typisch mallorquinische Leckerbissen *sind die Sobrassada, eine aromatische luftgetrocknete Paprika-Mettwurst aus fein gewürztem Schweinefleisch, die Butifarró, eine beliebte Blutwurst mit Speckstückchen, sowie die lange, dünne Llonganissa.*

Gutes Futter *und viel Auslauf: Die Inselschweine liefern ein vorzügliches Fleisch für die berühmte Porcella en es forn – das Spanferkel vom Holzofengrill.*

tionellen Tiermarkt, der nahtlos in den Wochenmarkt übergeht, wechseln Schweine und Spanferkel, Perlhühner, Pferde und Pfauen, Küken und Kühe per Handschlag ihren Besitzer. Und nicht immer geht der Handel gänzlich ohne lautstarke »Kommentare« seitens der animalischen Ware, der Händler oder auch der Zuschauer ab.

Wanderer hören oft das Meckern der teils wilden Schafe und Ziegen, obwohl die Viehzucht auf Mallorca nur eine untergeordnete Rolle spielt. Eine Ausnahme bildet die Lamm- und Zickleinzucht sowie die lange Tradition der Schweinezucht, denn Schweinefleisch ist die unentbehrliche Grundlage bei der Herstellung der mallorquinischen Würste. Schon die Höhlenmenschen vor 4000 Jahren haben sich von Schweinen ernährt, wie Knochenfunde belegen. Und längst ist die typische Rasse des borstenlosen schwarzen Schweins, *porcella negra*, aus Mallorcas Küche und Vorratskammern, *es rebost*, nicht mehr wegzudenken. Wieder einmal waren es die Römer, die es hervorragend verstanden, Schweinebraten und Würste mit Kräutern, Gewürzen, Pinienkernen oder Feigen anzureichern. Letztere dienen neben Eicheln und Johannisbrot auch als Futter für die Landschweinzucht, die fast überall auf Mallorca verbreitet ist. Und Schweine zählen neben Mandeln, Oliven und Orangen zu den wichtigsten Exportartikeln Mallorcas – kein Wunder, denn das Schweinefleisch gehört wirklich zum Feinsten, vor allem, wenn man es frisch von einem privaten Schlachtfest, einer *matanza*, beziehen kann.

Als mallorquinische Delikatessen werden neben dem Spanferkelbraten aus dem Holzofen, *porcella en es forn*, die Würste gehandelt. Aus einem *porcella negra* können bis zu 60 *sobrassadas* hergestellt werden. Die typische *sobrassada*, die auf allen Marktständen angeboten wird, ist eine hausgemachte, luftgetrocknete Paprika-Schweinemettwurst. Die ganz authentische *sobrassa-*

Bei einer *matanza* – so wird auf Mallorca das im Herbst und frühen Winter stattfindende häusliche Schlachtfest genannt – kommt die ganze Familie zusammen, um das selbst gemästete und geschlachtete Schwein zu verwursten.

Einfach, aber köstlich: *Eine mallorquinische Brotzeit mit Sobrassada und frischem Landbrot.*

Das grüne Gold, *wie die Kapern einst genannt wurden, brachte den Bauern durch Exporte früher viel Geld ein.*

Frischen Fisch und Schaltiere finden Sie auf Mallorca sowohl in einfachen als auch gehobenen Restaurants in vielen köstlichen Varianten und überraschenden Kombinationen, wie etwa die *cazuela de conejo con langostas* (Seite 42).

Kräuter wachsen auf der Insel *fast überall, darunter auch solche, die es nur hier gibt wie Moraduix oder Hierba buena.*

da wird noch immer von vielen Familien bei der hauseigenen Schlachtung, der *matanza*, hergestellt. Viele Familien haben dazu ihr eigenes Rezept. Die typische *sobrassada* sollte man während eines Mallorca-Urlaubs in jedem Fall probieren. Als Faustregel gilt: je dünner, desto frischer. Die mittleren sind einige Monate alt und gelten als die typischen *sobrassadas*. Mindestens genauso beliebt sind die Blutwürste mit Speckstückchen, die *butifarrós*, sowie die langen, dünnen *llonganissas*.

Dass die *sobrassada* auch mal im Reis mit Languste, *arròs amb llagosta*, auftaucht, zählt zu den typischen Verfeinerungen der mallorquinischen Küche, die zunächst ungewöhnlich erscheinen, aber frisch auf dem Teller eine köstliche Überraschung bieten. Trotz der ziemlich leer gefischten Gewässer rund um Mallorca fangen sich erstaunlicherweise immer wieder Fische und anderes Meeresgetier in den Netzen der Fischer. Wie ehedem fahren diese mit ihren Fischkuttern aus den Häfen und liefern Tintenfische, Makrelen, Bacalao, Sardinen oder Langusten vornehmlich an Restaurants, während die viel besuchten Hafenlokale dank modernster Kühltechnik lieber auf vom Festland eingeflogene Meeresfrüchte zurückgreifen.

Im Lauf der Geschichte verschwanden immer wieder Köstlichkeiten vom mallorquinischen Speiseplan. Mal waren es die Kaninchen, die von den Römern wegen ihrer großen Zahl, die sie zur Plage machte, fast gänzlich ausgerottet wurden, mal die Meerestiere, die gründlich dezimiert wurden, und Ende des letzten Jahrhunderts fielen auch sämtliche Weinkulturen der Insel der gemeinen Reblaus zum Opfer. Tragisch, zumal schon die Griechen und Phönizier auf Mallorca Weinkulturen angelegt hatten. Später schätzten die Römer den »vino balearico« ebenso wie danach die Höfe der spanischen, französischen und italienischen Könige, die besonders in den süßen Malvasier verliebt waren. Seit den achtziger Jahren bemühen sich die Weinbauern auf Mallorca nun wieder, anständige Tropfen zu keltern. Und seit im Jahr 1989 das Qualitätssiegel D.O., *Denominació de Origen*, eingeführt worden ist, erfreuen sich einige Bodegas wachsender Beliebtheit. Eines der Herzstücke des mallorquinischen Weinbaus ist das etwa 300 Hektar große Gebiet um Binissalem. Beim traditionellen Erntedankfest im Weinzentrum Binissalem, den *festes des vermar*, werden die besten Trauben gekürt und dazu das mallorquinische Nudelgericht *fideus de vermar* (Seite 154) kredenzt.

Zu den authentischen Spezialitäten Mallorcas gehört auch der seit dem 17. Jahrhundert bekannte Kräuterlikör *palo*. Er wird gern als Aperitif gereicht. Und der etwas kräftigere Kräuterschnaps *hierbas* wird von den Mallorquinern als Digestif getrunken. Zwischen Ende Mai und Anfang Juni werden von versierten Sammlern auf ganz Mallorca Wildkräuter wie das mit der Minze verwandte *hierba buena*, das dem Salbei ähnliche *moraduix*, aber auch Fenchel, Wacholder, Majoran, Myrte, Kamille und Rosmarin gepflückt und traditionell am 24. Juni, dem Sant-Joan-Tag, für den *hierbas* angesetzt. Durch mehrwöchige Mazeration der Kräuter in Anisbrand (*cassaia*) entsteht der Magenbitter als *secas*, trocken, *semisecas*, halbtrocken oder *dulces*, süß.
Einer weiteren Köstlichkeit kann man schon am frühen Morgen begegnen, wenn allen Backstuben der Insel der süßliche Duft ofenfrischer *ensaïmadas* entströmt. Das runde Hefegebäck zählt zu den typischen Spezialitäten und gilt als das Nationalgebäck Mallorcas schlechthin (in einigen *forns*, Bäckereien, findet man sogar Aufkleber eines

Aufgrund ihres großen Mandelreichtums *haben sich die Mallorquiner im Lauf der Jahrhunderte entsprechend viele Rezepte mit Mandeln ausgedacht: die lauwarm oder eiskalt getrunkene Mandelmilch, das köstliche Mandeleis und natürlich Mandelkuchen in allen Variationen.*

Süßes für jeden Geschmack – *in den Konditoreien der Insel haben Schleckermäuler die Qual der Wahl.*

Kontrollrates, des »Ensaïmada de Mallorca – Conseil Regulador Denominació Específica«, der die Qualität der süßen Spezialität überwacht). Für viele Mallorquiner beginnt der Tag erst richtig mit den handtellergroßen Hefeschnecken. Und wenn dann im Verlauf des Tages der Hunger wächst, wachsen auch die *ensaïmadas* – gegen Mittag erreichen sie schon Kuchengröße –, die meist mit einer gelben Vanillecreme gefüllt werden, oder auch mit »Engelshaar«, *cabell d'àngel*, einer Marmelade aus in Zucker gekochten Kürbisfasern.

Die Backkunst hat auf den Balearen eine lange Tradition (schon im 13. Jahrhundert soll es die erste Bäckerinnung gegeben haben), und die Mallorquiner sind zu Recht stolz auf ihre Bäcker, die in ihren *forns*, den Backöfen, süße wie pikante Backwaren fabrizieren. Zu den herzhaften Vertretern zählt der typische Blechkuchen, der mit viererlei Belägen angeboten wird. Die gängigsten sind die *coca de patata*, ein dampfnudelartiger Kartoffelkuchen, die Gemüsekuchen *coca de verdura*, *coca de trampó* sowie *coca amb pinxes*, ein mit Sardinen angereicherter Gemüsekuchen.

Eine Augenweide sind auch die Auslagen der Konditoreien. Hausgemachte Pralinen, bombons, kandierte Früchte oder leckere Marzipankreationen, turrónes, in allen möglichen Farben und Formen verzücken nicht nur das Auge, sondern lassen einem regelrecht das Wasser im Mund zusammenlaufen. Wer zugreifen will, wird außer mit Süßigkeiten auch noch mit einem wunderschönen Ambiente – barocken Theken und Kristalllüstern – belohnt. Kaum zu schlagen sind auch die hausgemachten Süßspeisen der Mallorquiner. So werden eigentlich von jeder Hausfrau auf Mallorca zur Krönung eines Festmenüs typische Desserts wie *bunyols*, Kartoffelkrapfen, oder der Klassiker *gato d'ametlla*, ein köstlicher Mandelkuchen, erwartet. Und das i-Tüpfelchen ist dann die Kombination aus Mandelkuchen und Mandeleis.

Kuchen, Torten und *turrónes*, nougatähnliche Pralinen, in allen Varianten und in bester Qualität können Sie auf Mallorca in vielen Konditoreien finden.

In einer Xocolateria *lässt sich köstliche Schokolade in feinstem Ambiente genießen.*

Trotz ihres ungestümen Wachstums hat sich die Inselmetropole ihr mediterranes Flair bewahrt. Wer gemütlich durch die Gassen der Altstadt schlendert, spürt Glanz und Charme dieser historischen Stadt und erlebt ein alltäglich wiederkehrendes Schauspiel.

PALMA DE MALLORCA

Von mächtigen Dattelpalmen *wird eine der schönsten Kathedralen der Welt umsäumt.*

Erste Kunstadresse Mallorcas: Das Museum Fundació Pilar i Joan Miró, Joan de Saridakis, 29, Cala Major, Tel. 70 14 20. Öffnungszeiten: (Winter) Di–Sa 11.00–18.00 Uhr, So 11.00–15.00 Uhr; (Sommer) Di–Sa 10.00–19.00 Uhr, So 10.00–15.00 Uhr.

Nachts spiegelt sich die von zahlreichen Lichtern hell erleuchtete Kathedrale im Hafenwasser wider *(Seite 28/29).*

Die Perle Mallorcas, wie Palma manchmal liebevoll genannt wird, gleicht einem Amphitheater – an den Hügeln über dem Stadtkern erheben sich im Halbrund einer gedachten Arena mal behutsam, mal bedrohlich moderne Wohnviertel. Ein kantiger Neubaugürtel umschließt das Zentrum im großen Bogen und lenkt unweigerlich den Blick nach Süden zur Meeresbucht Badia de Palma. Von den oberen Rängen blicken Privilegierte über das ganze Stadttheater, und wenn sich der Vorhang des morgendlichen Dunstes lüftet, reicht die Sicht weit bis zum Bühnenende, bis zum Horizont des Golfs von Palma – ein Schauspiel, das Zuschauer ohne Platzkarten wenigstens von Aussichtspunkten wie dem kreisrunden Castell de Bellver oder dem Mirador de Burguesa oberhalb des Génova-Viertels genießen sollten.

Wie inspirierend Ausblicke wie diese sein können, beweist der Besuch in der Carrer Joan de Saridakis 29 in Cala Major, im Schatten des Villenviertels Illetes gelegen. In dem großzügigen Anwesen hoch über der Bucht lebte und arbeitete von 1956 bis zu seinem Tod 1983 einer der berühmtesten Maler Spaniens, Joan Miró. Seine Frau, Pilar Junosca, stammt aus Mallorca, und schon 1940 zog Miró auf die damals vom Massentourismus noch unentdeckte Insel. Heute lockt zwischen modernen Wohntürmen ein futuristisch anmutendes Museum, die Fundació Pilar i Joan Miró, Kunstinteressierte aus aller Welt an. Anregend wirkt der Besuch allemal und weckt die Neugier auf Mallorcas Metropole.

La Seu. *Die »Kathedrale des Lichts« ist Palmas grandioser Mittelpunkt.*

Wir steigen hinab in die Altstadt von Palma, denn sie übernimmt im urbanen Theater die Rolle der Tribüne und bietet die besten Plätze für einen Stadtbummel. Hier saugen wir die unvergleichliche Atmosphäre der Inselmetropole am intensivsten in uns auf. Im engen Gassengewirr schlendern wir durch die Oberstadt, den historischen Kern La Portella und erleben die vielgestaltige Architektur. Den maurischen Almudaina-Palast lassen wir zunächst hinter uns und studieren stattdessen prachtvolle Renaissancegebäude und Modernismefassaden, eine spanische Spielart des Jugendstils, die man am besten an der Plaça Weyler auf sich wirken lässt.

An einer vom Sonnenlicht überfluteten Ecke strahlt das ehemalige Gran Hotel im renovierten Glanz, das heute hinter seiner prächtigen Jugendstilfassade das Kunstzentrum der Stadt und eine schicke Bar im Erdgeschoss beherbergt. Von dort fällt der Blick auf die andere Straßenseite, denn der reich verzierte, grün leuchtende Eingang des Forn des Teatre springt geradezu ins Auge. Der Eingang zum legendären Teatre Principal ist zwar gleich nebenan, doch hinter diesem bezaubernden, kleinen Entree verbirgt sich eine weitere tragende Nebenrolle – der bekannteste Bäckerladen der Stadt, der nicht zuletzt wegen seiner typisch mallorquinischen *ensaïmadas*, dem kreisrunden Hefegebäck, über Palmas Grenzen hinaus berühmt geworden ist.

Das Atelier von Joan Miró, *der viele Jahre seines Lebens auf Mallorca verbracht hat. Am liebsten hielt er sich in Son Boter (17. Jahrhundert) auf, das in das moderne Museum integriert wurde.*

Süße Berühmtheit: *Gebäck und Kuchen sind in der stadtbekannten »Forn des Teatre« Anziehungspunkte für Einheimische wie für Touristen (Plaça Weyler).*

Und weil wir gerade beim süßen Thema sind: Nur wenige Schritte schräg gegenüber des Platzes reizt die Konditorei »Forn Pastelleria«, eine der besten der Stadt, mit süßen Verlockungen und einer nicht minder schönen Fassade. Von hier schlendern wir zum Szenecafé »Bosch«, am Ende der Flanierstraße Passeig des Born, und weiter bis zur Verlängerung der Hafenmeile Passeig de Marítim. Linker Hand, im Herzstück der Altstadt, betreten wir den alten, auf arabischen Einflüssen basierenden Kern, die *Almudaina*, die befestigte Oberstadt. Wir befinden uns nun inmitten der Bühne, denn wir stehen vor dem Palau de l'Almudaina, dem heutigen Amtssitz von König Juan Carlos.

Der Auftritt auf dieser Bühne kann für die Hauptdarstellerin nicht besser inszeniert werden: Einer unantastbaren Diva gleich thront das Monumentalbauwerk La Seu über dem Zentrum des historischen Stadtkerns und dem gesamten Hafenviertel, und man wird überwältigt von der magnetisierenden Dominanz und Pracht dieser Kathedrale. Auf den Resten der maurischen Hauptmoschee wurde fast zweihundert Jahre lang an dem gotischen Meisterwerk gebaut, und sie trägt zu Recht den Beinamen »Kathedrale des Lichts«, denn vormittags strömt das Morgenlicht durch die 90 Quadratmeter große Hauptrosette und erhellt das von dem berühmten katalanischen Baumeister Antoni Gaudí Anfang des 20. Jahrhunderts gestaltete Innere. La Seu ist das unbestreitbare Wahrzeichen Palmas. Unerschütterbar beherrscht sie die Hafenbucht und trotzt damit spielend dem modernen Jachthafenprunk mit all seinen Luxusschiffen, die an schwimmende Häuser erinnern, und all den blank polierten, mehrmastigen Segelbooten, die aussehen, als würden sie jeden Moment zur Weltumsegelung in See stechen.

Die Hafenmeile wird von dem vierspurigen Passeig de Marítim beherrscht. Hier joggen und skaten die Städter auf der von Palmen gesäumten Strandpromenade, und von den Terrassen der Szenebistros

Süße Tipps:
Kunstvoll Kandiertes, hausgemachte Schokolade und Pralinen *(bombons)* sind Spezialitäten der Konditoreien Palmas, z.B. in der *Forn Pastelleria* (Plaça Weyler) oder in *La Pajarita* (San Nicolaus).

Das bekannteste Szenecafé *der Stadt – das Café »Bosch« an der Plaça Joan Carlos I.*

Am Samstag gibt es rund um die östliche Avinguda Gabriel Alomari Villalonga einen Flohmarkt, auf dem vom rostigen Nagel bis zur afrikanischen Schnitzkunst alles angeboten wird, was der eine nicht mehr, der andere aber noch brauchen kann. Neben Ramsch und Kitsch findet man auch echte Antiquitäten!

schaut man auf die letzten alten Hafengebäude. Jahrhundertelang wurden hier Güter aus aller Welt umgeschlagen, denn Palma war lange Zeit ein bedeutender Standort für den Welthandel.

Heute dagegen ankern unweit des königlichen Jachtklubs, des Real Club Náutico, nur noch ein paar Fischkutter, die allmorgendlich den Markthändlern der Stadt frischen Nachschub liefern (wenngleich die meisten Meeresfrüchte vom spanischen Festland eingeflogen werden). Den dekorativ drapierten Fisch kann man dann in der prächtigen Markthalle der Plaça de l'Olivar bewundern, wo auch Mallorcas Lieblingswürste, *sobrassadas* und *butifarrós*, von der Decke baumeln und wo eine Riesenauswahl an erntefrischem Obst und Gemüse die Sinne betört. Ähnlich lebhaft geht es im ältesten *mercat* aus dem 13. Jahrhundert zu, auf der Plaça Navegació im aufstrebenden Viertel Santa Catalina. Auf diesem kleinsten der drei Märkte von Palma kaufen die Köche der Hafenrestaurants, etwa des rustikalen, über 50 Jahre alten »Ca'n Eduardo«, das sich über der Fischbörse befindet. Aber auch Spitzengastronomen vom Rang eines Koldo Royo (Chef des gleichnamigen Restaurants am nahen Passeig de Marítim 3) oder eines Joseph Sauerschell vom Feinschmeckertempel »El Olivo« in Deià decken sich hier mit frischer Ware ein.

Ideal, um sich vor und nach *dem Stadtbummel zu stärken - eines der vielen Cafés von Palma.*

Um auf der Bühne zu sehen und gesehen zu werden, nimmt man in einem der zahlreichen Straßencafés Platz, etwa im »Bosch« an der Plaça Joan Carlos oder auf den Terrassen der Lokale rund um die Plaça Llotja (gleich vis-à-vis lohnt ein Besuch in der ehemaligen Warenbörse Llotja, einem wunderschönen gotischen Bau, den Kaiser Karl V. irrtümlich für eine Kirche hielt und der mittlerweile zur Kunsthalle umfunktioniert wurde). Oder man trifft sich hinter den Kulissen der Cityszene auf ein Bier oder einen *café amb llet*, einen Milchkaffee, im Jahrhundertwende-Café »Lirico«, wo man sich bei einer Runde Poolbillard in gemütlicher Atmosphäre unters Volk mischen kann.

Direkt vor der Haustür des »Lirico«, in der Avenida d'Antoni Maura und auf dem Passeig des Born, wird jährlich im März zum Dia de les Illes Balears ein großes Kostümtheater inszeniert, ein Spektakel, das 70 Jahre lang ruhte, bis balearische Organisationen den »Tag der Baleareninseln« im März 1998 wieder aufleben ließen. Bei diesem mittelalterlichen Festival treten ein Wochenende lang Gaukler und Artisten, Schwertkämpfer und Stelzengänger, Trommler und Trompeter in ihren authentischen Trachten auf, und die Fußgängerzone wird zum Turnierplatz für Ritter- und Reiterspiele. Dann ist halb Palma auf den Beinen, auch um sich an den auf Mittelalter getrimmten Marktständen vor den mächtigen Mauern des maurischen Almudaina-Palasts

Der Hafen von Palma *in sonnenuntergangsverklärter Abendstimmung – für Touristen und Verliebte Romantik pur, für die Fischer der Beginn einer langen Nacht auf See.*

Im Mercat de l'Olivar *nahe der Plaça d'Espanya wird täglich außer Sonntag frischer Fisch angeboten.*

mit hausgemachten mallorquinischen Spezialitäten wie Würsten, Honig, Marzipan oder köstlicher Orangenmarmelade einzudecken. Die gibt es natürlich auch sonst in bester Qualität: Hinter »Colmado Santo Domingo«, in Palmas Treppenviertel nahe der Plaça Major in der Calle Santo Domingo 1, verbirgt sich ein kleiner Laden, der bis zur Decke mit typischen Inselprodukten vollgestopft ist. Er gilt als die erste Adresse für mallorquinische Gaumenfreuden, ist wunderbar anzuschauen und eine einzige Fundgrube. (Um den Ruf des besten Wurstangebots der Stadt rivalisieren »Son Vivot«, in der Plaça de la Porta Pintada 1, und »Munar« in der Calle Santo Domingo 7.)

Ihr eigenes »Theater« führen zur Hauptsaison tagtäglich Tausende von Badeurlaubern an den mit Palma verwachsenen Stränden Platja de Palma und S'Arenal auf. Bei fish & chips oder Schnitzel fühlt sich die überwiegende Mehrzahl der Mallorcabesucher wohl, manch einer sogar heimisch, und die Dröhnung erfolgt dann im ausgiebigen Nachtleben oder auch tagsüber am legendären »Ballermann 6«. Doch inzwischen wurden die in Verruf gekommene Hotelmeile und die Strandpromenade einer Schönheits- und Imagekur unterzogen. Erste klotzige Betonburgen wurden gesprengt, und die balearische Regierung pumpte viele Millionen Peseten in das Projekt zur Aufpolierung der Küstenmeile. So ist in und um Palma in den explosionsartig verlaufenden Boomjahren auf wundersame Weise ein Nebeneinander zweier Schauplätze entstanden, die wenig miteinander zu tun haben. Vielleicht nennen deshalb die Insulaner Palma mal respektlos, mal stolz nur *la ciutat*, die Stadt, und meinen damit ihr großartiges, lebendiges, pulsierendes »Freilichttheater«.
Und ob Palmesaner oder Tourist, Tagträumer oder Nachtschwärmer – alle, die sich tagtäglich auf dem Hafenboulevard tummeln, schätzen die blaue Stunde, wenn sich der Himmel über Palma milchig violett färbt und La Seu im Rampenlicht stehend die Szene beherrscht. Applaus!

Bummeln Sie durch die vielen Gässchen rund um die Plaça Olivar, Plaça Major und Plaça Cort, wo Sie in den Läden nach Herzenslust stöbern und in Bars und Cafés mallorquinische »Snacks« genießen können. Die Geschäfte haben wochentags üblicherweise von 10.00–13.30 Uhr und 16.30–20.00 Uhr geöffnet.

Der Eingang zur prächtigen Markthalle *von Palmas quirligem Mercat de l'Olivar.*

Die Stände *der mallorquinischen Märkte quellen schier über von dem reichen Gemüseangebot der Insel.*

Entgegen vielen Meinungen tragen die *sopes mallorquines* ihren Namen nicht deshalb, weil es sich dabei um eine Suppe handelt, sondern der Name stammt von den darin enthaltenen Scheiben des mallorquinischen Landbrotes *pan moreno*, den *sopes*. Von den überaus beliebten *sopes mallorquines* gibt es wohl ebenso viele Varianten wie mallorquinische Familien.

SOPES MALLORQUINES – SOPAS MALLORQUINAS

Mallorquinischer Gemüseeintopf

Für 4 Personen

- *150 g altbackenes Bauernbrot (Sopes)*
- *200 ml Olivenöl*
- *1 Blumenkohl (etwa 300 g)*
- *Salz*
- *750 g Wirsing (die zarten Innenblätter)*
- *250 g Spinat*
- *125 g Brechbohnen*
- *3–4 Frühlingszwiebeln*
- *1–2 Stangen Lauch*
- *2 Artischocken*
- *2 Tomaten*
- *1 Knoblauchknolle*
- *1 EL Schweineschmalz*
- *1 l Fleisch- oder Gemüsebrühe*
- *125 g Erbsen (frisch oder tiefgefroren)*
- *1 TL süßes Paprikapulver*
- *1 kleines Bund glatte Petersilie*

1 Das Brot in hauchdünne Scheiben schneiden und eine *greixonera* oder eine große Auflaufform damit auslegen. Die Brotscheiben mit 2 bis 3 Esslöffeln Olivenöl beträufeln.

2 Den Blumenkohl waschen und in kleine Röschen teilen. Die Röschen in Salzwasser 10 bis 15 Minuten bei schwacher Hitze zugedeckt garen, herausnehmen und abtropfen lassen.

3 Den Wirsing waschen, vierteln, den Strunk entfernen und die Viertel in grobe Streifen hobeln. Den Spinat waschen und in nicht zu schmale Streifen schneiden. Die Bohnen waschen, abfädeln und in etwa 3 Zentimeter lange Stücke brechen. Die Frühlingszwiebeln und den Lauch waschen, putzen und in dünne Ringe schneiden. Die Artischockenböden herauslösen und achteln. Die Tomaten mit kochendem Wasser überbrühen, häuten und würfeln. Von der Knoblauchknolle die äußeren, trockenen Schalen entfernen.

4 Das Schweineschmalz und das restliche Olivenöl in einer Kasserolle erhitzen und darin auf mittlerer Flamme Frühlingszwiebeln, Lauch und Knoblauchknolle anbraten. Die Tomaten zufügen und alles etwa 5 Minuten dünsten.

5 Alles Gemüse außer dem Blumenkohl zugeben, kurz dünsten und mit Fleischbrühe ablöschen. Erbsen zufügen, das Gemüse gut vermischen und mit Paprikapulver würzen. Alles einmal aufkochen und etwa 30 Minuten bei geringer Hitze offen kochen, bis das Gemüse gar ist. Die Petersilie waschen, fein hacken und mit dem Blumenkohl unterheben. Alles mit Salz abschmecken. Das Gemüse mit der Brühe über die Brotscheiben gießen und alles im vorgeheizten Backofen bei 180 °C (Umluft 160 °C, Gas Stufe 2–3) 15 bis 20 Minuten ziehen lassen.

Zubereitungszeit: etwa 2 Stunden.

Varianten

Für die *sopes* gilt ein fester Grundsatz: Wirsing »muss« und Möhren »dürfen nie« hinein. Ansonsten können Sie alles an Gemüse verwenden, worauf Sie gerade Appetit haben und was der Markt bietet. Das Rezept enthält die Lieblingsmischung meiner Gemüsefrau auf dem Wochenmarkt, in deren Familie die Meinung herrscht: Je mehr Gemüse, desto besser die *sopes*! Die *sopes mallorquines* schmecken auch sehr gut, wenn Sie statt der Frühlingszwiebeln normale Zwiebeln oder eine große Gemüsezwiebel nehmen und/oder eine rote Paprikaschote hineingeben.

SOFRIT – SOFRITO

Geschmortes Gemüse

Für 4 Personen

- *2 hellgrüne Spitzpaprikaschoten (250 g)*
- *2 große Tomaten*
- *1 große Zwiebel*
- *6 Knoblauchzehen*
- *4 EL Olivenöl*
- *1/2 Bund glatte Petersilie*
- *Salz*
- *Pfeffer aus der Mühle*

1 Die Paprikaschoten und Tomaten waschen und trockentupfen. Die Schoten halbieren, Trennwände und Kerne entfernen und das Fruchtfleisch in etwa 2 Zentimeter große Quadrate schneiden. Die Tomaten mit kochendem Wasser überbrühen, häuten und in etwa 2 Zentimeter große Stücke schneiden.

2 Die Zwiebel und den Knoblauch abziehen. Die Zwiebel achteln und in nicht zu schmale Streifen schneiden. Das Olivenöl in einer (möglichst gusseisernen) Pfanne erhitzen. Die Zwiebelstreifen und 4 Knoblauchzehen darin anschwitzen. Die Paprika zugeben und kurz mitschmoren. Die Tomaten zufügen und alles etwa 8 Minuten bei schwacher Hitze dünsten.

3 Inzwischen die Petersilie waschen und trockentupfen. Die Blätter von den Stielen zupfen, fein hacken und mit den restlichen Knoblauchzehen sowie etwas Salz und Pfeffer im Mörser zerstoßen. Die Würzmischung kurz vor dem Servieren in das *sofrit* einrühren.

Zubereitungszeit: etwa 40 Minuten.

Variante

Sofrit wird häufig auch mit Gemüsezwiebeln, Frühlingszwiebeln oder – im Sommer – mit den frischen, weißen Sommerzwiebeln zubereitet.

Mallorquinische Zwiebelvielfalt – *auf der Insel unverzichtbarer Bestandteil vieler Gerichte.*

Sofrit ist aus der mallorquinischen Küche nicht wegzudenken – sei es als Beilage zu Fisch und Fleisch oder als Grundlage vieler Saucen (bei Letzterem meist ohne Paprika). *Sofrit* können Sie gut einfrieren; Sie sollten es dann aber erst nach dem Auftauen würzen. Als Saucengrundlage wird es oft in großen Mengen auf Vorrat eingekocht, wenn die Tomaten im Sommer preisgünstig sind.

Ein Sofrit aus Paprika, Tomaten und Zwiebeln bildet die Grundlage für viele inseltypische Gerichte.

Ein Tag, *der nicht mit einer duftenden Ensaïmada beginnt? Für viele Mallorquiner nicht denkbar!*

Ensaïmadas, die auf Mallorca zum täglichen Leben gehören, schmecken am besten noch warm und mit reichlich Puderzucker bestreut! Wenn man wissen will, was dieser oder jener mallorquinische Bäcker in seine *ensaïmadas* hineintut, stößt man auf eine Mauer des Schweigens. Denn die Zutaten sind streng gehütete Familiengeheimnisse, und kein Zuckerbäcker lässt sich dabei über die Schulter schauen.

Die typische Ensaïmada-Form: Der Hefeteig wird zu runden Schnecken zusammengelegt.

ENSAÏMADAS – ENSAÏMADAS

Mallorquinische Hefeschnecken

Für 12 Stück

- *600 g Mehl*
- *40 g Hefe*
- *1/4 l lauwarmes Wasser*
- *1 Prise Zucker*
- *2 Eier*
- *100 g Puderzucker*
- *200 g Schweineschmalz*
- *Mehl zum Ausrollen und für das Blech*
- *Wasser zum Bestreichen*
- *Puderzucker zum Bestäuben*

1 500 Gramm Mehl in eine Schüssel sieben. In die Mitte eine Mulde drücken und die Hefe darin mit 2 Esslöffeln Wasser und dem Zucker auflösen. Die Schüssel zugedeckt an einen warmen, zugfreien Ort stellen und den Vorteig 15 bis 20 Minuten gehen lassen.

2 Die Eier mit dem restlichen Wasser verrühren, Puderzucker und 100 Gramm Schmalz in die Schüssel geben und alles mit Mehl und Vorteig gut vermischen. Den Teig mit einem Holzlöffel so lange gründlich schlagen, bis er Blasen wirft und sich weich und locker anfühlt. Zugedeckt an einem warmen, zugfreien Ort 20 bis 30 Minuten gehen lassen.

3 Das restliche Schmalz auslassen und etwas abkühlen lassen. Den Teig noch einmal gut durchkneten und dabei das restliche Mehl einarbeiten. Auf einer bemehlten Arbeitsplatte aus dem Teig eine Rolle formen und die Rolle in 12 gleich große Stücke schneiden. Jedes Stück auf etwas Mehl mindestens 15 x 25 Zentimeter dünn ausrollen und mit dem flüssigen Schmalz bestreichen. Den Backofen auf 200 °C (Umluft 180 °C, Gas Stufe 3–4) vorheizen.

4 Die Teigplatten von der langen Seite her schräg einrollen und jeweils zu einer Schnecke formen. Die Schnecken auf ein bemehltes Backblech legen, 20 Minuten gehen lassen, mit Wasser bestreichen und im Backofen 20 bis 30 Minuten backen. Die *ensaïmadas* dick mit Puderzucker bestreuen und noch warm servieren.

Zubereitungszeit: 2 Stunden 20 Minuten.

Tipp

Je besser Sie den Teig durchwalken und je dünner Sie die Teigplatten ausrollen, desto feiner und lockerer werden die *ensaïmadas.* Wenn Ihnen das Formen der Schnecken zu mühsam ist, gibt es eine einfachere und schnellere Möglichkeit: Sie rollen den gut gekneteten Teig dünn aus, bestreichen ihn mit dem Schmalz, rollen ihn zusammen und schneiden ihn dann in zwölf Scheiben.

ROBIOLS I CRESPELLS – EMPANADILLA Y PASTA DULCE

Mallorquinisches Ostergebäck

Für 20 bis 24 Stück

- *300 g Schweineschmalz*
- *1 kg Mehl*
- *3 Eigelbe*
- *125 g Puderzucker*
- *1 Päckchen Vanillezucker*
- *100 ml Orangensaft*
- *Olivenöl zum Benetzen der Finger*
- *Kürbis- und Aprikosenmarmelade*
- *Puderzucker zum Bestäuben*

1 Das Schmalz erhitzen und abkühlen lassen. 2/3 des Mehls in eine Schüssel sieben und eine Mulde formen. Die Eigelbe mit dem Zucker und Orangensaft verrühren und in die Mulde geben.

2 Das Schmalz darüber gießen und alles gut verkneten. Das restliche Mehl und 100 Milliliter Wasser zugeben und mit den Händen gut unterkneten, so dass ein weicher, formbarer Teig entsteht (wenn er klebt, die Finger öfter in Olivenöl tauchen). Den Teig 30 Minuten ruhen lassen.

3 Den Backofen auf 175 °C vorheizen (Umluft 155 °C, Gas Stufe 2–3). Den Teig dünn ausrollen und 20 bis 24 Teigplatten von etwa 15 Zentimeter Durchmesser ausstechen. In die Mitte je 1 Esslöffel Marmelade geben und die Teigplatten zu einem Halbmond zusammenklappen. Den Rand mit einer Gabel fest zudrücken.

4 Den restlichen Teig nicht zu dünn ausrollen und Plätzchen ausstechen. Alles auf ein mit Backpapier ausgelegtes Backblech setzen und im Backofen ca. 50 Minuten backen. Das Gebäck abkühlen lassen und mit Puderzucker bestäubt servieren.

Zubereitungszeit: 2 Stunden 10 Minuten.

Robiols und *crespells* werden aus einem Teig hergestellt – zunächst die Gebäcktaschen *robiols*, die man mit *cabell d'àngel* (Kürbismarmelade, Seite 114) füllt, und aus den Teigresten werden Plätzchen, die *crespells*, ausgestochen. Sie wurden früher nur zu Ostern gebacken, doch mittlerweile werden sie das ganze Jahr über angeboten. Meine Nachbarin Anita hält allerdings an den alten Traditionen fest. Sie bäckt *robiols* und *crespells* nach wie vor am Karsamstag und füllt sie dann auch nicht nur mit *cabell d'àngel*, sondern einige bekommen eine feine Füllung mit ihrer wunderbaren Aprikosenmarmelade (Seite 93).

Mallorcas traditionelles Ostergebäck schmeckt herrlich süß und ist darüber hinaus eine echte Augenweide.

Bei dem reichhaltigen Angebot *an Fisch ist für jeden Geschmack etwas dabei.*

CASSOLA DE CONGRE – CAZUELA DE CONGRIO

Mallorquinischer Fischtopf

Für 4 Personen

- *1 kg Congrio (Meeraal), in Scheiben*
- *1 Bund Frühlingszwiebeln*
- *500 g hellgrüne Römerpaprikaschoten*
- *500 g Tomaten*
- *1–2 Stiele Moraduix (ersatzweise 1 Blatt Salbei, siehe Seite 61)*
- *1 Bund glatte Petersilie*
- *1 Knolle Knoblauch*
- *6 EL Olivenöl*
- *Salz*
- *Pfeffer aus der Mühle*

1 Fisch, Gemüse und Kräuter waschen und trockentupfen. Die Frühlingszwiebeln in Scheiben schneiden. Die Paprikaschoten halbieren, Trennwände und Kerne entfernen und die Schoten würfeln.

2 Die Tomaten mit kochendem Wasser überbrühen, häuten und würfeln. Die *moraduix*- und Petersilieblättchen von den Stielen zupfen. Die äußeren Schalen vom Knoblauch abstreifen.

3 Das Öl in einer *greixonera* oder einem Bräter erhitzen und die Knoblauchknolle darin rundherum anbraten. Nacheinander die Frühlingszwiebeln, Tomaten, Paprika, Petersilie, *moraduix* und den Fisch zufügen und 200 Milliliter kaltes Wasser angießen. Alles etwa 20 Minuten bei mittlerer Hitze schmoren und den Fisch dabei mehrmals wenden. Mit Salz und Pfeffer abschmecken.

Zubereitungszeit: etwa 55 Minuten.

Die Mallorquiner lieben es, Fisch und Fleisch über offenem Feuer zu grillen oder ihre *paella* und Eintöpfe wie *arròs brut* darüber zu kochen. Auf Mallorca gibt es kaum ein Haus, das nicht einen mehr oder weniger großen *barbacoa*, einen Grillplatz oder ein Grillhäuschen, sein Eigen nennt.

PEIX A SA PLANXA – PESCADO A LA PLANCHA

Fisch vom Grill

Für 1 Person

- *1 küchenfertige Dorade à ca. 250 g (mit Kopf und Schwanz)*
- *1–2 EL Olivenöl*
- *1 Knoblauchzehe*
- *1 Tomate*
- *1/2 rote Paprikaschote*
- *2 mittelgroße Kartoffeln (ca. 250 g)*
- *Salz*
- *eventuell 1 Schnitz Zitrone*

1 Den Fisch waschen, trockentupfen und rundherum mit Olivenöl einpinseln.

2 Die Knoblauchzehe abziehen, in etwas Öl zerdrücken und den Fisch innen damit bestreichen.

3 Tomate, Paprika und Kartoffeln waschen und trockentupfen. Die Tomate oben kreuzweise einschneiden und Tomate und Paprika mit Öl einpinseln. Die Kartoffeln in Alufolie wickeln.

4 Den Grill vorheizen und die Kartoffeln in die Glut legen. Nach 20 Minuten den Fisch und das Gemüse auf Alufolie auf den Grill legen und bei nicht zu starkem Feuer garen.

5 Gemüse, Kartoffeln und Fisch mit Salz würzen und den Fisch nach Belieben mit Zitronensaft beträufeln.

Zubereitungszeit: 1 Stunde 15 Minuten.

Das Fleisch *der frei laufenden mallorquinischen Hühner schmeckt besonders aromatisch und ergibt eine gute Brühe.*

ROSTIT HUMIT EN ES FORN – ASADO AL HORNO

Gebackene Hühnerkeulen

Für 4 Personen

- *2 EL Schmalz*
- *1 Knoblauchknolle*
- *4 Hühnerkeulen à ca. 250 g*
- *Salz*
- *Pfeffer aus der Mühle*
- *100 ml trockener Weißwein*
- *1–2 Lorbeerblätter*
- *1 Bund Petersilie*
- *2–3 Stiele Moraduix (ersatzweise 1–2 Salbeiblättchen, siehe Seite 61)*
- *1 Stiel Hierba buena (ersatzweise halb Zitronenmelisse, halb Minze, siehe Seite 88)*

1 Das Schmalz erhitzen und kurz abkühlen lassen, bis es nicht mehr heiß, aber noch flüssig ist. Von der Knoblauchknolle nur die harten äußeren Schalen entfernen. Den Backofen auf 200 °C (Umluft 180 °C, Gas Stufe 3–4) vorheizen.

2 Die Hühnerkeulen waschen, trockentupfen und rundherum salzen und pfeffern. Die Keulen mit der Haut nach unten in eine *greixonera* oder einen Bräter legen. Das flüssige Schmalz darüber geben und 100 Milliliter Wasser und den Wein seitlich angießen.

3 Knoblauchknolle und Lorbeerblätter zufügen und alles etwa 20 Minuten schmoren. Kräuter waschen und trockentupfen. Petersilienblatter fein hacken. Die *moraduix*- und *hierba buena*-Blätter von den Stielen zupfen und klein schneiden.

4 Nach 20 Minuten die Hühnerkeulen wenden, mit der Sauce übergießen und die Kräuter zufügen. Alles zusammen weitere 20 bis 30 Minuten garen und zu Weißbrot und Salat servieren.

Zubereitungszeit: etwa 1 Stunde.

Variieren Sie dieses Rezept auch einmal mit Puten- oder Lammkeulen. Beachten Sie dann aber die eventuell längeren Schmorzeiten, die je nach Größe der jeweiligen Keule bis zu 1 1/2 Stunden betragen können.

Nach Belieben können Sie noch klein geschnittenes Gemüse zu den Keulen in den Backofen geben.

Señor José Darder, *Pächter des idyllisch gelegenen Son Gual.*

Sie erreichen Son Gual von Palma kommend über die Via Cintura, Richtung Andratx, Ausfahrt Valldemossa/Universität. Am Kreisel Richtung Establiments halten, im Ort links Richtung Puigpunyent fahren, bis Son Gual ausgeschildert ist. Adresse: Establiments, Crta. Puigpunyent, km 6, Tel. 79 02 05.
Öffnungszeiten: 13-15 Uhr und 20-23 Uhr. Ruhetag ist Sonntagabend und Montag.
Geschlossen im August und vom 15. bis 31. Januar.

Son Gual

Wie bei vielen Bewohnern von La Ciutat (Palma) an den Wochenenden und an Feiertagen üblich, wollen auch mein Mann und ich heute auswärts essen und machen einen Ausflug in ein beliebtes Restaurant, das mir von einem guten Freund empfohlen wurde. Ein Haus mit viel Atmosphäre und *muy mallorquin* (sehr mallorquinisch), was Ambiente und Küche anbelangt, hat er erzählt.
Diesmal geht es nicht ins Landesinnere, sondern nach Establiments, einem Vorort von Palma. Das Restaurant liegt außerhalb des Ortes und ist in der rund 600 Jahre alten Ölmühle eines ehemaligen Landgutes untergebracht. Vom Parkplatz kommend steigen wir einige Stufen hoch und gelangen in den Vorhof. Blühende Bougainvilleen schmücken den Platz, und ihre Üppigkeit zeigt, dass sie schon vor vielen, vielen Jahren angepflanzt worden sein müssen. Wie alt das Gebäude ist, spüren wir gleich beim Betreten des Restaurants. Die dicken Steinmauern wurden nicht verändert, alte landwirtschaftliche Werkzeuge zieren die Wände, und die höhlenartigen Gewölbe, in deren Nischen die Tische verteilt sind, strahlen eine eigene Gemütlichkeit aus. Und noch etwas fällt angenehm auf: Trotz der gehobenen Kategorie und des professionellen Service des Personals tritt niemals eine »vornehme Steifheit« auf, was wohl in der natürlichen Herzlichkeit all derer begründet ist, die hier für das Wohl ihrer Gäste sorgen. Son Gual gehört Don Juan Roten, Marques de Campofranco, und war früher Sommersitz dieses alteingesessenen mallorquinischen Adelsgeschlechts. Das Haus wird allerdings kaum mehr von der Familie bewohnt, denn Don Roten und seine Frau sind mittlerweile zu alt, um das Gut zu bewirtschaften, und leben heute überwiegend in Palma. Um jedoch wenigstens einen Teil des wunderschönen Gebäudes nutzen zu können, wurde die alte Ölmühle zu einem Restaurant umgebaut und vor fünf Jahren von dem Ehepaar Maria Vanrell und José Darder gepachtet. Für Señora Maria bedeutete es den ersten Kontakt mit der Gastronomie, daher war sie anfangs etwas skeptisch, ob sie der neuen Aufgabe auch gewachsen sein würde.
Inzwischen aber macht ihr der neue Beruf als Restaurantchefin so viel

Auf Son Gual *fühlt man sich in alte Zeiten zurückversetzt.*

Freude, dass sie ihn – und vor allem den Kontakt mit den Gästen – heute auf keinen Fall mehr missen will. Und weil ihr Mann José das Hotelfach von der Pike auf gelernt hatte, konnte ja eigentlich auch nichts schief gehen.

Der Koch Miguel Caamaño ist seit dem ersten Tag mit dabei. Er stammt aus Galicien, und diese Region ist in ganz Spanien für die Qualität ihrer landwirtschaftlichen Produkte und die Künste ihrer Köche berühmt. Und so sind wir schon gespannt, was Miguel für uns zaubern wird.

Küchenchef Miguel Caamaño *beim Flambieren der Cazuela de conejo con langostas.*

Als ersten Gang gibt es ein *frito* mit Fisch und Meeresfrüchten, als Nachtisch ein Sorbet aus frischen Früchten und das berühmte Mandeleis, dessen Zubereitung ein Geheimrezept des Kochs ist und das er uns trotz aller Überredungskünste auf keinen Fall verraten will.
Der zweite Gang dagegen, *cazuela de conejo con langostas*, Kaninchentopf mit Languste, hört sich für unsere Ohren zunächst etwas eigenartig an, denn Kaninchen mit Langusten zu kombinieren erscheint uns doch recht ungewöhnlich. Aber die *cazuela* ist eine Spezialität des Hauses, die uns wärmstens empfohlen wird.
Und so wagen wir das Experiment – und schwärmen heute noch davon (das Rezept finden Sie auf Seite 42)! Auch das Rezept für das *frito* hat mir der Koch bereitwillig verraten, und bei der Zubereitung durfte ich ihm sogar über die Schulter schauen:
Zubereitet wird das *frito* auf Son Gual mit Seeteufel, Lachs, Sepia, Gambas (geschält), Miesmuscheln (ohne Schale), roten und grünen Paprikaschoten, Bohnen, Erbsen, Frühlingszwiebeln oder zarten, jungen Zwiebeln, Kartoffeln, Blumenkohl, Knoblauch und natürlich mit dem bei jedem *frito* obligatorischen Fenchelkraut.
Zuerst werden alle Zutaten gewaschen und geputzt, sehr klein geschnitten und dann separat in Öl angebraten, das Gemüse und der Fisch bzw. die Meeresfrüchte jeweils in einer eigenen Pfanne. Schließlich wird alles in einer großen Pfanne zusammengemischt und in Olivenöl fertig gebraten.
Miguel konnte mir die genauen Zutatenmengen für das *frito* leider nicht sagen, denn er bereitet immer große Mengen nach Gefühl zu. Das sei Erfahrungssache, erklärt er mir, verriet dann aber, dass dieses *frito* am besten

Altmallorquinische bäuerliche Kunst, *wie hier auf Son Gual, findet man auf der Insel überall.*

schmeckt, wenn man es vorbereitet, d.h., die Zutaten separat anbrät, miteinander vermischt und dann vor dem Fertigbraten einige Stunden, besser noch über Nacht, zugedeckt im Kühlschrank durchziehen lässt.

Wunderschöner Kontrast *zwischen alt und neu – der elegante Speiseraum auf Son Gual.*

Der Komponist Chopin zog zu Beginn des berühmten Winters, den er auf Mallorca verbrachte, nicht gleich in die Kartause von Valldemossa, sondern wohnte ganz in der Nähe von Son Gual auf einer *finca* mit Namen Son Vent. Jeden Morgen machte er einen ausgedehnten Spaziergang und war anschließend Gast in der Ölmühle, wo er mit Brot und Öl bewirtet wurde.

Hummer und Langusten, *die als die besten des Mittelmeers gelten, werden auf Mallorca köstlich zubereitet.*

Eine *cazuela* ist ein niedriger Kochtopf aus Ton mit flachem Boden.

Diese Cazuela ist eine aparte Kombination aus Kaninchen und Langusten.

CASSOLA DE CONILL I LLAGOSTA – CAZUELA DE CONEJO CON LANGOSTAS

Kaninchen mit Languste

Für 3–4 Personen

- *1 Kaninchen (ca. 1,5 kg)*
- *300–400 g Languste*
- *1–2 Tomaten*
- *1 zarte Zwiebel oder 2–3 Frühlingszwiebeln*
- *1–2 Knoblauchzehen*
- *8–10 EL Olivenöl*
- *1 Lorbeerblatt*
- *1/2–1 Tasse Gemüsebrühe (hausgemacht!)*
- *ca. 100 ml Weißwein*
- *1 EL Erbsen (frisch oder tiefgefroren)*
- *1 TL Speisestärke*
- *Salz*
- *2 cl Brandy*

1 Das Kaninchen waschen, trockentupfen und in Portionsstücke teilen. Die Languste mit der Schale ebenfalls in Portionsstücke teilen. Die Tomaten mit kochendem Wasser überbrühen, häuten und würfeln. Die Zwiebel abziehen und fein hacken bzw. die Frühlingszwiebeln waschen, trockentupfen und in feine Ringe schneiden. Den Knoblauch etwas zerdrücken.

2 In einer *cazuela* (siehe Rand) oder Kasserolle aus 2 bis 3 Esslöffeln Olivenöl, Zwiebel, Knoblauch und Tomaten ein *sofrit* (Seite 35) zubereiten und das Lorbeerblatt und die Brühe zufügen.

3 In einer separaten Pfanne 4 bis 5 Esslöffel Olivenöl erhitzen und die Kaninchenstücke darin bei starker Hitze von allen Seiten gut anbraten. Den Weißwein darüber gießen, das Fleisch mit der Weinsauce zum *sofrit* geben und die Erbsen zufügen. Alles so lange bei schwacher Hitze kochen, bis das Kaninchen fast gar ist (Probe: Das Fleisch lässt sich etwas eindrücken). Die Sauce mit der in Wasser aufgelösten Speisestärke binden.

4 Die Languste im restlichen Öl kurz anbraten und etwas salzen. Das Öl abgießen und die Languste mit dem Brandy flambieren. Noch brennend in die *cazuela* geben und 5 Minuten mitschmoren.

Zubereitungszeit: 1 Stunde 50 Minuten.

Tipp

Auf Son Gual wird zur *cazuela* ein Rösti serviert, das aus 2 mittelgroßen, geschnetzelten Kartoffeln besteht, die, mit etwas Salz gewürzt, in 1 Esslöffel Schweineschmalz etwa 10 Minuten bei nicht zu starker Hitze zu einem Pfannkuchen gebacken werden. Dieser wird in Tortenstückchen geteilt, am Rand der *cazuela* dekoriert und mit Petersilie bestreut.

SOPA DE MUSCLOS – SOPA DE MEJILLONES

Muschelsuppe

Für 4 Personen

- *2 kg Miesmuscheln*
- *2 Tomaten*
- *1 kleine Zwiebel*
- *2 EL Olivenöl*
- *1 EL Mehl*
- *Salz*
- *1/2 TL Paprikapulver (scharf)*
- *3–4 Stiele glatte Petersilie*
- *1 Knoblauchzehe*
- *1 EL Pinienkerne*
- *2 EL Brandy*
- *100 g Fadennudeln*

1 Die Muscheln unter fließendem Wasser säubern und offene oder angeschlagene Muscheln aussortieren. Die Muscheln in einem Topf mit 1 1/2 Liter Wasser bedeckt aufkochen und so lange zugedeckt kochen, bis sich die Schalen öffnen.

2 Die Muscheln in einem Sieb abgießen, die Brühe dabei auffangen und geschlossene Muscheln aussortieren. Einige Muscheln in der Schale zurückbehalten, die übrigen aus den Schalen lösen.

3 Die Tomaten mit kochendem Wasser überbrühen, abziehen und würfeln. Die Zwiebel häuten und klein schneiden. Das Öl in einer Kasserolle erhitzen und die Zwiebeln darin glasig schmoren.

4 Die Tomaten zu den Zwiebeln geben und mitdünsten. Das Mehl darüber streuen und nach und nach 1 Liter Muschelbrühe mit dem Schneebesen einrühren. Die Suppe mit Salz und Paprika würzen, die Fadennudeln und die Hälfte der Muscheln zufügen.

5 Die Petersilie waschen und trockentupfen, die Blättchen von den Stielen zupfen und fein hacken. Den Knoblauch abziehen. Die restlichen Muscheln im Mörser mit den Pinienkernen, der Petersilie, dem Knoblauch und dem Brandy vermischen und zerstoßen. Die Mischung in die Suppe einrühren.

6 Die Suppe zugedeckt so lange bei schwacher Hitze kochen, bis die Nudeln gar sind (2 bis 3 Minuten), dabei eventuell noch etwas Brühe nachgießen. Zum Schluss die zurückbehaltenen Muscheln in der Schale in die Suppe geben und die Suppe sofort servieren.

Zubereitungszeit: 1 Stunde 10 Minuten.

Dazu passt geröstetes mallorquinisches Weißbrot, das *barra* (Seite 125).

Auf Mallorca lohnt es sich, neben den schmackhaften, festen Miesmuscheln auch einmal die kleinen Venusmuscheln, *almeja,* und die größeren Herzmuscheln, *escopina,* zu probieren, die wie Austern mit Zitrone auf Eis serviert werden.

Diese pikante Muschelsuppe schmeckt vorzüglich als Entree im Rahmen eines Menüs.

Empanadas werden die auf Mallorca wie auch auf dem spanischen Festland überaus beliebten kleinen Teigtaschen genannt, die mit einer pikant gewürzten Fleisch-, Fisch- oder Gemüsefüllung im Ofen gebacken werden.

PANADES – EMPANADAS

Pastetchen

Für 6 Stück

Empanada-Teig 1

- *50 g Schweineschmalz*
- *ca. 1/8 l Olivenöl*
- *etwas Salz*
- *500 g Mehl*

1 Schweineschmalz, Öl, etwa 1/8 Liter Wasser und etwas Salz in eine Schüssel geben und die Zutaten gut miteinander vermischen. Nach und nach so viel Mehl mit den Händen unterkneten, dass ein formbarer, fester, aber dennoch geschmeidiger Teig entsteht.

2 Den Teig in 6 Portionen teilen. Von jeder Portion ein kleines Stück Teig abdrehen und beiseite legen. Aus dem restlichen Teig Bällchen drehen.

3 Die Bällchen auf die Arbeitsplatte setzen und in die Mitte von jedem eine Mulde drücken. Von der Mulde aus mit den Fingern den Teig so nach außen und oben drücken, dass ein rundes Schälchen mit flachem Boden entsteht.

4 Die vorbereitete Füllung in die Pastetchen verteilen. Aus dem beiseite gelegten Teig 6 Deckel in passender Größe formen und die Deckel auf die Pastetchen setzen.

5 Den Deckelrand jeweils mit dem oberen Pastetenrand Stück für Stück zusammendrücken und dabei gleichzeitig etwas nach oben ziehen und nach innen rollen, so dass die typische Randverzierung entsteht.

6 Die Deckel in der Mitte mit einer Gabel einstechen, damit die Feuchtigkeit beim Backen entweichen kann. Die *empanadas* im vorgeheizten Backofen bei 180 °C (Umluft 160 °C, Gas Stufe 2–3) 50 bis 60 Minuten backen.

Zubereitungszeit für Teig und Füllung: etwa 2 Stunden 30 Minuten.

Für die beliebten Empanadas gibt es mehrere Teigvarianten und unterschiedliche Füllungen.

PANADES – EMPANADAS

Pastetchen

Für 6 Stück

Empanada-Teig 2

- *ca. 1/4 l Olivenöl*
- *ca. 1/8 l Wasser oder trockener Weißwein*
- *1 Eigelb*
- *500–600 g Mehl*

1 Olivenöl, Wasser und Eigelb in einer Schüssel gut miteinander verrühren.

2 Mit den Händen nach und nach so viel Mehl unterkneten, dass ein fester, aber dennoch geschmeidiger Teig entsteht.

3 Den Teig, wie auf Seite 44 beschrieben, zu Pastetchen formen und die vorbereitete Füllung hineingeben. Die *empanadas* wie beschrieben verschließen und backen.

Tipp

Dieser Teig eignet sich besonders gut für Fischfüllungen. Ersetzen Sie dann aber das Wasser durch Weißwein.

Die beliebten *empanadas* wurden aus der jüdischen Küche übernommen und dienten einst dazu, Lammfleisch oder Fisch zu konservieren. Mittlerweile gibt es andere Konservierungsmethoden, doch die Pasteten haben nicht an Beliebtheit verloren. Im Gegenteil, im Lauf der Jahrhunderte wurden für Teigmantel und Füllung immer wieder neue Varianten entdeckt. So wurden die Pastetchen bald nicht mehr ausschließlich mit Lamm, sondern auch mit Schweinefleisch gefüllt. Die Araber fügten die süßliche Komponente hinzu: wie etwa die Rosinen, die manchmal unter das Fleisch gemischt werden und damit der Füllung einen ganz besonderen Geschmack verleihen.

Für 6 Stück

Empanada-Teig 3

- *3 Eigelbe*
- *100 g Schweineschmalz*
- *100 g Puderzucker oder Kristallzucker*
- *500 g Mehl*
- *100 ml Orangensaft*
- *100 ml Olivenöl*

1 Die Eigelbe in einer Schüssel mit dem Schweineschmalz, Zucker und etwas Mehl verrühren. Den Orangensaft und das Olivenöl unterrühren.

2 Nach und nach so viel Mehl mit den Händen unterkneten, dass ein fester, aber dennoch geschmeidiger Teig entsteht.

3 Den Teig, wie auf Seite 44 beschrieben, zu Pastetchen formen und die vorbereitete Füllung hineingeben. Die *empanadas* wie beschrieben verschließen und backen.

Tipps

Diese Teigvariante wird gern für die mit Lammfleisch gefüllten Pastetchen gewählt, wenn es sich um eine pikante Füllung handelt.
Bei süßlichen Füllungen nimmt man dagegen eher einen leicht gesalzenen oder geschmacksneutralen Teigmantel.
Probieren Sie einmal, Ihren *empanada*-Teig mit einem Gläschen Anisschnaps zu aromatisieren – das ist ein völlig neues Geschmackserlebnis. Diese Art der Teigverfeinerung war in alten Zeiten sehr beliebt und wird auch heute noch in manchen Familien gepflegt.

Zubereitungszeit für Teig und Füllung:
etwa 2 Stunden 30 Minuten.

Empanadas können warm und kalt gegessen werden, und fast jede Bäckerei bietet mehrere Variationen als Imbiss für zwischendurch an. Aber Vorsicht – *empanadas* sind sehr sättigend und können durchaus eine vollwertige Hauptmahlzeit ersetzen!

Neben dem Landbrot Pan moreno *bietet jeder mallorquinische Bäcker auch das Stangenweißbrot Barra an.*

Der bäuerliche Alltag *ist wie überall auch auf Mallorca mit harter Arbeit verbunden.*

Traditionell wurden *empanadas* früher nur zu Ostern gegessen. Am Karsamstag fanden sich alle Frauen der Familie zusammen, um die Pasteten nach alten Rezepten zuzubereiten. Selbst heute, wo es das ganze Jahr über *empanadas* gibt, wird diese Tradition weiter gepflegt, und man bringt zum Osterbesuch »eigene« Pasteten mit. Eine besondere Köstlichkeit, wenn sie in einem der alten Holzbacköfen gebacken wurden, wie es sie immer noch in vielen *fincas* im Landesinneren gibt.

PANADES DE XOT AMB CABELL D'ANGEL – EMPANADAS DE CORDERO CON CABELL D'ANGEL

Lammpastetchen mit Kürbismarmelade

Für 6 Empanadas

- *500 Lammfleisch*
- *1 kleiner Stängel Moraduix (ersatzweise 1 Salbeiblättchen, siehe Seite 61)*
- *100–150 g Kürbismarmelade Cabell d'àngel (Seite 114)*
- *einige Tropfen Olivenöl*
- *Salz*
- *Pfeffer aus der Mühle*
- *6 Stückchen durchwachsener Speck*
- *6 Stückchen Sobrassada (ersatzweise Paprikawurst, siehe Seite 105)*

1 Das Lammfleisch waschen, trockentupfen und in kleine Stücke schneiden.

2 Die *moraduix*-Blättchen waschen, trockenschwenken, vom Stiel zupfen und klein schneiden.

3 *Moraduix*, Fleisch, Kürbismarmelade und Olivenöl vermischen und mit Salz und Pfeffer abschmecken. Die Masse auf die vorbereiteten Pastetchen verteilen und je ein Stück Speck und *sobrassada* darauf legen. Die *empanadas*, wie auf Seite 44 beschrieben, verschließen und backen.

Tipp

Für dieses Rezept empfiehlt sich die Teigvariante 1 auf Seite 44.

Variante

Wenn Sie pikante Lammpastetchen in einem süßen Teigmantel backen wollen, lassen Sie einfach die Kürbismarmelade weg. Anstelle des *moraduix* können Sie dann einen Stiel Thymian zum Würzen verwenden.

PANADES AMB LLOM – EMPANADAS CON LOMO

Schweinefleischpastetchen

Für 6 Empanadas

- *500 g Schweinelende*
- *1 kleine Zwiebel*
- *2 Zweige Petersilie*
- *2 EL Erbsen (frisch oder tiefgefroren)*
- *einige Tropfen Olivenöl*
- *Salz*
- *Pfeffer aus der Mühle*
- *Paprikapulver, edelsüß*
- *6 Stückchen luftgetrockneter Schinken (ersatzweise durchwachsener Speck)*

1 Das Fleisch waschen, trockentupfen und in kleine Stücke schneiden. Die Zwiebel abziehen und fein schneiden oder hacken. Petersilie waschen, trockenschütteln, von den Stielen zupfen und fein hacken. Fleisch, Zwiebel, Petersilie, Erbsen und Olivenöl in einer Schüssel gut miteinander vermischen.

2 Die Masse nach Belieben mit Salz, Pfeffer und Paprikapulver abschmecken und in die vorbereiteten Pastetchen füllen.

3 Auf jede Füllung ein Stückchen Schinken oder Speck geben und die *empanadas*, wie auf Seite 44 beschrieben, verschließen und im vorgeheizten Backofen backen.

PANADES AMB PEIX – EMPANADAS CON PESCADO

Fischpastetchen

Für 6 Empanadas
- *500–600 g beliebiges Fischfilet*
- *Salz*
- *Pfeffer aus der Mühle*
- *einige Tropfen Olivenöl*

Den Fisch waschen, trockentupfen, sehr klein schneiden und in einer Schüssel mit Salz, Pfeffer und Olivenöl vermischen. Die vorbereiteten Pastetchen, wie auf Seite 44 beschrieben, füllen und backen.

Die Thunfischpastetchen habe ich meiner früheren Nachbarin Maria abgeschaut, die immer wieder neue köstliche Füllungen kreiert.

PANADES AMB TONYINA – EMPANADAS DE ATÚN

Pastetchen mit Thunfisch

Für 6 Empanadas
- *200 g Thunfisch (Dose)*
- *4 EL Erbsen (Dose)*
- *4 hart gekochte Eier, 1 kleine Zwiebel*
- *Salz*

1 Den Thunfisch und die Erbsen abtropfen lassen. Die Eier und die Zwiebel schälen und klein schneiden. Fisch, Erbsen, Eier und Zwiebel in einer Schüssel gut miteinander vermischen.

2 Die Füllung mit Salz abschmecken und, wie auf Seite 44 beschrieben, in die Pastetchen füllen. Die *empanadas* wie beschrieben verschließen und backen.

PANADES AMB PÈSOLS – EMPANADAS CON GUISANTES

Pastetchen mit Erbsenfüllung

Für 6 Empanadas
- *2 Tomaten*
- *1 Knoblauchzehe*
- *4 Stängel Schnittlauch*
- *25 g Sobrassada (ersatzweise Paprikawurst, siehe Seite 105)*
- *4 EL Olivenöl*
- *500 g Erbsen (frisch oder tiefgefroren)*
- *1 EL Kräuter (Petersilie, Majoran, Minze)*
- *Salz*
- *Pfeffer aus der Mühle*

1 Die Tomaten mit kochendem Wasser überbrühen, häuten und klein schneiden. Den Knoblauch abziehen und ebenfalls klein schneiden. Den Schnittlauch waschen und fein schneiden oder hacken. Die *sobrassada* in kleine Stücke schneiden.

2 Das Olivenöl in einer gusseisernen Kasserolle erhitzen und die *sobrassada* mit Knoblauch und Tomaten darin anbraten. Die Erbsen zufügen und so lange dünsten, bis sie gar, aber noch bissfest sind.

3 Den Schnittlauch und die Kräuter zufügen und die Füllung mit Salz und Pfeffer abschmecken. Die vorbereiteten Pastetchen, wie auf Seite 44 beschrieben, füllen, verschließen und backen.

Die mit Erbsen gefüllten Pasteten sind ein altes Rezept, das ich in unserer Tageszeitung *Ultima Hora* entdeckt habe.

Palma de Mallorca

RESTAURANTS

BODEGA BINISSALEM: Einfaches Lokal mit frischer Jahreszeitenküche. Köstlich - während der Pilzsaison die typisch mallorquinischen Pilzgerichte. Öffnungszeiten: täglich 13.00-16.30 und 21.00-23.00 Uhr.

C/. Foners 51, Tel. 46 87 64.

RIFIFI: Das äußerlich eher unscheinbar wirkende Restaurant bietet mallorquinische Fischspezialitäten vom Feinsten und Superweine. Inmitten des Restaurants riesiges Fischbecken mit Langusten. Rechtzeitig Plätze reservieren! Öffnungszeiten: Mi-Mo 13.00-16.00 und 20.30-24 Uhr; Januar geschlossen.

C/. Joan Miró 182 (gegenüber Porto Pi Center), Tel. 40 20 35.

ES BALUARD: Im Herzen Palmas, neben der historischen Bastion Baluard de Sant Pere gelegenes Restaurant, das den Gast mit ausgewählten Köstlichkeiten - basierend auf der mallorquinischen Küche des Mittelalters - erfreut. Der Koch ist übrigens Koautor des Kochbuches »Mallorca a la cuina«. Öffnungszeiten: Mo-Sa 13.00-15.30 und 20.00-23.00 Uhr.

Plaça Porta Santa Catalina 9, Tel. 71 96 09.

Im »Es Baluard« *werden Sie mit mallorquinischen Spezialitäten aus dem Mittelalter verwöhnt.*

CA'N CARLOS: Typisches Restaurant, in dem man zu zivilen Preisen mitten in Palmas Innenstadt ausgesprochen gut *mallorquin* essen kann. Öffnungszeiten: Mo-Sa 14.00-17.00 und 20.00-23.00 Uhr.

C/. de S'Aigo (kleine Gasse, die von der Avenida Jaume III abgeht), Tel. 17 38 69.

MESON CA'N PEDRO: Je 180 Plätze im alten wie im neuen Restaurant klingen nach Massenbetrieb. Der stört aber nicht, da die Spezialitäten vom offenen Grill zum rustikalen Ambiente passen. Vom neuen Lokal hat man einen schönen Blick auf die Bucht von Palma. Öffnungszeiten: Fr-Mi 13.00-17.00 und 19.00-01.00 Uhr.

Rector Vives 4 und 14, Gènova, Tel. 40 24 79 und 70 21 62.

Süße mallorquinische Köstlichkeiten *erwarten den Gast in Palmas bekanntester Xocolateria.*

ORXATERIA I XOCOLATERIA CA'N JOAN DE S'AIGO: Fast 300 Jahre altes Kaffeehaus, wo sich die Liebhaber wirklich guter *xocolata*, köstlicher eiskalter Mandelmilch, stets ofenfrischer *ensaïmadas* und anderer mallorquinischer Gebäck- und Kuchenspezialitäten treffen. Etwas versteckt in einer kleinen Gasse gelegen. Notfalls nach der *xocolateria* fragen - die kennt hier jeder! Öffnungszeiten: Mo-Sa 8.00-20.00 Uhr.

Carrer del sanç 10 (hinter der Kirche Sta. Eulàlia, Nähe Plaça Major), Tel. 71 07 59.

HOTELS

HOSTAL RITZI: Das Ritzi gehört zu den ältesten Hotels in Palmas Altstadt und ist wegen seines eigenwilligen Ambientes beliebt und berühmt geworden. Es ist kein Hotel im üblichen Sinne, denn hier bucht der Gast Familienanschluss mit. Früh reservieren!

Carrer dels Apuntadors 6, Tel. 71 46 10. (Die Carrer dels Apuntadors ist übrigens die Schlemmergasse von Palma, wo Sie in vielen Lokalen und Tapas-Bars mallorquinische und spanische Spezialitäten probieren können.)

HOTEL SON VIDA: Eine Nobelherberge in mittelalterlichem Schloss (13. Jahrhundert) hoch über Palma, mit 500 Hektar großem Privatpark. Ein bisschen plüschig, aber gleich beim Son-Vida-Golfplatz (Greenfee-Rabatt) und schön ruhig gelegen. Atemberaubend ist der nächtliche Blick von der Hotelterrasse!

Castillo Son Vida, Tel. 79 00 00, Fax 79 00 17.

HOTEL SAN LORENZO: In einem liebevoll restaurierten Altstadtpalast aus dem 17. Jahrhundert untergebrachtes Hotel in typisch mallorquinischem Stil, mit Pool und edlem Ambiente.

C/. Sant Llorenç 14 (Nähe Palastgärten), Tel. 72 82 00, Fax 71 19 01.

Das »San Lorenzo« *im Herzen der Altstadt verfügt über einen eigenen Pool auf dem Dach.*

ARABELLA GOLF HOTEL SON VIDA: Luxuriöser Hotelkomplex, 93 Zimmer mit allem Komfort. Direkt neben dem Son-Vida-Golfplatz gelegen, bietet auch spezielle Golfpackages. Das Hotelrestaurant »Plat d'Or« ist eine stadtbekannte Gourmetadresse. Öffnungszeiten: täglich 20.00-23.00 Uhr.

Carrer de la Vinagrella s/n, Tel. 79 99 99, Fax 79 99 97.

Hier zieht Mallorca alle Register: traumhaft schöne Sandstrände, verschwiegene Buchten, steile Felsküsten, Golfplätze, Jachthäfen und Strandrummel, Pinienwälder und grünes Hinterland, mächtige Berge und malerische Dörfer mit kunstvoll errichteten Steinmauern.

SÜDWESTEN UND WESTEN

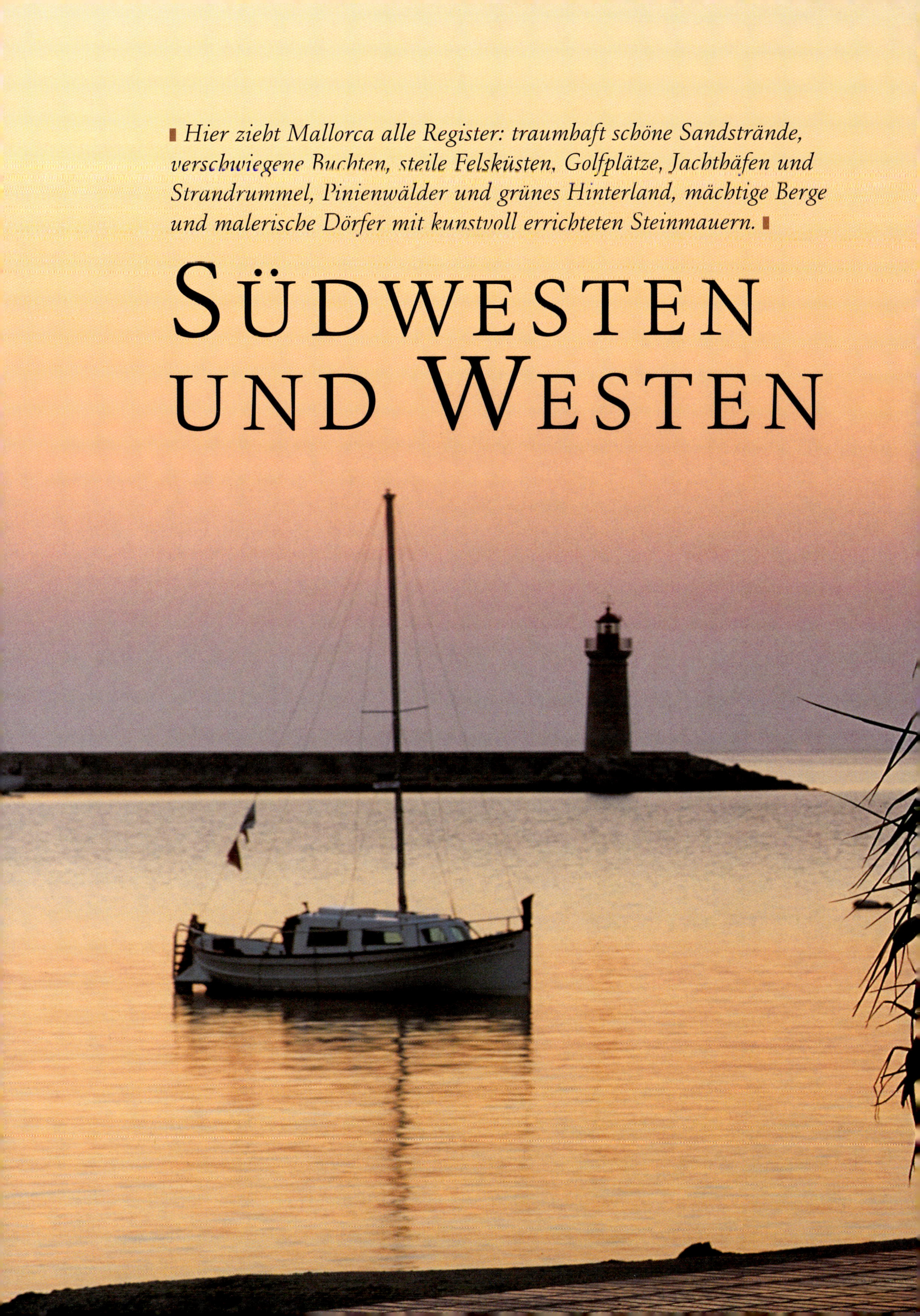

Auf der Promenade von Puerto Portals *will man sehen und gesehen werden.*

Der Südwesten der Insel gilt allgemein als das begehrteste und teuerste Pflaster Mallorcas, wo man besonders vielen VIP begegnen kann.

Unvergleichlich schön ist die Abendstimmung am Hafen von Port d'Andratx, wenn sich der Himmel in ein zartes Rosa verfärbt (Seite 50/51).

An Vormittagen wie diesem zeigt Mallorca seine andere Seite. »Gelassenheit« ist wohl das rechte Wort für die angenehm ruhige Stimmung in Sant Elm, das erst in den letzten Jahren vom Fremdenverkehr entdeckt worden ist. In dem kleinen Küstenort sind an diesem schönen Märzmorgen die Stühle auf den Terrassen der Fischlokale, die sich wie Dominosteine oberhalb der malerischen Bucht aneinander reihen, noch leer. Der Kapitän des Minifährboots, der nach Bedarf zur nahen Felsinsel Dragonera hinübertuckert, trinkt in aller Ruhe seinen *tallat*, einen starken Kaffee mit einem Schuss Milch, hält ein Schwätzchen mit dem Wirt, der noch etwas verschlafen über die Bucht schaut, und beide stellen zufrieden fest, dass keine Kundschaft wartet. Hier, an der südwestlichsten Spitze Mallorcas, ticken die Uhren noch langsamer, und im provinziell anmutenden Hafen gehen keine Luxusjachten wie in Puerto Portals oder in Port d'Andratx vor Anker. Hier residieren auch keine Golfspieler in piekfeinen Hotels, und hier ist schon rein räumlich kaum Platz für die Armada von Reisebussen, die die Sehenswürdigkeiten der Insel regelmäßig überrollt. Schon die Fahrt von der Küstenstraße bei Andratx den Abzweiger hinunter nach Sant Elm durch das liebliche, grüne, blühende Tal ist ein Genuss für die Sinne, denn die Gegend um Andratx wurde bereits von den Römern und später von den Arabern mit Hilfe künstlicher Bewässerungsanlagen in einen riesigen Obst- und Gemüsegarten, in ein blühendes Kulturland verwandelt. Und auch heute noch zählt La Horta zu den fruchtbarsten Gegenden Mallorcas und versorgt die Inselmärkte mit frischen Früchten, Oliven und Mandeln. Weit, weit weg sind die langen bevölkerten Strände von Platja de Palma und Platja de S'Arenal mit all dem bekannten Remmidemmi. Vergessen sind auch die modernen, gesichtslosen Badeorte Palmanova oder Magaluf mit all ihren Bettenburgen. Und noch vergleichsweise harmlos wirkt das mit seinem schicken Jachthafen und modernen Appartementsiedlungen ausgebaute Port d'Andratx. Vor Piratenüberfällen geschützt, konnte sich das verträumte Fischerdorf rund um einen der schönsten Naturhäfen Mallorcas lange Zeit behutsam entwickeln, genauer gesagt, bis zum Beginn des Tourismus auf der Insel, als sich der idyllische Hafenort im Laufe der siebziger Jahre schlagartig zum prosperierenden Jet-set-Ressort verwandelte.

Vom idyllischen Sant Elm *kann man zur Insel Dragonera übersetzen.*

Heute blubbern hier teure Sportwagen die Seepromenade entlang, und man sieht auch schon mal Prominente in einem der zahlreichen Straßencafés sitzen, die sich von ihren Einkäufen in den noblen Einrichtungsläden erholen, um sich anschließend den vorzüglichen Restaurants zu widmen. Eines davon ist das »Rocamar« am Ende der verkehrsfreien Hafenmole, von dem Sie auf Seite 62

Blaue Stunde am Mittelmeer *beim abendlichen Spaziergang auf der Strandpromenade: Weiße Jachten, grüne Palmen, blaues Wasser – was braucht man mehr?*

Das »Tristan« *mit Zweisternekoch Christian Schwaiger gehört zu den Topadressen Mallorcas.*

noch mehr erfahren. Von der Terrasse schauen wir gegen Abend den einlaufenden Fischerbooten zu und fixieren mit sehnsüchtigen Blicken eine schnittige Jacht am Horizont, die mit ihren grell leuchtenden Segeln dem roten Sonnenball entgegengleitet, um uns dann, den Moment auskostend, den typisch mallorquinischen Köstlichkeiten des renommierten Fischlokals zu widmen.

Koch Mateu Trias bereitet sämtliche Meeresfrüchte, und um die geht es hier hauptsächlich, stets fangfrisch zu. Die Langusten holt sich die langjährige Kücheninstanz des »Rocamar« höchstpersönlich aus einem großen Meerwasserbassin, das hell beleuchtet und damit kaum zu übersehen im Speiseraum steht, der gottlob vor kitschiger Dekoration bewahrt wurde. Und köstlich schmecken dann auch die authentisch zubereiteten Gerichte, die selbst König Juan Carlos bestens bekommen. Der jugendliche Wirt Mateu Calafell ist weit gereist und erzählt gern Geschichten von früher, als er und seine Brüder innerhalb einer halben Stunde und teils nur mit den Händen kiloweise Fische und Meeresfrüchte aus der Hafenbucht holten. Heute dagegen müssen sich die wenigen verbliebenen Fischer mit den spärlichen Fängen aus den weitgehend leer gefischten Fanggründen rund um Mallorca begnügen.

Am Nachmittag des folgenden Tages machen wir einen zweiten Erkundungsausflug und fahren von Andratx die von Aleppokiefern gesäumte Küstenstraße C 710 entlang. Die Traumstraße wurde erst Ende der siebziger Jahre fertig gestellt und machte die bis dahin abgeschiedenen Küstenorte für den Massenverkehr zugänglich. Auf ihr kurven wir über den Coll de sa Cremola bis zum Mirador de Ricardo Roca. Und hier, kurz vor dem für seine Natursteinhäuser bekannten Bergdorf Estellencs, erleben wir spektakuläre, wirklich unvergessliche Ausblicke auf die weit ins Meer hineinragenden Felsflanken mit ihren fast senkrecht abfallenden Steilwänden.

Weil das Meer um Mallorca und seine Schwesterninseln inzwischen fast leer gefischt ist, werden frischer Fisch und Meeresfrüchte häufig vom spanischen Festland »importiert«.

Die großartigen Terrassen von Banyalbufar *wurden unter arabischer Herrschaft angelegt.*

Die Vielfalt der Südwestküste Mallorcas wechselt ab zwischen hübschen Sandbuchten mit glasklarem Wasser, hoch aufragenden Felsklippen und kleinen Hafenorten.

Allein die Fahrt auf einer der schönsten Küstenstraßen des Mittelmeerraumes genügt schon als Tagesziel, die außerdem noch durch einen stimmungsvollen Sonnenuntergang und den überwältigenden Blick auf die zerklüfteten Kalk- und Kreidefelsen vom Torre Atalaya de ses Animes gekrönt wird. Der tadellos restaurierte Wachturm von 1519 ragt hoch über die blau leuchtende Bucht und erinnert an die Zeiten, als sich Mallorca mit einer Kette solcher Türme vor den Angriffen türkischer Piraten zu schützen suchte. Ses Animes liegt in der fruchtbaren Horta de Banyalbufar, die unter arabischer Herrschaft als »buniola al bahar«, als kleiner Weingarten am Meer, bekannt war. Denn schon vor langer Zeit erkannten zuerst die römischen, später dann die arabischen Besatzer die wertvolle Sonnenlage der Westhänge für ihre Malvasiatraube. Doch um sie landwirtschaftlich nutzen zu können, mussten die Steilhänge zu Terrassen aufgeschüttet und ein ausgeklügeltes Bewässerungssystem aus gemauerten Kanälen, die vom gespeicherten Regenwasser der Berge gespeist wurden, installiert werden. Jahrelange, harte Arbeit war erforderlich, um den jahrhundertelangen Anbau von Gemüse, Zitronen, Orangen, Mandelbäumen und Weinstöcken zu ermöglichen. Und auch heute noch werden einige der berühmt gewordenen Terrassenfelder von Banyalbufar landwirtschaftlich genutzt.

An den südlichen Ausläufern der Tramuntana-Berge, die zwischen dem Cap de Cala Figuera und der Insel Dragonera bis an die Küste drängen, zeigt der Südwesten sein warmes, angenehmes Gesicht – dort, wo die winkelige Küstenlinie im ständigen Wechsel zwischen Sandbuchten, *calas*, kleinen Häfen, Kaps mit Leuchttürmen und steilen Felsklippen hin- und hergerissen wird, und wo die saftigen Grünflächen der Golfplätze im Hinterland in Pinienwälder und fruchtbare Tallandschaften übergehen. Von höherer Warte aus betrachten Bergwanderer das Schauspiel zwischen Meeresblau und Waldgrün: Vom 1025 Meter hohen Galatzó, einem mächtigen Felsblock, im Halbrund umringt von seinen kleineren Brüdern, ist die Fernsicht an klaren Tagen schier unbeschreiblich. Wer sich die mehrstündige Kraxelei ersparen will, kurvt mit dem Rad oder im Leihwagen die vielen Serpentinen zum Bergdorf Galilea hinauf. Anstelle eines Dorfplatzes, der wegen der steilen Lage des kleinen Ortes keinen Platz findet, gibt es eine Aussichtsterrasse, die eine wunderbare Sicht auf die Hänge des Puig de Galatzó und die felsige Südwestküste freigibt.

Besonders an der Westküste fallen die vielen kunstvollen Steinmauern auf, die für Mallorca typischen *marges*. Durch diese perfekt geschichteten Mauern, die die Insel mit Tausenden von Kilometern wie ein steinernes Netz überziehen, werden Felder, Straßen, Wege und Terrassen eingerahmt oder gestützt. Die *marger* sind dabei wahre Künstler und bauen ihre Trockenmauern ohne Mörtel überall auf der Insel nach jahrhundertealter Handwerkstradition. Dafür werden die Kalksteinbrocken mit der *manuella*, dem Meißel, nach Augenmaß behauen und Stein auf Stein geschichtet, bis ein kunstfertig, dicht ineinander gefügtes Mauerwerk entsteht. Besonders praktisch waren und sind auch heute noch die zur künstlichen Bewässerung eingesetzten *margades*, die gemauerten Kanäle rund um die Terrassenfelder. Ob die Herkunft der Steinhauerkunst aber nun tatsächlich der steinalten Talayot-Kultur oder doch den Mauren zu verdanken ist, darüber scheinen sich die Historiker noch nicht ganz im Klaren zu sein.

Weitab vom Tourismus: *Kleinen, verträumten Ortschaften, umgeben von sanften grünen Hügeln, kann man auf einer Fahrt über die Insel immer wieder begegnen.*

Vom Aussichtspunkt Mirador de Roca *hat man einen phantastischen Ausblick auf das Meer.*

Während ihrer über 300 Jahre währenden Herrschaft schufen die arabischen Besatzer jedenfalls großartige Paläste und respektable Landgüter wie Sa Granja, das zu maurischer Zeit als Al Pich bekannt war. Erst im 17. Jahrhundert wurde der Gutshof südöstlich von Banyalbufar von der Familie Fortuny zur prachtvollen Landresidenz ausgebaut und wandelte sich bald zu einem der größten und bekanntesten Gutshöfe Mallorcas. Seit den sechziger Jahren ist Sa Granja für die Öffentlichkeit zugänglich und demonstriert anschaulich den Lebensstil des mallorquinischen Landadels. Das zur Museums-*finca* umfunktionierte Anwesen macht auch klar, welche Bedeutung die Landwirtschaft für die Insel hatte und immer noch hat. Der heutige Besitzer, ein wohlhabender Mann aus Palma, lässt das Gut mit all seinen Apfelplantagen, Pfirsichgärten und Olivenhainen nach wie vor fleißig bewirtschaften und bietet – im Eintrittspreis enthalten – an einigen Tagen der Woche Folklore mit Tänzen und Eselrennen, an anderen Tagen mallorquinische Spezialitäten als Kostprobe. Zur Verdauung empfiehlt sich dann ein Spaziergang durch den im 19. Jahrhundert angelegten Landschaftsgarten und den *huerto-jardín*, der traditionellen Kombination aus Zier- und Nutzgarten.

Sa Granja steht für eine Vielzahl von herrschaftlichen Anwesen, die sich fern der Strände und inmitten der schönsten mallorquinischen Landschaft mal prachtvoll erheben, mal scheu hinter hohen Mauern und dichten Hecken verstecken. Die Landsitze der wohlhabenden Patrizierfamilien aus Palma werden fast alle noch landwirtschaftlich genutzt, und ihr Reichtum an frischem Gemüse, Obst und Oliven, Schaf- und Schweinefleisch wird wie ehedem auf den Inselmärkten verkauft. Mittlerweile werden die Produkte auch in den zu Hotels oder Restaurants umfunktionierten Gäste-*fincas* verarbeitet und in Form von schmackhaften mallorquinischen Gerichten auf den Tisch des Hauses gebracht.

Weiße Bälle fliegen auf der grünen Insel erst seit 30 Jahren. Von den mallorquinischen Campos liegen fünf Plätze im Südwesten (Son Vida, Santa Ponça, Royal Bendinat, Poniente, Son Antem). Hinzu kommen vier Plätze im Nordosten (Son Servera, Capdepera, Canyamel, Pula) sowie im Norden Pollença und im Südosten Vall d'Or.
Was nur wenige wissen: Sämtliche Klubrestaurants stehen auch Nichtgolfern offen, bieten meist ein angenehmes Ambiente, zuweilen herrliche Ausblicke von der Terrasse, und einige zählen zu den besten kulinarischen Adressen der Insel.

Allioli heißt Knoblauch mit Öl und wird zu Fisch und Fleisch, aber auch zu den auf Mallorca sehr beliebten Schnecken gegessen: 1 bis 2 Knoblauchzehen abziehen und im Mörser zu Brei zerstoßen. 2 Eigelbe mit dem Knoblauch und 1 Prise Salz mit dem Schneebesen so lange verschlagen, bis eine hellgelbe, cremige Masse entsteht. 200 Milliliter Olivenöl zuerst tropfenweise, dann in dünnem Strahl zugeben, dabei immer kräftig weiterrühren und erst wieder Öl zufügen, wenn das vorige ganz aufgesogen ist. Die *allioli* zum Schluss nach Belieben mit Zitronensaft und Salz abschmecken. Übrigens rühren viele mallorquinische Hausfrauen die *allioli* wie eh und je im Mörser, eine Handfertigkeit, die ich mir trotz eifrigen Übens bis heute nicht erwerben konnte!

Die köstlichen Paprikaschoten werden am besten auf dem Holzkohlegrill zubereitet.

PREBES TORRATS – PIMIENTOS ASADOS

Geröstete Paprikaschoten

Für 4 Personen

- *500 g rote Paprikaschoten*
- *1–2 EL Olivenöl*
- *Salz*
- *Pfeffer aus der Mühle*

Marinade

- *2–3 Knoblauchzehen*
- *250 ml Olivenöl*

1 Die Paprikaschoten waschen, abtrocknen, rundherum mit Öl bestreichen und in einer beschichteten Pfanne bei mittlerer Hitze etwa 20 Minuten von allen Seiten rösten.

2 Die Schoten herausnehmen, kurz abkühlen lassen, abziehen und längs halbieren. Trennwände und Kerne entfernen und die Paprika mit Salz und Pfeffer würzen. Die Hälften nach Belieben längs in fingerdicke Streifen oder in Quadrate schneiden.

3 Zum Marinieren die Schotenhälften längs in Streifen schneiden, dabei den Saft auffangen, und das Gemüse in eine flache Schüssel legen.

4 Die Knoblauchzehen abziehen, in Scheiben schneiden und zu den Paprikastreifen geben. Den aufgefangenen Saft und das Öl darüber gießen und die Schüssel mit Frischhaltefolie abdecken.

Zubereitungszeit: etwa 1 Stunde.

Variante

Sie können die Schoten auch auf höchster Stufe 20 bis 30 Minuten im Backofen oder noch besser auf dem Holzkohlegrill rösten.

Traditionell werden die roten Paprikaschoten auf Mallorca auf offenem Feuer oder auf dem Land in einem der alten Holzbacköfen geröstet, und zwar so lange, bis die Schale ganz schwarz wird und sich mühelos entfernen lässt. Die köstlichen Schoten werden warm und kalt als Beilage zu Fisch, Fleisch oder Eierspeisen, in Saucen und als Belag für die *coca* (Seite 67) verwendet oder aber für den Winter in Gläsern eingeweckt.

Tipps

Im Kühlschrank halten sich die marinierten Paprikaschoten etwa eine Woche, wenn sie immer vollständig mit Öl bedeckt sind (das Olivenöl kann man anschließend gut zum Braten oder für Salatsaucen verwenden).
Übrigens können Sie auf die gleiche Weise auch sehr gut Auberginen und Tomaten rösten.

ARRÒS AMB BACALLÀ – ARROZ CON BACALAO

Reis mit Stockfisch

Für 4–6 Personen

- *500 g Bacalao (Stockfisch)*
- *1–2 Bund Frühlingszwiebeln*
- *2–3 Knoblauchzehen*
- *1 2 Bund glatte Petersilie*
- *3 große Tomaten*
- *6 EL Olivenöl*
- *200 g Reis*
- *2–3 Safranfäden*
- *1–2 Nelken*
- *Paprikapulver*
- *Pfeffer aus der Mühle*

1 Den Fisch in Portionsstücke schneiden, gründlich abspülen und 12 Stunden wässern, dabei das Wasser mindestens zweimal wechseln. Den Fisch nochmals gründlich spülen, trockentupfen und soweit wie möglich entgräten.

2 Die Frühlingszwiebeln waschen, trockentupfen und in feine Ringe schneiden. Den Knoblauch abziehen und fein hacken. Die Petersilie waschen, trockentupfen und die Blättchen fein schneiden. Die Tomaten mit kochendem Wasser überbrühen, häuten und das Fruchtfleisch in Würfel schneiden.

3 Das Öl in einer *greixonera* oder Kasserolle erhitzen und aus Frühlingszwiebeln, Petersilie, Knoblauch und Tomaten ein *sofrit* zubereiten (Seite 35). Den Stockfisch zugeben und kurz mitdünsten.

4 Reis, Safran, Nelken, Paprikapulver und Pfeffer zufügen, kurz dünsten und mit etwa 1/2 Liter Wasser ablöschen, so dass der Reis gut bedeckt ist. Alles einmal kurz aufkochen und etwa 20 Minuten unter gelegentlichem Rühren bei schwacher Hitze garen.

Zubereitungszeit: 1 Stunde 10 Minuten.

Auf Mallorcas Märkten *werden duftende Gewürze aus großen Säcken abgefüllt.*

Bacalao, Stockfisch, nennt man auf Mallorca den Kabeljau, der durch Salzen und Trocknen bereits auf den Fangkuttern haltbar gemacht und auf jedem Markt verkauft wird. Bei den Insulanern ist er sehr beliebt und wird zu äußerst schmackhaften Gerichten verarbeitet. Wichtig bei der *bacalao*-Zubereitung ist das Entfernen der Gräten und das ausgiebige Wässern – mindestens zwölf Stunden –, wobei das Wasser mehrmals gewechselt werden muss.

Sehr gut schmeckt dieses Gericht auch mit Erbsen, Blumenkohl oder Artischocken.

Damit man sich auch zu Hause *immer wieder an mallorquinische Genüsse erinnert.*

Auf Mallorca wird für die *paella* ein halbrunder Reis verwendet, der in seiner Konsistenz weder zu weich noch zu hart ist. Wenn Sie den härteren Langkornreis nehmen, müssen Sie ihn vor dem Garen 10 Minuten wässern. Wenn Sie verschiedene Muschelsorten verwenden, brauchen diese oft unterschiedlich lange, um sich beim Dünsten zu öffnen.

PAELLA – PAELLA

Paella

Für 4–6 Personen

- *800 g gemischte Meeresfrüchte (Gambas, Krabben mit Schale, Miesmuscheln)*
- *500 g Hühnerfleisch (aus dem Schenkel, ohne Knochen)*
- *2 Wachteln*
- *1 Täubchen*
- *1 rote Paprikaschote (250–300 g)*
- *3–4 Stiele Petersilie*
- *1 Zwiebel*
- *3 Knoblauchzehen*
- *50–100 ml Olivenöl*
- *300 g Reis*
- *3/4–1 l Hühnerbrühe*
- *4–5 Safranfäden (oder 1/2 TL Gelbwurz oder Colorante, siehe Seite 63)*
- *150 g Erbsen (frisch oder tiefgefroren)*
- *Salz, Pfeffer aus der Mühle*
- *1 Zitrone*

1 Muscheln, *gambas* (Hummerkrabben) und Krabben waschen und trockentupfen. Geöffnete Muscheln aussortieren. Die übrigen Muscheln mit etwas Wasser aufsetzen und zugedeckt so lange auf kleiner Flamme dünsten, bis sich die Schalen öffnen. Geschlossene Muscheln wegwerfen. 4 bis 6 schöne Muscheln in der Schale zum Verzieren beiseite legen, die übrigen Muscheln aus der Schale lösen.

2 Das Geflügel waschen und trockentupfen. Das Hühnerfleisch in Portionsstücke schneiden. Die Wachteln und das Täubchen vierteln. Paprikaschote und Petersilie waschen und trockentupfen. Die Paprika von Trennwänden und Kernen befreien und würfeln, die Petersilie fein schneiden. Die Zwiebel abziehen, halbieren und längs in Streifen schneiden. Den Knoblauch ungeschält zerdrücken.

3 50 Milliliter Öl in einer großen flachen *paellera*-Pfanne erhitzen und darin bei starker Hitze zunächst das Hühnerfleisch, dann die Wachtel- und Täubchenstücke von allen Seiten anbraten und herausnehmen. Im restlichen Öl zunächst die *gambas*, dann die ausgelösten Muscheln kurz anbraten und herausnehmen.
Im gleichen Öl Zwiebel, Paprikawürfel, Knoblauch und Petersilie andünsten.
Den Reis zufügen und kurz mitbraten.

4 Die Hühnerbrühe zugießen und Safran, Erbsen und das Fleisch zufügen. Alles mit Salz und Pfeffer abschmecken und unter gelegentlichem Rühren bei mittlerer bis schwacher Hitze etwa 20 Minuten garen, bis der Reis weich, aber noch bissfest ist.

5 Kurz vor Ende der Garzeit die Muscheln und die Krabben zufügen. Die *gambas* auf die Paella legen und mitdünsten, dabei einmal wenden. Die Zitrone vierteln. Die *paella* mit den zurückbehaltenen Miesmuscheln und den Zitronenschnitzen garniert servieren.

Zubereitungszeit: 1 Stunde 30 Minuten.

Variante

Die *paella* lässt sich auch in anderer Zusammensetzung zubereiten, die einzelnen Arbeitsschritte sind aber immer dieselben. Wenn Sie für eine *paella* ausschließlich Meeresfrüchte verwenden wollen, gehören noch Tintenfisch (*calamares* oder *sepias*), größere *gambas, langostinos* (Riesengarnelen) und pro Person eine *cigala* (Scampo) dazu. Die Hühnerbrühe ersetzen Sie dann je nach Geschmack durch Fischbrühe oder Wasser.

PAELLA CEGA – PAELLA CIEGA

Blinde Paella

Für 6 Personen

- *100 g Brechbohnen*
- *Salz*
- *400 g Hühnerbrust*
- *400 g mageres Schweinefleisch*
- *1 Tintenfisch, küchenfertig (etwa 400 g)*
- *1 rote Paprikaschote (etwa 200 g)*
- *1 Zwiebel*
- *6 Knoblauchzehen*
- *2 Tomaten*
- *16 Miesmuscheln (aus dem Glas)*
- *200 ml Olivenöl*
- *16 Hummerkrabben ohne Schale*
- *4 Tassen Rundkornreis*
- *100 g Erbsen (frisch oder tiefgefroren)*
- *etwa 1 l heiße Fleischbrühe*
- *Pfeffer aus der Mühle*
- *1 TL Gelbwurz (Kurkuma)*

1 Bohnen waschen, putzen, halbieren und in Salzwasser bissfest garen. In einem Sieb abtropfen lassen und abschrecken.

2 Fleisch und Tintenfisch waschen und trockentupfen. Das Fleisch in mundgerechte Stücke, den Tintenfisch in Ringe schneiden. Die Paprika waschen und halbieren. Trennwände und Kerne entfernen und die Schote klein würfeln.

3 Zwiebel und Knoblauch abziehen und zerkleinern. Die Tomaten mit kochendem Wasser überbrühen, häuten und würfeln. Die Muscheln abgießen, waschen und in einem Sieb abtropfen lassen.

4 Das Öl in einer *paellera*-Pfanne erhitzen. Das Fleisch darin auf mittlerer Flamme kurz anbraten und herausnehmen. Danach zuerst die Tintenfischringe, dann die Hummerkrabben und Muscheln kurz darin anbraten und herausnehmen.

5 Die Zwiebel und den Knoblauch in die *paellera*-Pfanne geben und anschmoren. Zuerst die Tomaten-, dann die Paprikawürfel zufügen und alles bei mittlerer Hitze dünsten. Den Reis zugeben und unter Rühren kurz anrösten. Bohnen und Erbsen zufügen, kurz mitdünsten und so viel Brühe zugießen, dass alles bedeckt ist.

6 Mit der Fleischbrühe unter Rühren den Bratensatz lösen und alles mit Salz und frisch gemahlenem Pfeffer würzen. Die Gelbwurz einrühren, Fleisch sowie Tintenfisch zufügen und die *paella* bei schwacher Hitze und unter gelegentlichem Rühren 15 bis 20 Minuten kochen, bis der Reis gar und die Brühe aufgesogen ist. Kurz vor Ende der Garzeit die Hummerkrabben und Muscheln unterheben und einige Minuten mitdünsten.

Zubereitungszeit: 1 Stunde 40 Minuten.

Auf Mallorca ist es Usus, die *paella* auf offenem Feuer zu garen, weshalb sie meist auf dem Gasherd zubereitet wird (wer keinen Gasherd hat, bedient sich eines großen Feuerrings, der an eine Gasflasche angeschlossen wird). Auf dem Land setzt man die große *paellera*-Pfanne einfach aufs Holzfeuer und diskutiert nachhaltig darüber, welches Holz zum Feuern am besten ist. Mandelholz sei schon sehr gut, aber den besten Geschmack gebe doch das Holz von Zitrusbäumen, wird man sich dann meist einig. Doch auch ohne Holzfeuer oder Gasherd lässt sich eine schmackhafte *paella* zubereiten. Und wenn Sie keine *paellera* besitzen, tut es auch jede andere große, flache Pfanne!

Die blinde Paella können Sie »blind« genießen, denn sie enthält keine Knochen oder Gräten.

Satte Wiesen *liefern den Schafen bestes Futter und den Mallorquinern vorzügliches Fleisch.*

Lammfleisch ist auf ganz Mallorca beliebt. Der Lammbraten ist hier wie in vielen anderen Ländern ein Muss zum Osterfest und wird auf dem Land noch in den alten Holzbacköfen geschmort. In großen Familien wird gleich ein ganzes Lamm zubereitet. Zerteilt in Portionsstücke brät man das Fleisch zuerst in Olivenöl oder Schmalz an und gibt es dann in die Reine.

Auf Mallorca kommt zu Ostern in jeder Familie ein saftiger Lammbraten auf den Tisch.

ROSTIT D'ANYELL – ESTOFADO DE CORDERO

Lammschmorbraten

Für 4–6 Personen

- *1 Lammkeule à 1,5 kg*
- *2 EL Schweineschmalz*
- *Salz*
- *Pfeffer aus der Mühle*
- *1 Knolle Knoblauch*
- *2–3 Zweiglein Rosmarin*

1 Die Lammkeule waschen und trockentupfen. Den Backofen auf 200 °C (Umluft 180 °C, Gas Stufe 3–4) vorheizen. Das Schweineschmalz schmelzen und etwas abkühlen lassen. Das Fleisch rundherum salzen und pfeffern, in eine Reine legen und mit dem Schmalz bestreichen.

2 Die Knoblauchzehen aus der Knolle lösen und ungeschält zufügen. Die Rosmarinzweige auf die Keule legen, 2 Tassen Wasser angießen und die Reine in den Backofen schieben.

3 Die Lammkeule etwa 2 1/2 Stunden garen und während des Bratens mehrmals mit dem Bratenfond übergießen.

Zubereitungszeit: 2 Stunden 50 Minuten.

Tipps

Fleisch wird auf Mallorca meist durchgegart gegessen, während in anderen Mittelmeerregionen gerade der Lammbraten gerne rosa serviert wird.
Wenn Sie Ihre Lammkeule auch am Knochen durch haben wollen, müssen Sie mit einer Bratzeit von 2 1/2 Stunden rechnen.
Knoblauch ist unentbehrlich in der mallorquinischen Küche, wird allerdings oft ungeschält verwendet, wie in diesem Rezept, und manchmal sogar ungeschält als ganze Knolle mitgekocht. In beiden Fällen entfernt man dann lediglich die harten äußeren Schalen.

CASSOLA DE XOT – CAZUELA DE CORDERO

Mallorquinischer Lammtopf

Für 4 Personen

- *200 g Kichererbsen*
- *1 Bund Frühlingszwiebeln*
- *1 Knoblauchknolle*
- *2 Tomaten*
- *100 g Brechbohnen*
- *2 Artischocken*
- *2–3 Stiele Moraduix (ersatzweise 1 Salbeiblatt)*
- *100 g frische Erbsen*
- *800 g Lammfleisch aus der Keule*
- *4–6 EL Olivenöl*
- *150 g durchwachsener Speck*
- *500 ml Fleischbrühe*
- *3 Safranfäden*
- *Paprikapulver (edelsüß)*
- *Salz, Pfeffer aus der Mühle*
- *1 Messerspitze Zimt*

1 Die Kichererbsen über Nacht in kaltem Wasser einweichen. Am nächsten Tag abgießen und abtropfen lassen.

2 Die Frühlingszwiebeln waschen, trockentupfen, putzen und in feine Ringe schneiden. Von der Knoblauchknolle die äußere trockene Schale entfernen. Tomaten mit kochendem Wasser überbrühen, häuten und würfeln. Bohnen waschen, putzen und ein- bis zweimal durchbrechen. Artischockenböden herauslösen und klein schneiden. Die *moraduix*-Blätter waschen, trockentupfen und klein schneiden. Erbsen aus der Schale lösen

3 Das Lammfleisch waschen, trockentupfen und in mundgerechte Stücke schneiden. Das Öl in einer *greixonera* oder Kasserolle erhitzen und das Fleisch darin kräftig anbraten. Speck würfeln, zufügen und kurz mitbraten. Die Fleischbrühe zugießen und kräftig aufkochen.

4 Kichererbsen, Knoblauchknolle, alles Gemüse und die *moraduix*-Blättchen zufügen. Den Eintopf mit Safran, Paprika, Salz und Pfeffer abschmecken, nochmals kräftig aufkochen und zugedeckt bei geringer Hitze 30 Minuten garen. Den Zimt einrühren und alles offen weitere 10 bis 15 Minuten schmoren, bis die Flüssigkeit etwas eingekocht ist.

Dazu passt ein kräftiger Rotwein.

Zubereitungszeit: 1 Stunde 50 Minuten.

Tipps

Noch besser schmeckt der Eintopf, wenn Sie den Knochen der Keule mitbraten und -kochen (am besten vom Metzger durchhacken lassen)!
Bei zarten, jungen Artischocken können Sie auch sehr gut die weichen Innenblätter verwenden.

Moraduix wächst in großen Büschen in den Kräutergärten der alten *fincas*, und die Blätter werden als beliebtes Würzkraut in vielen mallorquinischen Gerichten verwendet. Die *moraduix*-Blätter haben große Ähnlichkeit mit Salbei und schmecken ähnlich, wenn auch nicht ganz so intensiv. Daher können Sie *moraduix* ohne weiteres durch Salbei ersetzen, müssen dann aber wesentlich weniger nehmen.

Viel frisches Gemüse in Verbindung mit zartem Lamm – der mallorquinische Lammtopf.

Die Fischgerichte *im »Rocamar« gehören zum Feinsten, was die Insel zu bieten hat.*

Im traditionsreichen »Rocamar« in Port d'Andratx können Sie auch den köstlichen Fisch in Salzkruste genießen (Seite 112), der inzwischen leider nur noch in wenigen mallorquinischen Restaurants angeboten wird.

ROCAMAR

Als ich zum ersten Mal das »Rocamar« in Port d'Andratx besuche, ist es Nachmittag und gerade Pause. Koch und Kellner sitzen schmausend, lachend und ein Schwätzchen haltend am Personaltisch weiter hinten im Lokal. Man spürt, dass hier gerne gearbeitet wird, und ich erfahre später, dass die beiden Chefs des Restaurants, die Brüder Toni und Mateu Calafell, auf ein angenehmes Betriebsklima und gut geschultes Personal setzen. Jeder kennt seine Aufgabe und arbeitet völlig selbstständig und mit viel Freude. Eine wichtige Voraussetzung, um gerade in Hochsaisonzeiten bestehen zu können!

Das Restaurant liegt oberhalb einer kleinen Felsenbucht am Ende des Fischereihafens, und von der Terrasse hat man einen phantastischen Blick auf das Meer, die Berge und den gegenüberliegenden Jachthafen. Die Nähe zu Meer und Hafen stand denn wohl auch Pate für die Farben, in denen das Lokal gehalten ist – blau wie das Meer und weiß wie die kleinen Wölkchen am Himmel und die Segel der Schiffe.

Das »Rocamar«, das bereits seit 24 Jahren existiert, ist seit langem für seine hervorragenden Fischgerichte bekannt. Mit Sicherheit verdankt es seinen guten Ruf zu einem Großteil dem Koch Mateu Trias, der seit der Stunde Null in der Küche das Zepter schwingt und dessen Kochkunst das Restaurant über Port d'Andratx hinaus bekannt gemacht hat. Zu seinen vielen Stammgästen zählt u.a. Juan Carlos, König von Spanien und leidenschaftlicher Segler, der Port d'Andratx, den Hafen und das Meer liebt und sicher schon so manchen Sonnenuntergang auf der Terrasse des »Rocamar« genossen hat. (Die Königsfamilie mischt sich gern unters Volk, wenn sie im Sommer auf der Insel weilt, und König Juan Carlos war in Port d'Andratx schon zu Gast, als er noch kein König, sondern erst Principe war.)

Im »Rocamar« *genießt man gutes Essen in angenehmer Atmosphäre.*

Obwohl das »Rocamar« vor zwei Jahren in den Besitz der Familie Calafell Vera übergegangen ist, hat sich in der Küche nichts geändert, denn der Koch ist geblieben und damit auch seine Fischspezialitäten. Eine davon ist das *suquet de pescado*, Fisch mit Brühe – ein altes katalanisches Gericht, das auf Mallorca und insbesondere im »Rocamar« sehr beliebt ist und dessen Zubereitung Sie auf Seite 64 finden. Eine weitere Spezialität des Hauses ist die köstliche *parrillada de pescado y mariscos*, die Grillplatte mit Fisch und Meeresfrüchten, deren Zubereitung ganz einfach ist. Dafür nimmt man denselben Fisch wie für das *suquet*, nämlich Seehecht,

Lachs und Schwertfisch, doch es werden noch mehr *mariscos*, also *gambas*, Hummerkrabben, Muscheln sowie pro Person eine *cigala*, Scampo, verwendet. Fisch und Schaltiere werden lediglich gegrillt; aber wie mir Koch Mateu versichert, besteht die Kunst darin, sie

Eine Spezialität *des Hauses sind die köstlichen gegrillten Fische.*

genau im richtigen Moment vom Grill zu nehmen, damit sie zwar gar, aber noch saftig sind.

Während wir all die köstlichen Gerichte probieren, gesellt sich Mateu Calafell, einer der beiden Chefs, zu uns. Er erzählt, dass die Familie Vera in Port d'Andratx eine lange Fischertradition hat und auch heute noch mit ihrem Boot aufs Meer hinausfährt, obwohl in den Gewässern rund um Port d'Andratx kaum mehr gefischt wird. Die modernen Fangmethoden haben den Meeresgrund aufgeschürft, die Laichplätze der Fische zerstört und den Mikroorganismus Meer stark in Mitleidenschaft gezogen. Dadurch ist es schwierig geworden für die Fischer und die Fischlokale, und die eher ökologisch eingestellten Calafells sind alles andere als glücklich über diese Entwicklung. Andererseits wissen sie aber auch, dass sie sich auf die veränderten Bedingungen einstellen müssen, um weiter bestehen zu können, und so haben die Brüder inzwischen das schon immer im Familienbesitz befindliche Lokal »Andratx« wunderschön renoviert und umbenannt. »La Dorada« heißt es jetzt und hat sich in Küche und Ambiente einem seit Jahren stetig zunehmenden Trend in Port d'Andratx angepasst, d. h., auf der Speisekarte findet man vor allem Nouvelle Cuisine und kreative Küche.

Port d'Andratx ist erst spät mit dem Tourismus konfrontiert worden, denn zu Beginn der Touristenära galt das kleine Hafendorf als unscheinbarer, hässlicher Ort. Damals mag man es aus ökonomischen Erwägungen bedauert haben, heute ist man froh darüber. Denn hier gibt es keine Bettenburgen und keine Bausünden aus den siebziger Jahren, sondern die alten Fischerhäuschen sind nach wie vor bunt angemalt und geben dem Ort sein typisches Flair. Ein Flair, das allerdings irgend-

Frischer geht's nicht mehr: *Hummer aus dem eigenen Bassin.*

wann einmal auch die Reichen und Schönen aus aller Welt und insbesondere aus Deutschland angezogen hat und den Ort vor allem im Sommer zu einem Treffpunkt all derer hat werden lassen, die sehen und gesehen werden wollen.

Unvergleichlich schön *ist die Abendstimmung, wenn in Port d'Andratx die Boote in den Hafen einlaufen.*

Weil Safran zu den teuersten Gewürzen zählt, verwendet man auf Mallorca oft die preiswertere Gelbwurz (Kurkuma), um den Speisen eine schöne gelbe Farbe zu verleihen. Statt Safran können Sie aber auch das in ganz Spanien verbreitete, auf Maismehlbasis hergestellte Fertigprodukt *colorante* nehmen, das man in jedem Supermarkt im Gewürzregal findet.

Auf fast allen mallorquinischen Märkten *finden Sie ein großes Angebot an frischem Fisch.*

Das *suquet de pescado* kann mit jedem beliebigen Fisch zubereitet werden. Wichtig ist, dass der Fisch möglichst wenige Gräten enthält.

Dieses ganz einfache, aber raffinierte Fischgericht besticht durch seine aparte Würzmischung.

SUQUET DE PEIX – SUQUET DE PESCADO

Fisch mit Brühe

Für 4 Personen

- *4 Scheiben Merluza (Seehecht)*
- *4 Scheiben Salmon (Lachs) oder 4 Salmonetes (Rotbarben)*
- *4 Scheiben Emperador (Schwertfisch)*
- *50 g Mehl*
- *4 EL Butter*
- *8 Miesmuscheln*
- *8 Gambas (Hummerkrabben)*
- *einige Tropfen Brandy*
- *2–3 Knoblauchzehen*
- *1 Zwiebel*
- *1–2 Tomaten*
- *4 EL Olivenöl*
- *2 kleine Scheiben Weißbrot*
- *10–12 geschälte Mandeln*
- *3–4 Safranfäden*
- *1 Lorbeerblatt*
- *1/4 l trockener Weißwein*
- *500 ml Fischbrühe*
- *Paprikapulver (edelsüß)*
- *etwas frischer Thymian*
- *einige Tropfen Anisschnaps*

1 Den Fisch waschen, trockentupfen und im Mehl wälzen. Die Butter in einer Pfanne erhitzen. Die Fischscheiben darin kurz von beiden Seiten anbraten, herausnehmen und in eine feuerfeste Form geben. Butter aus der Pfanne gießen.

2 Die Muscheln waschen und in wenig Wasser kochen, bis sich die Schalen geöffnet haben. Muscheln und *gambas* in die Pfanne geben, mit dem Brandy beträufeln und flambieren. Die Knoblauchzehen abziehen. Die Zwiebel abziehen und klein schneiden. Die Tomaten mit kochendem Wasser überbrühen, häuten und würfeln.

3 In einer zweiten Pfanne das Öl erhitzen und das Brot darin rösten. Mandeln und Knoblauch zufügen und ebenfalls kurz rösten. Alles im Mörser zusammen mit dem Safran gründlich zerreiben. Den Backofen auf 200 °C (Umluft 180 °C, Gas Stufe 3–4) vorheizen.

4 Im gleichen Öl die Zwiebel und die Tomaten mit dem Lorbeerblatt andünsten und mit Wein und Fischbrühe ablöschen. Die Brot-Mandel-Knoblauch-Mischung in die Sauce einrühren und alles mit Paprika und Thymian würzen. Die Sauce offen 10 bis 15 Minuten kochen und mit einigen Tropfen Anisschnaps abschmecken.

5 Muscheln und *gambas* zum Fisch geben, die Sauce darüber gießen und alles im Backofen 5 bis 10 Minuten dünsten, bis der Fisch gar ist. Zu Petersilienkartoffeln und Gemüse oder zu Reis servieren.

Zubereitungszeit: etwa 1 Stunde.

FRIT MARINER – FRITO MARINERO

Fischpfanne

Für 3–4 Personen

- *400 g Seeteufel (Schwanzstück)*
- *1 Tintenfisch, küchenfertig (etwa 250 g)*
- *150 g Gambas (Hummerkrabben)*
- *1 Gemüsezwiebel*
- *1 Knoblauchknolle*
- *1 rote Paprikaschote*
- *1 kg kleine Kartoffeln*
- *3/4 l neutrales Öl*
- *6–8 EL Olivenöl*
- *Salz*
- *100–200 ml Gemüsebrühe*
- *1 Lorbeerblatt*

1 Fisch, Tintenfisch und *gambas* waschen und trockentupfen. Den Seeteufel in etwa 2 Zentimeter breite Scheiben, den Tintenfisch in kleine Stücke schneiden. Die Zwiebel abziehen, vierteln und längs in dünne Scheiben schneiden. Die Knoblauchzehen aus der Knolle lösen. Die Paprika waschen, abtrocknen und halbieren. Trennwände und Kerne entfernen und die Schote klein würfeln. Die Kartoffeln schälen, waschen und vierteln.

2 Das neutrale Öl in einer Fritteuse auf 180 °C erhitzen. Die Kartoffeln frittieren, herausnehmen und abtropfen lassen. Das Olivenöl in einer *paellera*-Pfanne erhitzen und darin nacheinander Seeteufel, Tintenfisch und *gambas* auf mittlerer Flamme anbraten und herausnehmen. Im restlichen Öl die Knoblauchzehen, Zwiebeln und Paprika anschmoren. Alles mit Salz würzen, etwas Brühe zugießen und Lorbeerblatt, Fisch, Tintenfisch und Kartoffeln zufügen. Noch etwas Brühe zugießen (die Fischpfanne darf aber nicht suppig werden!) und alles bei schwacher Hitze offen 20 Minuten garen. Kurz vor Ende der Garzeit die *gambas* untermischen.

Zubereitungszeit: 1 Stunde 30 Minuten.

Am besten schmeckt die Fischpfanne, wenn sie auf offenem Feuer (etwa auf dem Holzkohlegrill) zubereitet wird. In diesem Fall brauchen Sie allerdings mehr Olivenöl, das Sie während des Anbratens der einzelnen Zutaten immer wieder nachgießen müssen. Auch mit der Brühe dürfen Sie dann nicht sparen, sondern können die im Rezept angegebenen 200 Milliliter zum Ablöschen verwenden.

Bei der Fischpfanne verbinden sich Fisch, Meeresfrüchte und Gemüse auf ideale Weise.

Pinienkerne sind eine beliebte Zutat, und es gibt unzählige Gerichte, in die eine Hand voll Pinienkerne gehört. Weil die Kerne im Laden so teuer sind, kann sich derjenige glücklich schätzen, in dessen Garten genau die richtige Pinienart wächst – nämlich die Schirmpinie, deren Zapfen die beliebten Samen enthalten.

COCARROIS AMB BLEDES – EMPANADILLAS CON ACELGAS

Teigtaschen mit Mangoldfüllung

Für 8 Stück

Für den Teig

- *100 g Schweineschmalz*
- *je 100 ml Olivenöl und Orangensaft*
- *1 gestrichener TL Salz*
- *500–600 g Mehl*
- *Mehl zum Ausrollen*

Für die Füllung

- *1 kg Mangold*
- *1 gestrichener EL Salz*
- *2–3 Frühlingszwiebeln*
- *je 20 g Rosinen und Pinienkerne*
- *2 EL Olivenöl*

1 Für den Teig das Schmalz erhitzen und etwas abkühlen lassen. Olivenöl, Schmalz und Orangensaft in einer Schüssel mit 100 Milliliter lauwarmem Wasser und dem Salz verrühren. Nach und nach so viel Mehl zufügen, dass ein glatter Teig entsteht. Alles gut mit den Händen verkneten und den Teig zugedeckt 10 bis 15 Minuten ruhen lassen.

2 Für die Füllung den Mangold grob von den Stielen zupfen, waschen, abtropfen lassen und in etwa 2 Zentimeter breite Streifen schneiden. Das Gemüse in eine Schüssel geben, mit dem Salz vermischen und 10 bis 15 Minuten ziehen lassen.

3 Die Frühlingszwiebeln waschen und in Ringe schneiden. Den Mangold ausdrücken und mit Frühlingszwiebeln, Rosinen, Pinienkernen und Öl vermischen.

4 Den Teig in 8 Portionen teilen und zu tennisballgroßen Kugeln formen. Die Kugeln auf einer bemehlten Arbeitsfläche zu runden Fladen von 16 bis 18 Zentimeter Durchmesser ausrollen. Den Backofen auf 150 °C (Umluft 130 °C, Gas Stufe 1) vorheizen.

5 Die untere Teighälfte mit Gemüse belegen, die obere Teighälfte darüber klappen und die Teigränder andrücken. Dabei die Teigränder etwas nach oben ziehen und eindrehen, so dass das typische Randmuster entsteht.

6 Die Teigtaschen auf ein mit Backpapier ausgelegtes Backblech setzen und im Backofen auf mittlerer Schiene 40 bis 50 Minuten backen. Nach 30 Minuten mit der Gabel einige Löcher in den Teig stechen. Die Teigtaschen nach dem Backen nur kurz abkühlen lassen und noch lauwarm servieren.

Zubereitungszeit: etwa 2 Stunden.

Köstliche Füllung in knusprigem Teig – kein Wunder, dass die Teigtaschen, Cocarrois, auf Mallorca so beliebt sind.

COQUES MALLORQUINES – COCAS MALLORQUINAS

Mallorquinischer Gemüseblechkuchen

Für 1 Backblech

Coca-Teig 1

- *20 g Hefe*
- *500 g Mehl*
- *1 Prise Zucker*
- *50 g Schweineschmalz*
- *1 Prise Salz*
- *1 Ei*
- *100 ml Orangensaft (zimmerwarm)*
- *eventuell etwas Öl*
- *Fett für das Backblech*

1 Die Hefe in 50 Milliliter lauwarmem Wasser auflösen. 1 Esslöffel Mehl und den Zucker unterrühren und den Vorteig zugedeckt an einem warmen, zugfreien Ort etwa 15 Minuten gehen lassen.

2 Das Mehl auf eine Arbeitsplatte sieben. In die Mitte eine Mulde drücken und den Vorteig hineingeben. Das Schmalz in Stücken auf dem Mehlrand verteilen.

3 Salz, Ei und nach und nach den Orangensaft zufügen und alles mit den Händen zu einem glatten Teig verkneten. Sollte der Teig zu trocken sein, etwas Öl in die Handflächen geben und in den Teig einkneten.

4 Den Teig zu einer Kugel formen und zugedeckt an einem warmen, zugfreien Ort 30 bis 40 Minuten gehen lassen, bis sich sein Volumen verdoppelt hat.

5 Ein Backblech einfetten, den Teig möglichst dünn darauf ausrollen und nach Wunsch belegen.

Zubereitungszeit: 1 Stunde 25 Minuten.

Für 1 Backblech

Coca-Teig 2

- *20 g Hefe*
- *100 ml lauwarmes Wasser*
- *1 Prise Zucker*
- *500 g Mehl*
- *100 g Schweineschmalz*
- *1 Ei*
- *Salz*
- *Fett für das Backblech*

1 Die Hefe in etwas Wasser auflösen, Zucker und 1 Esslöffel Mehl unterrühren und den Vorteig zugedeckt an einem warmen, zugfreien Ort etwa 15 Minuten gehen lassen.

2 Schmalz, Ei und etwas Salz im restlichen Wasser auflösen, zum Vorteig geben und das Mehl nach und nach mit den Händen unterkneten, bis ein geschmeidiger Teig entstanden ist. Den Teig zugedeckt an einem warmen, zugfreien Ort etwa 30 Minuten gehen lassen, bis sich sein Volumen verdoppelt hat.

3 Ein Backblech einfetten, den Teig möglichst dünn darauf ausrollen und nach Wunsch belegen.

Zubereitungszeit: 1 Stunde 10 Minuten.

Tipp

Auf Mallorca gibt es vier traditionelle Arten, den Blechkuchen zu belegen: mit Mangold, manchmal noch garniert mit kleinen Sardinenstückchen, mit roten Paprikaschoten, mit Zwiebeln und mit *trampó*, einer Mischung aus hellgrünen Paprikaschoten, Tomaten und Zwiebeln.

Cocas werden auf Mallorca oft und gerne gegessen. Fast jede Bäckerei verkauft sie gleich blechweise oder in Stücke geschnitten, und in vielen Bars werden sie als Imbiss angeboten, denn *cocas* schmecken warm wie kalt. Kalt reicht man sie auch gern zu Beginn eines größeren Essens mit der Familie oder Freunden, wenn die Gäste nach und nach eintreffen und man noch im Stehen mit einem Aperitif in der Hand den Magen mit *algo a picar*, mit etwas zum Knabbern, auf die bevorstehenden Genüsse einstimmt.

Eine weitere kinderleichte Variante des Teigs ist Marias *coca*-Teig, der wegen des Biers nicht aufgehen muss und deshalb relativ schnell zubereitet ist: 1 Glas Bier (etwa 150 Milliliter) und 1 Glas Olivenöl (etwa 150 Milliliter) mit etwas Salz und 500 Gramm Mehl verkneten, so dass ein geschmeidiger Teig entsteht. Den Teig auf einem gefetteten Blech dünn ausrollen, belegen und wie beschrieben backen.

Der Belag *für die Paprika-Cocas ist ganz einfach und relativ schnell zubereitet.*

In einigen Rezepten wird die Knoblauchzehe »etwas zerdrückt«. Dafür nehmen Sie die Knoblauchzehe zwischen Daumen, Zeige- und Mittelfinger und drücken sie mit dem Wurzelansatz nach unten fest auf ein Brettchen oder auf die Arbeitsplatte.

COCA AMB PREBES VERMELLS – COCA CON PIMIENTOS ROJOS

Coca mit roten Paprikaschoten

Für 1 Backblech

- *1 kg rote Paprikaschoten*
- *3–4 Knoblauchzehen*
- *Salz*
- *Pfeffer aus der Mühle*
- *6 EL Olivenöl*

1 Den Backofen auf 200 °C (Umluft 180 °C, Gas Stufe 3–4,) vorheizen. Die Paprikaschoten waschen, trockentupfen und im Ganzen im Backofen etwa 30 Minuten backen.

2 Die Schoten leicht abgekühlt häuten und halbieren. Die Trennwände und Kerne entfernen und das Fruchtfleisch in schmale Streifen schneiden. Knoblauch abziehen und klein hacken.

3 Die Paprika- und Knoblauchstücke auf dem ausgerollten *coca*-Teig verteilen, salzen, pfeffern und mit dem Öl beträufeln. Die *coca* im vorgeheizten Backofen bei 220 °C (Umluft 200 °C, Gas Stufe 4–5) etwa 30 Minuten backen.

Zubereitungszeit: 1 Stunde 40 Minuten.

Variante

Vor dem Beträufeln mit Öl können Sie die *coca* noch mit etwas klein geschnittener glatter Petersilie bestreuen.

COCA DE TRAMPÓ – COCA DE TRAMPÓ

Coca mit grünen Paprikaschoten

Für 1 Backblech

- *4 längliche hellgrüne Paprikaschoten (etwa 400 g)*
- *2 kleine Gemüsezwiebeln*
- *4 Tomaten*
- *Salz*
- *6 EL Olivenöl*

1 Die Paprikaschoten waschen, trockentupfen und halbieren. Trennwände und Kerne entfernen und die Schoten in kleine Stücke schneiden.

2 Die Zwiebeln abziehen, vierteln und quer in dünne Streifen schneiden. Die Tomaten kreuzweise mit einem Messer einritzen, mit kochendem Wasser überbrühen, häuten und würfeln.

3 Alles Gemüse gut vermischen und auf dem *coca*-Teig verteilen. Den Belag mit etwas Salz würzen und mit dem Olivenöl beträufeln.

4 Die *coca* im vorgeheizten Backofen bei 220 °C (Umluft 200 °C, Gas Stufe 4–5) etwa 30 Minuten backen.

Zubereitungszeit: etwa 50 Minuten.

Variante

Eine ebenfalls sehr beliebte Schwester der hier beschriebenen *coca de trampó* ist die *coca con cebollas*, die *coca* mit Zwiebeln. In diesem Fall werden die grünen Paprikaschoten einfach durch die gleiche Menge Zwiebeln ersetzt.

Nach Belieben können Sie für Ihre Coca auch anderes Gemüse verwenden – probieren Sie beispielsweise einmal Spinat.

COCA DE VERDURES – COCA DE VERDURAS

Coca mit Gemüse

Für 1 Backblech

- *1 kg Mangold*
- *1 EL Salz*
- *1 Bund Frühlingszwiebeln*
- *1 Bund glatte Petersilie*
- *1 rote Paprikaschote (250–300 g)*
- *3–4 Knoblauchzehen*
- *Paprikapulver (edelsüß)*
- *Pfeffer aus der Mühle*
- *etwa 100 ml Olivenöl*

1 Den Mangold waschen, abtropfen lassen und die harten Stiele entfernen. Die Blätter in Streifen schneiden, mit dem Salz vermischen und mindestens 1 Stunde durchziehen lassen.

2 Inzwischen die Frühlingszwiebeln waschen und in feine Ringe schneiden. Die Petersilie waschen, trocknen und fein schneiden. Die Paprikaschote waschen, halbieren, Trennwände und Kerne entfernen und die Hälften würfeln. Den Knoblauch abziehen und fein hacken.

3 Den Mangold mit den Händen gut auspressen, mit Paprikastückchen, Frühlingszwiebeln, Petersilie und Knoblauch vermischen und mit Paprikapulver und Pfeffer abschmecken.

4 Das Gemüse auf dem ausgerollten *coca*-Teig verteilen und mit dem Olivenöl beträufeln. Die *coca* im vorgeheizten Backofen bei 220 °C (Umluft 200 °C, Gas Stufe 4–5) etwa 30 Minuten backen.

Zubereitungszeit: 1 Stunde 50 Minuten.

Variante

Wenn Sie die *coca* zusätzlich mit 6 bis 8 kleinen eingesalzenen Sardinen belegen, die man auf Mallorca überall im Supermarkt und auf den Wochenmärkten bekommt, wird Ihre *coca de verdures* zur *coca amb pinxes*: die Sardinen gut säubern, vom Salz befreien, in kleine Stücke schneiden, über dem Gemüse verteilen und mit reichlich Olivenöl beträufeln.

Der klassische *coca*-Teig ist ein Hefeteig, bei dem Hefe, Mehl, Fett, Ei und Wasser ganz nach persönlichem Geschmack vermischt werden: mal deftig mit viel Fettanteil, mal süßlich durch die Zugabe von Zucker oder Orangensaft. Und manchmal wird auch das normalerweise verwendete Schweineschmalz durch Olivenöl ersetzt.

Die beliebten Blechkuchen, *die Cocas, können Sie in vielen mallorquinischen Bäckereien kaufen.*

Urlaub in mallorquinischen Fincas – *für Kinder wie für Erwachsene eine echte Alternative zum Strandhotel.*

Informationen über ausgesuchte *fincas* bekommen Sie bei der Associació Agroturisme Balear, Avda. Gabriel Alomar i Villalonga, 8 A, 2° A, E-07006 Palma de Mallorca, Tel. 72 15 08, Fax 71 73 17.

Agrotourismus

Seit mehr als 30 Jahren gehört Mallorca zu den beliebtesten Reisezielen in Europa, und neben den Engländern haben vor allem deutsche Urlauber die Baleareninsel in ihr Herz geschlossen. Gemausert hat sie sich ja inzwischen, denn aus der ehemaligen »Putzfraueninsel« ist eine Touristenhochburg geworden, die auf geschickte Weise die unterschiedlichen Interessen der Urlauber in verschiedenen Regionen »bündelt«. So gibt es etwa rund um Alcúdia preiswerten Familienurlaub, an der Playa de Palma Fiesta nonstop, Buchten für Individualisten im Südosten und deutsches Flair und etwas Schickimicki im Südwesten der Insel.
Doch so schön ein Strandurlaub auch sein mag – im Lauf der Jahre wollten vor allem viele deutsche Gäste mehr von der Insel sehen und Land und Leute kennen lernen. So mietete man sich ein Auto und erkundete auf eigene Faust Berge und Ebenen, Dörfer und Weiler. Und natürlich begegnete man dabei den typischen *fincas* und wünschte sich, einmal dort Urlaub zu machen, wo Mallorca noch Mallorca ist. Dieser Traum vom anderen Mallorca wurde für viele Touristen im Lauf der achtziger Jahre wahr, als Fördermittel der Regierung den wirtschaftlich arg in Bedrängnis geratenen Landwirten ermöglichten, sich ein Zubrot zu verdienen. Denn mit dem Geld wurden alte *fincas* restauriert, renoviert und so um- und ausgebaut, dass die künftigen Urlaubsgäste sowohl mallorquinisches Ambiente als auch allen Komfort vorfinden würden. Die Umbaumaßnahmen wurden selbstverständlich streng überwacht, denn das ursprüngliche Flair der *finca* durfte keinesfalls unter der Renovierung leiden, sondern sollte eher noch hervorgehoben werden. So war die mallorquinische Variante des Urlaubs auf dem Bauernhof geboren und fand schnell großen Anklang. Allerdings machten

Altes und Schönes *findet man in einer mallorquinischen Finca.*

sich auf diesem Sektor auch einige schwarze Schafe breit, die weniger an eine liebevolle Renovierung und guten Service, sondern vor allem an die schnelle Mark dachten. Und mancher Urlauber, der ohne vorherige Kontrolle sein Urlaubsdomizil buchte und dann vor Ort recht unangenehm überrascht wurde, kann davon ein Lied singen!
Aus diesen Kinderkrankheiten des neuen Tourismuszweiges hat man auf Mallorca gelernt und 1993 einen Verband gegründet, die Associació Agroturisme Balear. Sie trägt dafür Sorge, dass nur ausgewählte *fincas*, die mallorquinisches Ambiente und ein ge-

sundes Preis-Leistungs-Verhältnis bieten, in den Verband aufgenommen und beworben werden. Organisatorisch gehört die Associació zur Balearenregierung und ist Teil des Tourismusministeriums, welches durch ständige Kontrollen sicherstellt, dass der Gast auch vorfindet, was er gebucht hat.

Finca-Urlaub *im Frühjahr, inmitten eines blühenden Mohnfeldes.*

Mittlerweile sind in der Associació Agroturisme Balear 46 *fincas* aller Preisklassen zusammengeschlossen, die je nach Betrieb Zimmer mit Frühstück oder Halbpension, Ferienwohnungen oder Ferienhäuser vermieten. In manchen *fincas* kann der Gast auch eigene Produkte genießen, wie etwa Marmelade, selbst gebackenes Brot, Obst sowie Gemüse aus eigenem Anbau und natürlich die beliebte *sobrassada*. Und da Leihwagen relativ preiswert sind, kommt auch der Strandurlaub nicht zu kurz, denn Mallorca ist eine Insel, und irgendwo ist immer das Meer!

Nachdem der *finca*-Urlaub im mallorquinischen Hinterland schnell zum Hit wurde, öffneten in den letzten Jahren auch einige Landhotels ihre Pforten, von denen die meisten in alten, liebevoll renovierten Landgütern untergebracht sind. Im Gegensatz zum Agrotourismus werden diese Landgüter jedoch nicht mehr bewirtschaftet, sondern haben Hotelcharakter und sind insgesamt luxuriöser ausgestattet als die *fincas*. Dazu gehört auch, dass die Bettenzahl bewusst gering gehalten wird, um einen optimalen Service zu gewährleisten. Familien mit Kindern fühlen sich allerdings erfahrungsgemäß auf einer richtigen *finca* wohler, wo es oft noch Tiere gibt, dazu Reitmöglichkeiten, Ausfahrten im Eselskarren und vieles mehr, das im Infoblatt der Associació genau aufgelistet ist. So kann sich jeder in Ruhe zu Hause »seine« *finca* oder »sein« *hotel rural*, sein Landhotel, aussuchen. Buchen kann man ebenfalls ganz bequem direkt bei der Associació, wo auch alle Informationen in deutscher Sprache erhältlich sind.

Weitere Urlaubsalternativen bieten die gleichfalls in einem Verband zusammengeschlossenen »Hotels mit Charakter«. Auch sie vermitteln ein typisch mallorquinisches Ambiente, sind ins-

Auch Pferdefreunde *kommen auf vielen Fincas auf ihre Kosten.*

gesamt aber größer als die kleinen Landhotels. Sie legen Wert darauf, ein Stück Mallorca zu vermitteln, und haben sich deshalb Reis de Mallorca (Könige von Mallorca) genannt, denn in diesen Hotels soll sich der Gast wie ein König fühlen.

Der wildromantische Garten *der wunderschön gelegenen Finca Sant Blai garantiert Erholung pur.*

Informationen über die »Hotels mit Charakter« in deutscher Sprache erhalten Sie über IBATUR, Instituto Balear de Promoción del Turismo, C/. Montenegro 5, E-07006 Palma de Mallorca, oder über die Buchungszentrale Reis de Mallorca 1º A – Hoteles con carácter, Aragón, 215, Palma de Mallorca, Tel. 70 60 06, Fax 47 09 81. E-mail: reserves @fehm.es

Special

Restaurants

Südwesten und Westen

RESTAURANTS

NA BURGUESA in Génova: Zwischen den Gemeinden Calvià und Palma oberhalb des Höhenzuges Na Burguesa gelegenes Restaurant mit phantastischer Aussicht über Palma, den Hafen und die gesamte Bucht von Palma sowie im Südwesten auf die Landzunge Cala Figuera. Öffnungszeiten: Di–So 13.00–16.00 und 19.00–24.00 Uhr.

Camino Na Burguesa s.n., Tel. 70 12 63. Von Palma Richtung Génova (Crta. Palma-Génova), in Génova gleich hinter dem Ortsschild rechts, immer den Berg hinauf, der Beschilderung folgend. Die Anfahrt einem geübten und vor allem schwindelfreien Autofahrer überlassen!

CA NA CUCÓ in Calvià: Bei den Bewohnern von Calvià beliebtes Dorfgasthaus, denn in der Küche sorgt La Señora höchstpersönlich dafür, dass *tipico mallorquin* gekocht wird! Öffnungszeiten: Di–So 19–23.00 Uhr, Do–So auch 13–15.30 Uhr.

C/. Es Collet 2, Tel. 67 00 83.

EL COCHE in Port d'Andratx: Direkt am Fischereihafen gelegenes und für seine guten Fischgerichte und *paellas* bei Mallorquinern und Urlaubern gleichermaßen bekanntes und beliebtes Restaurant.
Öffnungszeiten: Mi–Mo von 13.00–16.00 und 19.00–23.00 Uhr; im Januar geschlossen.

Av. Mateo Bosch 14, Tel. 67 19 76.

Das »El Coche« *ist bekannt für seinen vorzüglichen Fisch und die erstklassige Paella.*

ROCAMAR in Port d'Andratx: Erstklassiges Fischlokal mit phantastischem Ausblick von der Terrasse auf das Meer (mehr auf Seite 62). Öffnungszeiten: täglich von 12.30–16.00 und 19.30–23.30 Uhr; November und Dezember geschlossen.

Almirante Riera Alemany 29, Tel. 67 12 61.

HOTELS

SON MALERO bei Calvià: In einem Hochtal zwischen den Bergzügen Na Burguesa und Tramuntana gelegene *finca* mit herrlichem Panoramablick

Die schöne Finca Son Malero *bietet unvergessliche Ferien auf dem Land.*

über Berge, Wälder und Mandelbäume. Idealer Ausgangspunkt für Wanderer und Radfahrer. Reitställe sind in unmittelbarer Nähe. Wer sich an der natürlichen Schönheit dieser Landschaft erfreuen möchte, wird sich hier rundherum wohl fühlen. Und die Strände von Palmanova sind auch nur rund fünf Kilometer entfernt! Informationen und Buchung über Associació Agroturisme Balear (Seite 70).

Tel. 67 03 01 (in Calvià ausgeschildert).

HOTEL BENDINAT in Portals Nous/Alt-Bendinat: Direkt am Meer in einer ruhigen, exklusiven Wohngegend gelegen, bietet das im typisch mallorquinischen Stil erbaute Hotel neben Einzel- und Doppelzimmern einen kleinen Bungalowpark. Wunderschöne Garten- und Terrassenanlage! Besonderer Service für Hundebesitzer: Wenn Sie einen Bungalow mieten, können Sie Ihren Hund mitbringen. Geschlossen von November bis einschließlich Februar.

Avda. Bendinat 58, Tel. 65 57 25.

MÄRKTE

Montag: **Calvià.**
Mittwoch: **Port d'Andratx.**
Samstag: **Esporles.**

BODEGA

Mallorquinischen Wein bekommen Sie direkt ab Bodega »Santa Catarina«, Straße Capdella-Andratx, km 4 (Einfahrt deutlich ausgeschildert).

Guten Inselwein *bekommen Sie in der Bodega »Santa Catarina«.*

Öffnungszeiten: Mo–Sa 9.00–13.00 und 15.00–17.00 Uhr; sonntags von 12.00–14.00 Uhr ist Weinprobe!

FIESTA

Am 25. Juli wird in Calvià die *nit mallorqui*, die Mallorquinische Nacht, mit traditionellen Liedern und Tänzen zu Ehren des Schutzheiligen des Dorfes veranstaltet. Weitere *fiestas* finden Sie auf Seite 168.

Vom Tramuntana-Gebirge, von Steilküsten und Schluchten, von Künstlern und Klöstern geprägt, zog diese einmalige Landschaft einst Berühmtheiten wie Erzherzog Ludwig Salvator, den Komponisten Frédéric Chopin und die Schriftstellerin George Sand an.

Nordwesten und Norden

In der Ermita de Trinitat, *die weit oberhalb der Küstenstraße liegt, leben heute nur noch vier Mönche.*

Im Kloster von Valldemossa, das durch Chopins Aufenthalt im Winter 1838/39 berühmt geworden ist, kann man heute noch die Räume besichtigen, in denen der Künstler mit seiner Gefährtin einst gewohnt hat.

Vom Cap de Formentor, im äußersten Norden der Insel gelegen, hat man einen grandiosen Blick auf das Meer und die Felsenküste (Seite 74/75).

Von »fahlen Felsen, grünen Kuppen und einzelnen Palmen, verloren im rosafarbenen Firmament« schrieb Frédéric Chopin, als er zusammen mit seiner Gefährtin, der Schriftstellerin George Sand, den Winter 1838/39 im Kartäuserkloster von Valldemossa verbrachte. Hier, in seiner kargen Kartause, wo er nur von Eseln und Hähnen gestört wurde, empfand Chopin die Stille tiefer als anderswo, und trotz schwerer Krankheit und manchen Schwierigkeiten mit der mallorquinischen Landbevölkerung vollendete er in dieser Zeit seine unvergleichlich schönen Préludes in »... einer der schönsten Landschaften der Welt«, wie er seinen Freunden nach Paris berichtete. Heute genießen viele »Kulturpilger«, die auf den Spuren Chopins wandeln, das von malerischen Bergen eingerahmte Valldemossa mit seinen verschachtelten Steinhäuschen und seinen Palmen, Orangen- und Feigenbäumen.

Dem sich über 100 Kilometer an der Westküste entlangziehenden Gebirge verdankt Mallorca seinen Namen: Die Illa de la Calma, die Insel der Ruhe, profitiert von ihren schützenden Bergen, die sie vor dem Tramuntana schützt, einem gefürchteten Nordwind, der in Südfrankreich als Mistral bekannt ist. Die in den Höhen karge und in Meernähe fruchtbare, blühende Bergwelt des Tramuntana-Gebirges, auch Serra del Norte genannt, bewegte nicht nur Künstler zu romantisch-melancholischen Stimmungsbildern, sondern lockte auch Mönche zum Einsiedlerdasein. Die Ermita de Trinitat, ein heute noch mit vier Mönchen besetztes Miniaturkloster, thront oberhalb der Küstenstraße, und von ihrer kleinen Terrasse bietet sich den Besuchern eine phantastische Aussicht auf die steil abfallende Küste und das lapislazulifarbene Meer, die nur noch vom (fast täglichen) Schauspiel des glutroten Sonnenuntergangs über dem Horizont überboten wird. Fast schon kitschig schön wirkt eben diese Szenerie von dem im Abendlicht goldgelb strahlenden Balkon des Landsitzes Son Marroig (siehe Titelbild). Der Gutshof stammt aus dem 18. Jahrhundert und wurde später von seinem neuen Besitzer, Österreichs Erzherzog Ludwig Salvator, umfassend renoviert. Im Garten des ehemaligen Herrenhauses ließ er einen kleinen Musentempel aus weißem Carraramarmor errichten, der die Sundown-Stimmung noch romantischer wirken lässt. Der Blick von hier oben reicht zum Felsen im Meer hinunter, dessen Loch in der Mitte angeblich Mallorca zeigt.

Im Alter von 22 Jahren landete seine kaiserlich-königliche Hoheit Erzherzog Ludwig, der unter dem Pseudonym Graf Luis de Neudorf mit seinem stattlichen Dampfsegler »Nixe« sämtliche Mittelmeerländer bereiste und 14 Sprachen beherrscht haben soll, erstmals auf der Baleareninsel. Drei Jahre später kehrte er wieder zurück, um seine Studien fortzuführen, und die Nachwelt staunt noch heute über sein siebenbändiges Balearenwerk, das 1899 auf der Pariser Weltausstellung mit einer Goldmedaille geehrt wurde. So gilt denn auch Ludwig Salvator von Habsburg, Lothringen und Bourbon, wie der offizielle Titel des Sonderlings lautet, als der erste wahre Mallorcafan und -förderer. Der bärtige Aussteiger verliebte sich in den wilden Nordwesten der Insel, wo »Don Balearos«, wie er von der Wiener Gesellschaft genannt wurde, steiniges Land erwarb, um es wieder bewirtschaften zu lassen, und heruntergekommene Höfe restaurieren und Plantagen sowie *miradore*, Aussichtspunkte, anlegen ließ. Die Ländereien des »Arxiduc« werden heute von Ludwigs Erben verwaltet und sind nicht öffentlich zugänglich. Einzige

Umgeben von Zypressen *und von umliegenden Hügeln geschützt, liegt das Kloster von Valldemossa, in dem Frédéric Chopin und George Sand einst den Winter 1838/39 verbracht haben.*

Im romantisch schönen Garten *des 200 Jahre alten Gutshofs »Son Marroig« steht ein marmorner Monopteros.*

Ausnahme ist die *finca* Son Moragues bei Valldemossa, die aus dem 13. Jahrhundert stammt und seit Beginn dieses Jahrhunderts von der Familie Cilimingras bewohnt wird, wobei ein Trakt des vornehm schlicht wirkenden Anwesens seit einigen Jahren ein Restaurant beherbergt. Hinter den dicken Mauern liegt ein Patio, der nur von einigen alten Landwirtschaftsgeräten geziert wird, und fast unscheinbar wirkt die Eingangstür zum Lokal. Auch innen herrscht die Reduktion auf das Wesentliche und verschafft dem Gast die Möglichkeit, sich ganz auf die köstlichen mallorquinischen Spezialitäten zu konzentrieren.

Wir gehen am monumentalen Holzofen mit seinen kleinen, seitlichen Sitzmäuerchen vorbei und nehmen vor kreideweißen Wänden Platz. Im Sommer reicht der Blick von der Terrasse sogar bis zum Meer. Als Entree kredenzt der Hausherr José Cilimingras *pa amb oli*, das mit *ramellet* eingeriebene Holzofenbrot, belegt mit Paprika, Auberginen und Sardellen. Eine überaus beliebte Mallorcadelikatesse, die so aber nur im Restaurant »Son Moragues« serviert wird, wie Señor José anmerkt. Danach kommen wir zur Hauptsache, dem im Ofen gebratenen Spanferkel, der *lechona*. Mit Gemüse und Kartoffeln aus dem Garten der *finca* ein wahrer Genuss, der auf der Zunge zergeht (mehr darüber erfahren Sie auf Seite 86). Als Dessert wird uns der frisch gebackene Schokoladenkuchen von Señor Josés Haushälterin unvergessen bleiben.

Dem »Duque«, wie der fabelhafte Erzherzog heute noch auf der Insel genannt wird, haben die Mallorquiner nicht nur den Erhalt dieses schönen Anwesens zu verdanken. Der blaublütige Habsburgerspross rettete mit seinen Investitionen auch viele andere *fincas* und Landwirtschaften vor dem Ruin, denn neben dem Schreiben und Forschen liebte er vor allem das Landleben. Wie man auch den Mallorquinern allgemein nachsagt, ein Bauernvolk geblieben zu sein,

Das siebenbändige Werk über die Balearen des österreichischen Erzherzogs Ludwig, von den Mallorquinern liebevoll nur »l'Arxiduc« genannt, ist auch nach fast hundert Jahren in mancher Hinsicht noch aktuell.

Im schönen Valldemossa *sind viele Häuser mit Blumen geschmückt, die täglich liebevoll gepflegt werden.*

Im »Roten Blitz« *können Sie sich von Palma nach Sóller kutschieren lassen.*

Wenn Sie auf einer Inseltour das romantische Bergdorf Deià besuchen, kann es durchaus passieren, dass Sie einem der zahlreichen Prominenten begegnen, die sich mit ihrem Zweitwohnsitz an diesem schönen Fleckchen niedergelassen haben.

deren Land nur rein zufällig rundum vom Meer umgeben sei. Und auch wir, die Besucher auf Zeit, lieben diese Ausblicke entlang der schroffen Küstenlinie weit übers Meer bis zum Horizont.
Als wir bei Einbruch der Dämmerung den Weg auf der Küstenstraße fortsetzen, sehen wir schon von fern den beleuchteten Kirchturm von Sant Joan Baptista, der hoch oben auf dem höchsten Punkt des kleinen Bergnests Deià thront. Das malerisch gelegene Dorf, das sich fest an die Hänge des 1062 Meter hohen Bergmassivs Teix schmiegt, lockte schon gegen Ende des 19. Jahrhunderts zahllose Künstler an, und der daraus resultierende Ruf eines Künstlerdorfs lockte wiederum rund die Hälfte seiner heute 600 Einwohner aus allen möglichen Ländern der Erde, sich hier niederzulassen. U.a. auch Prominente wie Michael Douglas, der sich das einst im Besitz von Erzherzog Ludwig Salvator befindliche Landschlösschen S'Estaca kaufte und so dafür sorgt, dass tagtäglich noch größere Besucherscharen in Deià einfallen. Wer es sich leisten kann, residiert in einem der luxuriösesten Hotels der Insel, dem »Residencia«, zu dem auch das für seine Küche weithin gelobte Restaurant »El Olivo« gehört.

Beliebt bei Urlaubern ist auch der »Rote Blitz«, ein Touristenzug, der zwischen Palma und Sóller verkehrt. Das schöne Landstädtchen liegt in einem Talkessel zwischen dem 1445 Meter hohen Puig Major, der höchsten Erhebung Mallorcas, und dem Port de Sóller. Und kaum ist man in Sóller angekommen, steigt man vom »Blitz« schon in die nächste Touristenattraktion um: eine alte Trambahn, die noch wie zur Zeit der Inbetriebnahme anno 1913 vom Zentrum Sóllers zum Hafen hinunterzuckelt. Bereits während der Fahrt nach Sóller fallen die ausgedehnten Orangenplantagen auf, die dem Tal schon zu arabischer Zeit den Namen »Suliar«, Tal des Goldes, eintrugen. Zu Recht, denn Öl-, Dattel-, Feigen-, Zitronen- und schier unzählige Orangenbäume gedeihen bis hinauf zum malerischen Bergdörfchen Fornalutx, das mit seiner Miniatur-Bilderbuchplaça und einem Gemischtwarenladen, wo man noch wie vor fünzig Jahren so ziemlich alles bekommt, was man zum Leben braucht, als eines der schönsten mallorquinischen Bergdörfer gilt. Der pittoreske Ort ist fast vollständig aus Steinblöcken entstanden, und die Kalk- und Sandsteinbrocken aus der Urzeit spielen auch heute noch in Form kunstvoll geschichteter Mauern eine wichtige Rolle.

Diese Steinblöcke entstanden vor etwa 15 Millionen Jahren, als sich die Berge Mallorcas aus dem Meer erhoben und die Kalksteinmassen vor allem an der Nordwestküste zu wuchtigen Felsblöcken verschoben, die dann im Lauf der Zeit zu bizarren Karstformationen ausgewaschen wurden. Unsere Fahrt durch die einsame, steinerne Bergwelt der Serra del Norte liefert einen abenteuerlichen Anschauungsunterricht: Die kurvige Passstraße Sa Calobra windet sich in engen Kehren zur Küste hinunter und sorgt immer wieder für Verkehrsstaus. Belohnung für die zuweilen anstrengende Studienfahrt durch Jahrmillionen Erdgeschichte ist ein eiszeitliches Überbleibsel in Form eines spektakulären *cañons,* dessen fast senkrechte Felswände seitlich der Wildwasserschlucht Torrent de Pareis sich nur wenige Meter breit als Morro de Sa Vaca (Kuhmaul) zum Meer hin öffnen. Nur ahnen kann man das Meer während der Weiterfahrt auf der C 710, die auch an Mallorcas größter Klosteranlage vorbeiführt, dem Monestir de Lluc mit seiner legendären schwarzen Madonna La Moreneta. Die »dunkel-

Die schlichte Kirche Sant Joan Baptista *steht, aus Sandstein gebaut, auf einem Hügel oberhalb des überaus malerisch gelegenen Bergdorfs Deià, das längst zu einer Touristenattraktion geworden ist.*

Das verwinkelte Fornalutx *gilt zu Recht als eines der schönsten Bergdörfer Mallorcas.*

häutige« Statue wurde von einem Araberjungen namens Lluc (Lukas) gefunden und in eine Kirche gebracht, von wo sie auf wundersame Weise immer wieder an ihren Fundort zurückkehrte. So ließ Spaniens König Jaume I. an dieser Stelle das Santuari de Lluc bauen, das heute noch als Pilgerziel vieler Mallorquiner allsonntäglich angesteuert wird. Höhepunkt für viele Besucher ist der vormittägliche Auftritt des berühmten Knabenchors Escolania in der Klosterbasilika.

Die Zahl der Madonnaverehrer nahm allerdings bereits vor 600 Jahren solche Ausmaße an, dass man beschloss, dort eine Herberge zu errichten. Inzwischen wurde sie mehrmals umgebaut und fungiert heute als Klosterhotel, dem ein angesehenes Restaurant angeschlossen ist. Aus der Felswüste heraus führt die Panoramastraße an Steineichenwäldern und Feldern vorbei zu dem Ort Pollença, der wahrscheinlich schon von den Römern gegründet worden ist. Auf kulinarischer Spurensuche werden wir im »La Fonda« fündig, einem Restaurant mit *cuina mallorquina,* nahe der wunderschönen Plaça Major. Architektonisches Highlight des Lokals sind die schätzungsweise 2000 Jahre alten römischen Säulen, die in eine Seitenwand integriert wurden. Neben den Urlaubern geben sich regelmäßig auch Pollençiner Honoratioren wie der Bankdirektor Christobel Boràs die Ehre. Zusammen mit Toni Dionis leitet der Bankier die Galerie »Bennàssar«, benannt nach einem der bedeutendsten mallorquinischen Maler und eine der schönsten Galerien Mallorcas. Im engen Gassengewirr des Stadtkerns finden wir uns besser zurecht, nachdem wir die 365 Stufen der Steintreppe zum Kalvarienberg, die vom Rathaus zu einer Aussichtsplattform führt, erklommen haben. Vom noch höher gelegenen Puig de Santa Maria reicht der Blick weit über die Badebuchten von Pollença und Alcúdia bis hin zum Cap de Formentor, wo die Felsnase Punta Nau spektakulär rund 300 Meter senkrecht aus dem Meer herausragt.

Die Galerie »Bennàssar« in Pollença, in der zeitgenössische Kunst von mallorquinischen und ausländischen Malern zu sehen ist, liegt direkt an der wunderschönen Dorfplaça (Hausnummer 6; Tel. 53 35 14).

Die Zitronenfülle *lässt erahnen, wie fruchtbar ganz Mallorca ist.*

Zwei Dinge sind auf Mallorca untrennbar miteinander verbunden – das Feuchtgebiet S'Albufera bei Alcúdia und die dort reichlich vorkommenden Aale. Dass es denn auch einige ausgezeichnete Aalgerichte auf der Insel gibt, wie etwa den köstlichen Aaltopf, liegt auf der Hand.

Sollte Ihr Weg Sie nach Alcúdia führen, müssen Sie unbedingt dieses ausgezeichnete Aalgericht probieren!

GREIXONERA D'ANGUILA – CAZUELA DE ANGUILA

Aaltopf

Für 4 Personen

- *1 kg küchenfertiger Aal*
- *6 EL Olivenöl*
- *Saft von 1 Zitrone*
- *1 Knoblauchknolle*
- *1 Tomate*
- *1 Bund glatte Petersilie*
- *30 g Rosinen*
- *30 g Pinienkerne*
- *Salz*
- *Pfeffer aus der Mühle*
- *1 Messerspitze Zimt*

1 Den Aal waschen, trockentupfen und in Scheiben schneiden. 3 Esslöffel Öl und den Zitronensaft verrühren. Die Fischscheiben mit der Marinade bestreichen und in einer großen Pfanne oder auf dem Grill von allen Seiten braten.

2 Die Knoblauchzehen aus der Knolle lösen und abziehen. Die Tomate mit kochendem Wasser überbrühen, häuten und in Würfel schneiden. Die Petersilie waschen, trockentupfen und die Blätter fein hacken.

3 In einer *greixonera* oder Kasserolle das restliche Olivenöl erhitzen und darin die ganzen Knoblauchzehen, Rosinen und Pinienkerne anbraten. Tomatenwürfel und Petersilie zufügen, kurz andünsten und alles mit 200 bis 300 Milliliter Wasser ablöschen.

4 Die Sauce mit Salz, Pfeffer und Zimt würzen und einmal aufkochen lassen. Die Aalscheiben zufügen und alles etwa 15 Minuten bei schwacher Hitze offen garen.

Zubereitungszeit: etwa 1 Stunde.

Variante

Aus Frühlingszwiebeln, Knoblauch und Tomaten ein *sofrit* zubereiten (Seite 35). Das *sofrit* mit Wasser oder Gemüsebrühe ablöschen und verschiedene Gemüse nach Wahl, etwa Artischocken, Erbsen oder Lauch, zufügen. Den rohen Aal in mundgerechte Stücke schneiden, in das *sofrit* legen und alles 20 bis 25 Minuten bei schwacher Hitze garen. Vor dem Servieren mit fein gehackter Petersilie bestreuen.

Tipp

Auf Mallorca wird die *greixonera d'anguila* auf vielfältige Weise zubereitet. In einem alten Kochbuch habe ich diesen Aaltopf gefunden, bei dem der Fisch zunächst auf offenem Holzfeuer gebraten wird. Sie können das offene Feuer aber auch ohne weiteres durch einen Holzkohle- oder Elektrogrill ersetzen oder die Aalstücke in einer Pfanne braten.

SOPES MALLORQUINES AMB ALBERCOCS – SOPAS MALLORQUINAS CON ALBARICOQUES

Sopes mit Aprikosen

Für 4 Personen

- *8 getrocknete Aprikosen*
- *1 Wirsing (etwa 1,5 kg)*
- *500 g Mangold*
- *1 große Zwiebel*
- *2 Knoblauchzehen*
- *1/2–1 Bund Petersilie*
- *1 EL frische Kräuter nach Wahl*
- *4 EL Olivenöl*
- *1 TL Paprikapulver (edelsüß)*
- *Salz*
- *Pfeffer aus der Mühle*
- *150 g Sopes (in hauchdünne Scheiben geschnittenes Pan moreno, Seite 85)*
- *mallorquinische Oliven*

1 Die Aprikosen über Nacht in etwa 200 Milliliter Wasser einweichen. Am folgenden Tag den Wirsing waschen und vierteln. Den Strunk entfernen und den Kohl in gut fingerbreite Streifen schneiden. Vom Mangold die harten Stiele entfernen. Die Blätter waschen und in etwa 2 Zentimeter breite Streifen schneiden. Die Zwiebel und die Knoblauchzehen abziehen und fein hacken. Die Petersilie und Kräuter waschen, trockentupfen und fein schneiden. Die Aprikosen abtropfen lassen und klein schneiden.

2 Das Öl in einer *greixonera* oder einer Kasserolle erhitzen und darin die Zwiebel und die Knoblauchzehen glasig dünsten. Den Kohl zufügen, unter gelegentlichem Umrühren bei mittlerer Hitze zusammenfallen lassen und etwas anbraten. Die Petersilie und die Kräuter zufügen, das Paprikapulver darüber streuen und 1 Liter Wasser zugießen. Alles salzen und pfeffern und 5 bis 10 Minuten bei schwacher Hitze offen kochen.

3 Die Aprikosen und den Mangold zugeben. Alles einmal gut aufkochen und etwa 20 Minuten offen bei schwacher Hitze kochen. Nach Belieben nochmals mit Salz, Pfeffer und Paprikapulver nachwürzen. Eine Schüssel mit den *sopes* auslegen und die Brotscheiben mit dem Gemüse und der Brühe bedecken. Den Eintopf etwas ziehen lassen und zu mallorquinischen Oliven servieren.

Zubereitungszeit: 1 Stunde 10 Minuten.

Tipps

Im Originalrezept werden als frische Kräuter die Blätter des Grapefruitbaums, *hierba buena* (Seite 88) und *moraduix* (Seite 61) verwendet, die Sie jedoch problemlos durch andere Kräuter ersetzen können. Dieses Rezept schmeckt übrigens auch sehr gut mit frischen Aprikosen.

Die *sopes* mit Aprikosen entstand zu einer Zeit, als es noch nicht möglich war, Tomaten auch im Winter anzubauen. Weil es demzufolge in diesen Monaten keine Tomaten für die beliebten *sopes* gab, ersetzte man sie einfach durch getrocknete Aprikosen. Aprikosen wachsen zwar in vielen Obstgärten der Insel, am besten gedeihen sie jedoch in der Ebene rund um Porreres.
Sie sind nicht so groß und schön wie die Früchte aus Frankreich und Griechenland, dafür werden sie aber reif geerntet und schmecken einfach köstlich. Frisch isst man sie entweder direkt aus der Hand, verbäckt sie in dem beliebten Aprikosenkuchen, serviert sie als Sauce, kocht sie zu Marmelade ein oder trocknet sie für den Winter.

Eine aparte Mischung ist dieses Aprikosen-Gemüse-Gericht mit den so beliebten Sopes.

Steinerne Engel *bewachen die Gräber auf diesem mallorquinischen Friedhof.*

Dieses *bacallà*-Rezept ist in vielen Familien das traditionelle Essen an Allerheiligen. Da Anfang November meist noch die Sonne scheint, wird nach dem Friedhofsbesuch ein Ausflug aufs Land, ans Meer oder eine Bergwanderung gemacht – und anschließend *bacallà a la mallorquina* gegessen.

Der seit alters beliebte Stockfisch wird auch heute noch in vielen Restaurants serviert.

BACALLÀ A LA MALLORQUINA – BACALAO CON SALSA

Stockfisch auf mallorquinische Art

Für 4 Personen

- *800 g Stockfisch*
- *4 ovale Kartoffeln (etwa 500 g)*
- *600 g Tomaten*
- *1 Bund glatte Petersilie*
- *3–4 Mangoldblätter*
- *1 Bund Frühlingszwiebeln*
- *3–4 Knoblauchzehen*
- *150 ml Olivenöl*
- *2–3 EL Mehl*
- *200 ml Wasser oder trockener Weißwein*

1 Am Tag vor der Zubereitung den Stockfisch in etwa 6 mal 6 Zentimeter große Stücke schneiden, das Salz gut abspülen und die Fischstücke 24 Stunden wässern; dabei das Wasser mindestens dreimal wechseln.

2 Am nächsten Tag die Kartoffeln schälen, waschen und achteln. Die Tomaten mit kochendem Wasser überbrühen, häuten und in Würfel schneiden. Die Petersilie waschen, trockentupfen und klein schneiden. Die Mangoldblätter waschen, die harten Stiele entfernen und die Blätter klein schneiden. Die Frühlingszwiebeln waschen, den Knoblauch abziehen und beides klein schneiden.

3 Das Olivenöl in einer hohen Pfanne erhitzen. Die Kartoffeln darin frittieren, herausnehmen und auf Küchenpapier abtropfen lassen. Den Stockfisch gut trockentupfen und im Mehl wenden.
Die Fischstücke im verbliebenen Öl von beiden Seiten gut anbraten, herausnehmen und in eine *greixonera* oder Kasserolle legen. Die Kartoffeln über dem Fisch verteilen. Den Backofen auf 180 °C (Umluft 160 °C, Gas Stufe 2–3) vorheizen.

4 Das Öl bis auf etwa 3 Esslöffel abgießen und darin nacheinander Frühlingszwiebeln, Knoblauch, Petersilie, Tomaten und Mangoldblätter andünsten. Das Wasser oder den Wein angießen, den Bratensatz unter Rühren lösen und alles etwa 10 Minuten bei mittlerer Hitze offen zu einer sämigen Sauce einkochen lassen.
Die Sauce über den Fisch und die Kartoffeln gießen und alles im Backofen etwa 15 Minuten durchziehen lassen.

Zubereitungszeit: 1 Stunde 30 Minuten.

Tipps
Lassen Sie den Stockfisch am besten bereits im Fischgeschäft in Portionsstücke teilen – das spart Zeit!
Da Stockfisch außerordentlich salzig ist, ist gründliches Spülen beim Wässern sehr wichtig.

CALAMARS FARCITS AMB ESPINAC – CALAMARES RELLENADOS CON ESPINACA

Calamares mit Spinatfüllung

Für 4 Personen

- *8 küchenfertige kleine Calamares mit Fangarmen*
- *Salz*
- *500 g Spinat*
- *1/2 Bund glatte Petersilie*
- *1 Knoblauchzehe*
- *2 EL Milch*
- *1 Ei*
- *3 EL Paniermehl*
- *1 kleine Zwiebel*
- *150 g luftgetrockneter Schinken (oder durchwachsener Speck)*
- *1 EL Schweineschmalz*
- *2 EL Mehl*

1 Die *calamares* waschen und in 1 Liter kochendes Salzwasser geben. Die Tintenfische 10 Minuten kochen, herausnehmen und abtropfen lassen. Vom Kochwasser 3/4 Liter abmessen und beiseite stellen. Die Fangarme aus den *calamares* ziehen und klein schneiden.

2 Den Spinat waschen, putzen und die dicken Stiele entfernen. Die Blätter in wenig kochendem Wasser zusammenfallen lassen, herausnehmen und gut abtropfen lassen.

3 Die Petersilie waschen, trockentupfen und klein schneiden. Den Knoblauch abziehen und klein hacken. Beides in einem Mörser zusammen mit etwas Salz zerstoßen, die Milch zufügen und alles nochmals gut zerreiben.

4 3 Esslöffel Spinat klein schneiden und in einer Schüssel mit der Petersilie-Knoblauch-Mischung, dem Ei, Paniermehl und den klein geschnittenen Fangarmen vermengen. Die Füllung mit etwas Salz abschmecken, mit einem Teelöffel in die *calamares* füllen und die Tintenfische mit Küchengarn zunähen.

5 Die Zwiebel abziehen und klein hacken. Den Schinken fein würfeln. Das Schmalz in einer *greixonera* oder Kasserolle erhitzen und die Zwiebel darin dünsten. Den Schinken zufügen, kurz mitbraten, mit dem Mehl bestreuen und nach und nach so viel Tintenfisch-Kochwasser unterrühren, dass eine sämige Sauce entsteht. Die Sauce nach Belieben mit etwas Salz abschmecken.

6 Die gefüllten *calamares* in die Sauce legen, den restlichen Spinat zufügen und alles zugedeckt auf kleiner Flamme 20 bis 30 Minuten schmoren. Die *calamares* dabei ab und zu leicht vom Boden lösen und einmal wenden. Die Tintenfische in den letzten 10 Minuten offen garen, so dass die Sauce etwas einkocht, und zu geröstetem Weißbrot servieren.

Zubereitungszeit: 1 Stunde 50 Minuten.

Variante

Gut schmeckt dieses Gericht auch, wenn Sie noch 2 bis 3 geschälte und in dünne Scheiben oder schmale Streifen geschnittene Kartoffeln mitgaren.

Tipp

Calamares werden im Sommer oft gar nicht erst gefüllt, sondern pur auf den Grill gelegt und dann mit Salat, Weißbrot oder den unvermeidlichen *patatas fritas* als kleine Mittagsmahlzeit serviert. So zubereitete *calamares* schmecken phantastisch.

Da die mallorquinische Küche sehr abwechslungsreich ist, gibt es für die Füllung der *calamares* unzählige Möglichkeiten, bei denen jedoch fast immer die Tintenfischfüßchen mitverwendet werden – klein geschnitten und mit Rosinen, Pinien, Kräutern, Gemüse, Fleisch oder Meeresfrüchten vermengt. Heute werden gefüllte *calamares* fast ausschließlich im Backofen gegart. Früher wurden sie auch in der *greixonera* geschmort, wie in dem nebenstehenden Rezept, das ich in einem alten Kochbuch entdeckt habe.

Mallorcas Fischer *haben es heutzutage schwer, denn das Meer rund um die Insel ist fast leer gefischt.*

Im »S'Hostal d'Algaída« *in Algaída wird eines der besten Pa amb oli Mallorcas serviert.*

Das beliebte *pa amb oli*, Brot mit Öl, war früher das Grundnahrungsmittel der Landarbeiter, die sich nicht immer einen zusätzlichen Brotbelag wie Tomaten oder gar Käse leisten konnten. Inzwischen gehört *pa amb oli* längst als kleine Zwischenmahlzeit zum täglichen Leben. Allerdings ist diese Köstlichkeit heute keinesfalls mehr ein Ausdruck für Schmalhans Küchenmeister, sondern gehört zu den selbst in den Restaurants der Spitzenklasse nicht mehr wegzudenkenden Delikatessen. Auch wird *pa amb oli* meist nicht mehr nur mit Öl und Tomate belegt (dafür nimmt man die extra zu diesem Zweck gezüchtete Reibetomate *ramellet*), sondern auch mit Schinken oder Käse. Mittlerweile gibt es so viele Varianten, dass aus dem einfachen Essen früherer Zeiten durchaus eine komplette Mahlzeit geworden ist.

PA AMB OLI – PAN CON ACEITE

Brot mit Öl

Für 4 Personen

- *4 Scheiben Pan moreno (Seite 85, nicht zu frisch und nicht zu dünn)*
- *Salz, 2 EL Olivenöl*
- *2 Ramellet-Tomaten*
- *4 Scheiben luftgetrockneter Schinken oder kräftiger Käse*

1 Die Brotscheiben salzen und mit Olivenöl beträufeln. Die Tomaten waschen, trockentupfen, halbieren und die Schnittflächen kräftig in die Brotscheiben hineinreiben, bis alles Fruchtfleisch verrieben und nur die Tomatenschalen übrig sind.

2 Die Brotscheiben mit dem Schinken oder Käse belegen.

Zubereitungszeit: etwa 15 Minuten.

Variante

Ausgesprochen gut schmeckt *pa amb oli*, wenn Sie das Brot zuerst rösten und (entweder vor oder nach dem Salzen) mit einer Knoblauchzehe einreiben, dann mit Öl beträufeln und mit Tomate einreiben.

Tipp

Nehmen Sie für *pa amb oli* nur sehr gutes, kalt gepresstes Olivenöl, am besten natürlich ein mallorquinisches! Wenn Sie keine *ramellet*-Tomaten bekommen, können Sie auch reife, nicht zu wässrige, geschmacksintensive Tomaten verwenden. Sollten sich die Tomaten nicht verreiben lassen, schneiden Sie sie in Scheiben und belegen das Brot damit. Oder Sie bereiten aus den Tomaten einfach ein Mus, denn auch das ist durchaus salonfähig!

COMPOTA DE TOMÀTIGUES – COMPOTA DE TOMATES

Tomatenmus

Für 4 Personen

- *4 reife aromatische Tomaten*
- *2 hellgrüne Spitzpaprikaschoten*
- *4 Knoblauchzehen*
- *1 EL Olivenöl*
- *Salz*

1 Die Tomaten mit kochendem Wasser überbrühen, häuten und klein schneiden. Die Paprikaschoten waschen und halbieren. Trennwände und Kerne entfernen und das Fruchtfleisch fein hacken.

2 Den Knoblauch abziehen, klein schneiden und im Mörser zerdrücken. Das Öl in einer Pfanne erhitzen.

3 Tomaten, Paprika und Knoblauch in dem Öl bei mittlerer Hitze in einigen Minuten offen zu einem sämigen Mus einkochen. Das Mus nach Geschmack salzen und abgekühlt auf die Brote streichen.

Zubereitungszeit: etwa 45 Minuten.

Variante

1 Esslöffel Kapern und 1 Esslöffel klein geschnittene, entkernte grüne Oliven mit 4 abgezogene Knoblauchzehen im Mörser zerstoßen und die Mischung zusammen mit den Tomaten in etwas Olivenöl einkochen. Das erkaltete Mus mit Salz, Pfeffer und etwas Essig pikant abschmecken.

PA PAÏS – PAN MORENO
Mallorquinisches Landbrot

Für 1 großes oder 2 kleine Brote
- *1 kg Dinkelvollkornmehl*
- *40 g Hefe*
- *etwa 3/4 l lauwarmes Wasser*
- *1 Prise Zucker*
- *Fett für das Backblech*
- *etwas Mehl zum Bestäuben*

1 Das Mehl in eine Schüssel sieben, die grobe Kleie zuvor entfernen und in die Mitte eine Mulde drücken. Die Hefe hineinbröckeln, mit etwas lauwarmem Wasser verrühren und mit dem Zucker und etwas Mehl vermischen. Den Vorteig zugedeckt an einem warmen und zugfreien Ort 15 Minuten gehen lassen.

2 Das Mehl mit dem Vorteig verkneten und dabei nach und nach so viel lauwarmes Wasser zugießen, dass ein glatter Teig entsteht. Den Teig mit beiden Händen etwa 10 Minuten kräftig durchkneten. Sollte der Teig anfangs kleben, die Hände mit etwas Wasser befeuchten. Den Teig zugedeckt an einem warmen, zugfreien Ort 40 Minuten gehen lassen, bis sich sein Volumen verdoppelt hat, nochmals gut durchwalken und schlagen.

3 Den Backofen auf 200 °C (Umluft 180 °C, Gas Stufe 3–4) vorheizen. Aus dem Teig einen großen Laib oder zwei kleine Laibe formen und auf ein gefettetes Backblech setzen. Mit etwas Mehl bestreuen und zugedeckt nochmals 5 Minuten gehen lassen. Das Brot im Backofen etwa 1 Stunde 15 Minuten backen und auf einem Kuchengitter abkühlen lassen.

Zubereitungszeit: 2 Stunden 30 Minuten.

Der mallorquinische Weizen ist nicht mit dem deutschen Weizen identisch, sondern eher eine Mischung aus Weizen und Dinkel. Für das *pan moreno* empfiehlt es sich daher, auf Dinkel auszuweichen, denn er kommt in seinen Backeigenschaften dem mallorquinischen Weizen sehr nahe.

Das mallorquinische Nationalgericht *Pa amb oli aus Brot, Öl, Salz, Tomaten und Schinken.*

In diesen riesigen Holzbackofen *schiebt Señor José seine unnachahmlich gute Lechona.*

Vor einigen Jahren wurde der frühere Speisesaal der Landarbeiter zum Restaurant ausgebaut, um das große Herrenhaus erhalten zu können, denn die Landwirtschaft brachte nicht mehr genügend ein.

Son Moragues

Am Ortsausgang von Valldemossa fällt uns ein kleines Schild auf: Restaurant »Son Moragues«. Neugierig, was sich dahinter verbergen mag, fahren wir bergan durch ein großes Eisentor und stehen vor einem alten Landgut, das noch immer bewirtschaftet wird. Auf den Wiesen weiden Ziegen und Schafe, einige Hähne krähen, und das Land rundum ist gut bestellt. Noch neugieriger geworden, parken wir das Auto und gelangen durch den Eingang mit dem Familienwappen in einen schönen Patio, der Frieden und Geborgenheit ausstrahlt. Die Mauern des alten Gebäudes spenden Schatten, Pflanzen in Keramiktrögen und alte Gerätschaften sind zu sehen, und es ist, als würden wir eine andere Welt in einer lange zurückliegenden Zeit betreten.

Die *finca* wurde im 15. Jahrhundert von der Familie Moragues aus Palma erworben, ausgebaut und bis 1870 als Gästehaus genutzt. Dann kaufte sie der österreichische Erzherzog Ludwig Salvator, und Anfang dieses Jahrhunderts ging sie in den Besitz der Familie Cilimingras über, die sie seither kontinuierlich bewirtschaftet. Gutsherr, Restaurant- und Küchenchef in einem ist heute Señor José, der das Kochen von Großmutter und Mutter gelernt hat. Er vertritt den Standpunkt, dass man das, was man seinen Gästen anbietet, auch selber kochen können und mögen muss, und wacht sorgfältig darüber, dass die Gerichte genauso zubereitet werden, wie es die alten Familienrezepte verlangen. Er lädt uns ein, ihm bei der Zubereitung eines typisch mallorquinischen Gerichts, der *lechona*, Spanferkel aus dem Holzbackofen, über die Schulter zu schauen (ein ähnliches Rezept finden Sie auf Seite 151). Dafür legt er das bereits in Portionsstücke von etwa 400 Gramm zerteilte Spanferkel in eine große Reine auf ein Kräuterbett aus Rosmarin und Lorbeer, die dem Gericht sein besonderes Aroma geben – das »Aroma Son Moragues«, wie Señor José augenzwinkernd bemerkt.

Vorzügliches Essen *in gemütlich elegantem Ambiente: »Son Moragues«.*

Die Fleischstücke werden nun von beiden Seiten kräftig mit Salz, schwarzem Pfeffer und süßem Paprikapulver gewürzt und mit Zitronensaft beträufelt. Dann gießt der Küchenchef reichlich Olivenöl darüber – sowie gut zwei Liter Wasser, das ebenfalls mit Salz, Pfeffer und Paprika gewürzt ist.

Früher wurde die *lechona* in dem den Eingangsbereich des Restaurants zierenden alten, großen Holzbackofen, dem *chimenea*, zubereitet, was auf Vorbestellung für Gruppen oder Familienfeiern noch immer geschieht. Da das Anheizen des Ofens aber sehr aufwendig ist, hat Señor José für den normalen Restaurantbetrieb einen modernen *horno de leña*, einen Holzbackofen, angeschafft, der nach demselben Prinzip funktioniert und ebenfalls mit trockenem Pinienholz beheizt wird

Die Lechona *wird mit Kartoffeln und frischem Salat serviert.*

wie der alte Backofen, aber wesentlich leichter zu bedienen ist. Für uns macht sich der Küchenchef die Mühe, den alten *horno* in Gang zu setzen, und lässt nach und nach Berge von Zweigen und Ästen in den Tiefen des Ofens verschwinden. Als das Holz weiß glimmt, schiebt er es zur Seite, um Platz für die Reine zu schaffen, denn jetzt hat der Ofen die richtige Temperatur, um das Spanferkel zu schmoren, was rund zwei Stunden dauert.

Inzwischen erfüllt noch ein anderer Duft das Haus – es riecht nach Schokoladenkuchen. Auf unsere Frage nach der Zubereitung bekommen wir wie so oft zur Antwort: »Familiengeheimnis«. Denn die Cilimingras haben mit Son Moragues auch das Rezept des erzherzoglichen Geburtstagskuchens erworben, dessen Geheimnis derzeit neben dem Küchenchef nur noch die seit mehr als 50 Jahren im Dienst der Familie stehende Haushälterin kennt.

Bis zum Essen ist noch Zeit, und wir nutzen die Gelegenheit, das Restaurant genauer anzusehen. Auch hier fällt die Kombination aus mallorquinischer Tradition und modernem Ambiente auf. Die Einrichtung ist bewusst einfach gehalten, so dass die Räume im Vordergrund stehen. *Sencillo* sei hier alles, erklärt Señor José nicht ohne Stolz, nichts wurde umgebaut oder verändert, und teilweise sind sogar noch die alten Steinfußböden erhalten. Vielleicht ist es neben der hervorragenden Küche diese ursprüngliche Schlichtheit, die dem Restaurant zu seiner Beliebtheit verholfen hat und auch von berühmten Inselbesuchern geschätzt wird. So ist etwa der Schauspieler Michael Douglas fast schon ein Freund des Hauses, der regelmäßig ins »Son Moragues« kommt. Wie viele andere Prominente hat er sich ins Gästebuch eingetragen, und wir kommen aus dem Staunen nicht heraus, als wir beim

Krönender Abschluss *war der Schokoladenkuchen nach einem Geheimrezept.*

Durchblättern auch die Unterschriften der Clintons und des spanischen Königspaares entdecken. Stolz zeigt uns Señor José dann noch die Fotos, die ihm das Weiße Haus als kleines Dankeschön geschickt hat.

Das Gut *wird heute noch bewirtschaftet, kann sich davon allein jedoch nicht erhalten.*

Sie erreichen Son Moragues, von Palma kommend, wenn Sie durch Valldemossa fahren und kurz vor der Abzweigung Valldemossa-Andratx rechts abbiegen (kleiner Wegweiser).
Öffnungszeiten:
Ostern bis September,
Di–So 13.00–15.30 und
19.30–23.00 Uhr;
Oktober bis Ostern,
Di–So 13.00–15.30 Uhr,
Fr–So und an Feiertagen
auch 19.30–23.00 Uhr;
Tel. 61 61 11.
Von der Restaurantterrasse (im Sommer geöffnet) haben Sie einen phantastischen Ausblick!

Köstlich gefüllte Zucchini *mit einer Mischung aus Stockfisch und Zucchinifruchtfleisch.*

Hierba buena, das »gute Kraut«, ist ein beliebtes Würzkraut in der mallorquinischen Küche und schmeckt wie eine Mischung aus milder Minze und Zitronenmelisse. Und genau damit können Sie *hierba buena* auch sehr gut ersetzen, indem Sie anstelle der im Rezept angegebenen Menge jeweils zur Hälfte Minze und Zitronenmelisse verwenden.

CARABASSINS FARCITS DE BACALLÀ – CALABACINES RELLEÑOS DE BACALAO

Zucchini mit Stockfischfüllung

Für 4 Personen

- *250 g Stockfisch*
- *2–3 EL Mehl*
- *2 dickfleischige große Zucchini (etwa 700 g)*
- *1 Zwiebel*
- *9–11 EL Olivenöl*
- *Pfeffer aus der Mühle*
- *1 kleines Ei*
- *1/2 Bund Petersilie*
- *eventuell etwas Paniermehl*
- *1 Knoblauchzehe*
- *500 g Tomaten*
- *2 Stiele Hierba buena (ersatzweise halb Zitronenmelisse, halb Minze)*
- *2–3 Stiele Moraduix (ersatzweise 1–2 Blättchen Salbei, siehe Seite 61)*
- *1 Lorbeerblatt*
- *Salz*

1 Am Vorabend das Salz vom Stockfisch abspülen. Den Fisch in einer Schüssel mit 1 Liter Wasser übergießen und über Nacht stehen lassen. Am nächsten Tag den Fisch trockentupfen, klein schneiden und mit 1 Esslöffel Mehl bestäuben.

2 Die Zucchini waschen, trockentupfen und die Stielansätze entfernen. Das Gemüse längs halbieren, das Fruchtfleisch kreuzweise einschneiden und vorsichtig aus der Schale lösen. Die Zwiebel abziehen und fein hacken.

3 2 Esslöffel Olivenöl in einer Pfanne erhitzen und die Hälfte der Zwiebelwürfel darin glasig dünsten. Den Stockfisch zufügen und bei starker Hitze anbraten. Das Zucchinifleisch zugeben und alles bei schwacher Hitze offen dünsten. Die Mischung mit Pfeffer würzen, herausnehmen und etwas abkühlen lassen.

4 Das Ei verquirlen. Die Petersilie waschen, trockentupfen, fein hacken und mit dem Ei unter die Zucchini-Stockfisch-Mischung rühren. Falls die Masse zu dünnflüssig ist, etwas Paniermehl untermischen. Das restliche Mehl über die Füllung stäuben und die Füllung in die Zucchinihälften verteilen.

5 4 Esslöffel Öl in der Pfanne erhitzen. Die Zucchinihälften darin mit der Füllung nach unten auf mittlerer Flamme anbraten, wenden und die andere Seite ebenfalls anbraten, dabei eventuell noch etwas Öl nachgießen. Die Zucchini mit der Füllung nach oben in eine *greixonera* oder Kasserolle setzen.

6 Den Knoblauch abziehen und fein hacken. Die Tomaten waschen und achteln. Die Kräuter waschen, trockentupfen und die Blättchen von den Stielen streifen. In einer Pfanne 3 Esslöffel Öl erhitzen und darin die restlichen Zwiebeln und den Knoblauch glasig dünsten. Die Tomaten, Kräuter und das Lorbeerblatt zufügen, kurz schmoren und 1/4 Liter Wasser zugießen.

7 Die Sauce nach Belieben mit Salz und Pfeffer abschmecken und 5 bis 10 Minuten bei mittlerer Hitze offen kochen, bis die Flüssigkleit etwas reduziert ist.
Die Sauce durch ein Sieb passieren und über die Zucchini gießen. Das Gemüse im vorgeheizten Backofen bei 180 °C (Umluft 160 °C, Gas Stufe 2–3) weitere 15 bis 20 Minuten garen und zu geröstetem Weißbrot servieren.

Zubereitung: 1 Stunde 30 Minuten.

RAP AMB SALSA D'AMETLLA – RAPE CON SALSA DE ALMENDRAS

Seeteufel in Mandelsauce

Für 4 Personen

- *800 g Seeteufel*
- *Salz*
- *2–3 EL Mehl*
- *12 EL Olivenöl*
- *300 ml Fleisch- oder Gemüsebrühe*
- *2 Knoblauchzehen*
- *50 g Mandeln*
- *2 hart gekochte Eidotter*

1 Den Fisch waschen, trockentupfen, in etwa 3 Zentimeter breite Scheiben schneiden, salzen und in Mehl wälzen. 11 Esslöffel Öl in einer *greixonera* oder einer Pfanne erhitzen und die Fischscheiben darin von beiden Seiten bei mittlerer Hitze kräftig anbraten. Mit 1/8 Liter heißer Brühe ablöschen und bei schwacher Hitze etwa 10 Minuten kochen, bis die Brühe weitgehend eingekocht ist.

2 Den Knoblauch abziehen. Die Mandeln mit kochendem Wasser überbrühen, abziehen und in 1 Esslöffel Olivenöl anrösten. Knoblauch und Mandeln zusammen mit den Eidottern in einem Mörser zerstoßen. Nach und nach die restliche Brühe in die Paste einrühren. Den Fisch auf einer Platte anrichten, die Sauce darüber gießen und zu Salzkartoffeln servieren.

Zubereitungszeit: etwa 40 Minuten.

Der delikate Seeteufel *trägt seinen Namen vermutlich wegen des nicht gerade sympathischen Aussehens.*

Trotz Küchenmaschine und Pürierstab ist der gute alte *mortero*, der Mörser, aus der mallorquinischen Küche nicht wegzudenken. Und es ist schon was dran, denn von Hand zerstoßen schmecken die Zutaten ganz anders, als auf die Schnelle im Mixer zerhackt. Sie sollten sich also in jedem Fall auch einen (nicht zu kleinen!) Mörser zulegen und dort anwenden, wo es das Rezept vorgibt. Die Mühe lohnt sich, denn es schmeckt wirklich besser!

Mandeln passen ausgezeichnet zu Fisch, wie dieses typisch mallorquinische Rezept beweist.

Sonntagsmarkt – *größere und kleinere Tiere wechseln hier ihre Besitzer.*

Für die Zubereitung des auf Mallorca überaus beliebten Kaninchenbratens gibt es wohl ähnlich viele Varianten wie bei den *sopes mallorquines*, und es streiten sich auch hier die Geister, welches Rezept denn wohl das typischste und beste ist.

Kaninchen wird auf der Insel in vielen Variationen und relativ häufig zubereitet.

CONILL AMB CEBA – CONEJO CON CEBOLLA

Kaninchen mit Zwiebeln

Für 4 Personen

- *1 Kaninchen (etwa 1,5 kg)*
- *Salz, Pfeffer aus der Mühle*
- *1 kg Zwiebeln*
- *1 Knoblauchknolle*
- *1/2 Bund glatte Petersilie*
- *1 reife Tomate*
- *6 EL Olivenöl*
- *250 ml Fleischbrühe*
- *2 Lorbeerblätter*
- *150 ml trockener Weißwein*
- *20 ml Brandy*

1 Das Kaninchen waschen, trockentupfen und in 4 Portionsstücke teilen. Das Fleisch mit Salz und Pfeffer einreiben. Die Zwiebeln abziehen, halbieren und die Hälften vierteln. Die Zehen aus der Knoblauchknolle lösen. Die Petersilie waschen, trockentupfen und fein hacken. Die Tomate mit kochendem Wasser überbrühen, häuten und würfeln.

2 Das Öl in einer *greixonera* oder Kasserolle erhitzen, die Kaninchenteile darin auf großer Flamme von allen Seiten anbraten und herausnehmen. Im gleichen Öl die Knoblauchzehen anbraten. Tomatenwürfel und Petersilie zufügen und kurz mitschmoren. Die Zwiebeln zugeben und bei reduzierter Hitze glasig dünsten.

3 Die Kaninchenteile auf das Zwiebelgemüse legen. Die Brühe angießen und die Lorbeerblätter zufügen. Alles mit Salz und Pfeffer würzen und 30 bis 40 Minuten bei schwacher Hitze schmoren. Kurz vor Ende der Garzeit den Weißwein und Brandy darüber gießen.

Dazu passt das mallorquinische Landbrot *pan moreno* (Seite 85) und ein kräftiger Weißwein.

Zubereitungszeit: 1 Stunde 20 Minuten.

CONILL AMB SALSA - CONEJO CON SALSA

Kaninchen mit Sauce

Für 4–6 Personen

- *1 Kaninchen (etwa 1,5 kg)*
- *1 kg Kartoffeln*
- *200 g grüne Bohnen*
- *3 Zwiebeln*
- *1 Bund glatte Petersilie*
- *2 Zweige Oregano*
- *1 Knoblauchzehe*
- *8 grüne Oliven*
- *1 kleiner Apfel*
- *1–2 EL Schweineschmalz*
- *4–5 Mürbeteigplätzchen oder Butterkekse*
- *1/8 l Milch*
- *1 EL Kapern*
- *100 ml trockener Weißwein*
- *Salz*
- *Pfeffer aus der Mühle*

1 Das Kaninchen waschen, trockentupfen und in 12 bis 14 Portionsstücke zerlegen (am besten vom Metzger). Die Kartoffeln schälen, waschen, abtropfen lassen und achteln. Die Bohnen waschen, putzen und je nach Größe ein- bis zweimal durchschneiden oder -brechen.

2 Die Zwiebeln abziehen, halbieren und die Hälften vierteln. Petersilie und Oregano waschen, trockentupfen und die Blätter fein hacken. Die Knoblauchzehe abziehen und klein schneiden. Die Oliven entsteinen und würfeln. Den Apfel waschen und trockenreiben.

3 Das Schmalz in einer *greixonera* oder Kasserolle erhitzen und das Fleisch darin auf großer Flamme von allen Seiten kräftig anbraten. Kartoffeln, Bohnen, Zwiebeln und den Apfel zugeben. 200 Milliliter Wasser angießen und alles offen 30 bis 40 Minuten bei schwacher Hitze schmoren.

4 Die Mürbeteigplätzchen oder Butterkekse in der Milch einweichen. Die Knoblauchzehe zusammen mit Kapern, Oliven, Petersilie und Oregano im Mörser gründlich zerreiben.

5 Die Kräuterpaste zu den eingeweichten Plätzchen geben und alles mit dem Weißwein und 100 Milliliter Wasser gut vermischen.

6 Kurz vor Ende der Garzeit den Apfel aus der *greixonera* nehmen und die Sauce über das Fleisch gießen. Alles mit Salz und Pfeffer abschmecken und nochmals kurz erhitzen.

Dazu *patatas fritas*, Bratkartoffeln, und in etwas Schmalz gebratene rote und grüne Paprikaschoten servieren.

Zubereitungszeit: 1 Stunde 40 Minuten.

Auf den mallorquinischen Märkten *gibt es überall reichlich Oliven in vielen Zubereitungsweisen.*

Kapern sind die Blütenknospen des gleichnamigen Strauchs, die im Juni geerntet werden. Zum Konservieren legt man die Kapern in Essigwasser ein und kann sie so das ganze Jahr über verwenden. Die mallorquinischen Kapern gelten nach wie vor als die schmackhaftesten der Welt: Je kleiner, desto wertvoller sind sie. In früheren Zeiten sprach man vom »grünen Gold«, denn damals wurde diese wertvolle Frucht noch exportiert und brachte der Landwirtschaft viel Geld ein.

Das Kaninchen mit Bohnen und Kartoffeln mit köstlicher Sauce ist eine beliebte Variante.

Aus den weißen Blüten *entstehen in wenigen Monaten köstlich süß schmeckende, saftige Aprikosen.*

In der traditionellen mallorquinischen Küche wird viel mit Schweineschmalz gekocht und gebacken, das auch heute noch bei der Hausschlachtung, der *matanza*, gewonnen wird und »weiß wie Schnee« sein muss.

Der saftige Aprikosenkuchen braucht sich in keiner Weise hinter dem berühmten Mandelkuchen zu verstecken.

COCA D'ALBERCOCS – COCA DE ALBARICOQUES

Aprikosenkuchen

Für 1 Backblech

- *500 g Mehl*
- *40 g Hefe*
- *75 g Zucker*
- *1/8 l lauwarme Milch*
- *2 Eier*
- *50 g Schweineschmalz*
- *etwas Öl für die Finger und das Backblech*
- *1 kg reife Aprikosen*
- *Zucker zum Bestreuen*

1 Etwa 300 Gramm Mehl in eine Schüssel sieben und eine Mulde eindrücken. Die Hefe hineinbröckeln, mit 1 Prise Zucker, etwas Milch und etwas Mehl vom Rand verrühren und den Vorteig zugedeckt an einem warmen, zugfreien Ort etwa 20 Minuten gehen lassen.

2 Eier und Schmalz mit der restlichen Milch verrühren und mit dem übrigen Zucker zum Vorteig geben. Das restliche Mehl darüber sieben und alles zu einem glatten Teig verkneten, dabei die Finger mit etwas Öl befeuchten, wenn der Teig klebt. Den Teig zu einer Kugel formen und zugedeckt an einem warmen, zugfreien Ort etwa 1 Stunde gehen lassen, bis sich sein Volumen verdoppelt hat.

3 Inzwischen die Aprikosen waschen, halbieren und entkernen. Ein Backblech mit etwas Öl einfetten und den Teig darauf ausrollen. Die Aprikosen mit der Schale nach unten darauf verteilen und in die Mulden jeweils etwa 1 Messerspitze Zucker geben. Den Teig zugedeckt noch etwa 30 Minuten gehen lassen und im vorgeheizten Backofen bei 200 °C (Umluft 180 °C, Gas Stufe 3–4,) etwa 30 Minuten backen.

Zubereitungszeit: 2 Stunden 50 Minuten.

MELMELADA DE ALBERCOCS 1 – MELMELADA DE ALBARICOQUES 1

Aprikosenmus

Für 6 Gläser à 0,5 Liter

- *2,5 kg Aprikosen*
- *1 kg Zucker*

1 Die Aprikosen waschen, halbieren und entsteinen. Größere Früchte vierteln. 2 Kilogramm Aprikosen abwiegen und bei schwacher Hitze unter gelegentlichem Rühren im eigenen Saft so lange kochen, bis sie weich sind (eventuell zu Beginn 50 Milliliter Wasser zufügen).

2 100 Gramm Zucker unterrühren und die Aprikosen in eine mit Backpapier ausgelegte Reine oder Fettpfanne füllen. Im Backofen auf der mittleren Schiene bei 150 °C (Umluft 130 °C, Gas Stufe 1) 20 Minuten kochen.

3 Nach 20 Minuten weitere 100 Gramm Zucker einrühren, das Mus weiterkochen lassen und diesen Vorgang alle 20 Minuten wiederholen, bis der gesamte Zucker verbraucht ist (dauert etwa 3 Stunden).

4 Das Mus aus dem Ofen nehmen und bis zum nächsten Tag zugedeckt stehen lassen. Am nächsten und übernächsten Tag das Mus nochmals bei 150 °C (Umluft 130 °C, Gas Stufe 1) jeweils 1 Stunde einkochen lassen. Das Mus am letzten Tag noch heiß in saubere Twist-off-Gläser füllen. Die Gläser verschließen und 10 Minuten auf den Kopf stellen (so werden sie luftdicht verschlossen).

Zubereitungszeit: etwa 6 Stunden.

In Mallorca kennt man – wie übrigens in ganz Spanien – keinen Gelierzucker, und Marmeladen werden noch wie zu Omas Zeiten eingekocht: Früchte und Zucker im Verhältnis 1:1. Doch bei diesem köstlichen Aprikosenmusrezept meiner mallorquinischen Freundin Anna werden die Aprikosen durch das mehrmalige Einkochen nicht nur sehr geschmacksintensiv, sondern benötigen außerdem lediglich die halbe Zuckermenge (wenn Sie das Mus noch länger einkochen, können Sie den Zucker sogar weiter reduzieren). Bei Aprikosen müssen Sie pro Kilogramm geputzte Früchte beim Einkauf etwa 250 Gramm mehr Obst rechnen.

MELMELADA DE ALBERCOCS 2 – MELMELADA DE ALBARICOQUES 2

Aprikosenmarmelade

Für 4 Gläser à 0,5 Liter

- *1,25 kg Aprikosen*
- *1 kg Zucker*

1 Die Aprikosen waschen, halbieren und entsteinen. Größere Früchte vierteln. 1 Kilogramm Aprikosen abwiegen, mit dem Zucker vermischen und über Nacht ziehen lassen.

2 Am nächsten Tag die Aprikosen aufkochen, die Hitze reduzieren und die Früchte unter ständigem Rühren (verwenden Sie dafür einen Holzlöffel!) etwa 30 Minuten kochen und eindicken lassen, bis die Marmelade eine goldbraune Farbe angenommen hat.

3 Die Marmelade noch heiß in saubere, mit heißem Wasser ausgespülte Twist-off-Gläser füllen. Die Gläser gut verschließen und 10 Minuten auf den Kopf stellen.

Zubereitungszeit: etwa 1 Stunde.

Tipp

Für eine Gelierprobe etwas Marmelade auf eine Untertasse geben, auskühlen lassen und prüfen, ob sie schon fest wird; wenn nicht, die Marmelade noch weiterkochen.

Obst und Gemüse *sind auf der Insel so reichlich vorhanden, dass ein Teil für den Winter eingemacht wird.*

Nordwesten und Norden

RESTAURANTS

CA'N JOAN in Sa Pobla: Die reichhaltigen mallorquinischen Gerichte sind gut und vor allem sehr typisch, müssen aber vorbestellt werden. Probieren Sie auf jeden Fall den gekochten Aal. Keine festen Öffnungszeiten, allerdings meist um die Mittagszeit geöffnet.
C/. Renou 8, (Palma-Sta. Margalida, Richtung S'Albufera, gegenüber dem Supermarkt Syp rechts abbiegen), Tel. 54 22 52.

S'HOSTAL in Búger: Spezialitätenrestaurant für besonders köstliche Stockfischgerichte.
Öffnungszeiten: 13.00–16.00 und 20.00–24.00 Uhr; Mittwoch Ruhetag (außer an Feiertagen).
Carretera Palma-Alcúdia, km 36 (kurz vor dem Kreuz Búger/Campanet rechts); Tel. 51 62 65.

LA FONDA in Pollença: Joan Torandell und Tania Torres leiten das mallorquinische Restaurant nahe der Plaça. Freundlicher Empfang der Gäste, innenarchitektonisch interessante Lösungen. Die original römischen Säulen in der Wand und die gute mallorquinische Küche locken Pollençiner wie gut informierte Touristen gleichermaßen.

»La Fonda«: *Sehr gute Inselküche hat das Lokal bekannt gemacht.*

Öffnungszeiten: Di–So 13.00–15.30 und 19.30–23.00 Uhr; Dezember und Januar geschlossen.
C/. Antoni Maura 32, Tel. 53 47 51 (im Zentrum gleich neben dem Bankhaus »Banca March«). Am besten außerhalb parken (schmale Gassen und kaum Parkmöglichkeit) und Pollença zu Fuß erwandern. Vom Kalvarienberg phantastische Aussicht!

CELLER CA'S CARRETE in Sóller: Hier gibt es gute typisch mallorquinische Küche in einer alten umgebauten Werkstatt für Pferdedroschken. Malerisches Ambiente mit schwarz geräucherten Deckenbalken, alten Werkzeugen, bauchigen Weinfässern mit gutem Wein und großen Portionen!
Öffnungszeiten: Mi–Mo 12.00–17.00 und 19.00–23.00; Di 19.00–23.00 Uhr.
C/. Cetre 4, Tel. 63 03 64.

Das noble »Residencia« *mit seinem wunderschönen großen Garten.*

HOTELS

LA RESIDENCIA in Deià: Eine der ersten Adressen Mallorcas, im ehemaligen Künstlerdorf gelegen. Vom Rummel um das beliebte Ausflugsziel in den Bergen blieb das vornehme Hotel gottlob verschont. Mit Pool, Tennisplätzen und drei Restaurants, darunter die Feinschmeckeradresse

EL OLIVO, das mit einem Stern im Michelinführer ausgezeichnet wurde. Öffnungszeiten: täglich 13.00–15.00 und 20.00–23.00 Uhr.
Finca Son Canals, Deià, Tel. 63 93 70; Restaurant Tel. 63 90 11.

SANTUARI DE LLUC bei Escorca: Hier können Sie inmitten des Tramuntana-Gebirges in einem Kloster übernachten! Die kleinen Zimmer sind einfach gehalten, haben aber ein eigenes Bad. Idealer Ausgangspunkt für Wanderer und Radfahrer.
Tel. 51 70 25.

FINCA CA'N AI in Sóller: Es ist eines der schönsten Landhotels der Insel. Das liebevoll restaurierte Herrenhaus, in einem Orangenhain außerhalb des Ortes gelegen, lässt die Gäste durch sein malerisches Ambiente jeden Alltagsstress vergessen. Im dazugehörigen Restaurant wird mediterrane Küche vom Feinsten serviert (Reservierung ist empfehlenswert). Von November bis einschließlich Januar geschlossen.
Cami Son Sales 50, Tel. 63 24 94.

CALA SANT VICENÇ in Cala de Sant Vicenç: Im Zentrum des 7 Kilometer von Pollença entfernten Badeorts ist das noble, von der Familie Suau geführte Relais & Chateaux-Hotel durch diverse Verschönerungen noch exquisiter ge-

Im »Cala Sant Vicenç« *nahe Pollença kann man herrliche Ferientage genießen.*

worden. Einrichtung, Ambiente, Service, Pool und das mallorquinische Restaurant

CAVALL BERNAT, in dem die Spezialität *codornizes* (Wachteln) serviert wird, verdienen die vier Sterne zu Recht.
C/. Maresers 2, Cala Sant Vicenç; Tel. 9 71 53 02 50.

Die Berglandschaft der Serra de Llevant lädt mit exponierten Kaps und Aussichtspunkten ein, phantastische Ausblicke über die schroffe Felsenküste und das liebliche Hinterland zu genießen. Unvergesslich – wie die Köstlichkeiten des Landes.

Nordosten und Osten

Die feinsandige Bucht von Alcùdia *ist längst zu einem beliebten Touristenziel geworden.*

Das Gebirge im Osten der Insel, die Serra de Llevant, hält für seine Besucher über 200 größere und kleinere Buchten bereit, von denen manche nur vom Schiff aus erreichbar sind.

Die einsam gelegene Finca bei Manacor inmitten der Weite der Landschaft und des Himmels (Seite 96/97).

Die weite, flache Badia d'Alcùdia lockte schon Araber, Römer und Piraten, hier mit ihren Schiffen vor Anker zu gehen, denn auf dem weichen Sandstrand wurde der Landgang zum genüsslichen Spaziergang (vorausgesetzt, es gab keine Gegenwehr). Heute jedoch lässt die beliebte Badebucht mit ihren auf Massenbetrieb ausgerichteten Feriensiedlungen nur noch wenig von der früheren Grandezza spüren – allenfalls das historische Zentrum Alcùdias mit der fast komplett erhaltenen, mittelalterlichen Stadtmauer zeugt noch von vergangener Pracht. Von da schlagen wir die Richtung zur Halbinsel an der Nordostspitze Mallorcas ein. Dort, wo die Ausläufer der Serra de Llevant als kahle Felsriesen steil zur Küste hin abfallen und schmale Grüngürtel vom Meer trennen, ist die schroffe Küste noch ursprünglich und weitgehend von Bausünden verschont geblieben. Auch die Infrastruktur ist hier zum Glück nicht ganz so perfekt wie in den meisten anderen Teilen der Insel – am Ortsende von Colònia de Sant Pere wird die Straße zur Sackgasse, und nur noch ein staubiger Holperweg führt uns weiter, entlang der immer einsamer werdenden Landschaft. Irgendwann lassen wir das Auto stehen und wandern vor bis zum Cap de Ferrutx, wo sich hohe Wellen an den Felsen brechen und kahle Berge die Szenerie Hunderte Meter hoch überragen.

Auf einem dieser mächtigen Bergrücken liegt abgeschieden die Ermita de Betlem, die wir von Artà kommend, einem der Zentren im Nordosten, nach kurvenreicher Fahrt über eine Passstraße erreichen. Die immer noch bewohnte Einsiedelei mit der langen Zypressenallee wurde vor knapp 200 Jahren gegründet und zählt heute zu den schönsten Mallorcas. Für ihre Gottesdienste mussten sich die ersten Eremiten einst mit einem Stall begnügen, der sie an die biblische Weihnachtsgeschichte erinnerte, und so war der Name der Einsiedelei schnell gefunden. Von der *mirador*-Terrasse des reizvoll gelegenen Miniaturklosters, das später noch mit einer Wallfahrtskirche versehen wurde, genießen wir den grandiosen Blick über die Nordküste bis hin zur Silhouette von Cap de Formentor.

Eine andere Sackstraße führt uns auf dem Kap von Capdepera bis zum Leuchtturm auf der Punta de Capdepera. Auf einem der mächtigen Felsvorsprünge stehend, bestaunen wir die spektakuläre Brandung, die sich mit gewaltiger Wucht an der schroffen Felsküste bricht, und bei glasklarer Luft können wir sogar bis zur 40 Kilometer entfernten kleineren Nachbarinsel Menorca hinüberschauen. Einen weiteren wunderbaren Überblick auf die noch weitgehend unverschandelten Städtchen Artà und Capdepera verschaffen wir uns von den beiden erhöht liegenden, mittelalterlichen Festungsanlagen. Von dicken Wehrtürmen und Burgmauern blicken wir auf ein Häusergewirr mit buntgescheckten, vor allem aber roten Ziegeldächern, kommen ins Träumen von der guten alten Zeit und genießen angesichts der heiß brennenden Sonne den kühlen Windhauch, der zwischen den Zinnen hindurchweht.
Noch weiter in der Zeit zurück reisen unsere Gedanken beim Besuch der Talayot des Ses Paises südlich von Artà, der neben Capocorp Vell gelegenen, am besten erhaltenen Talayot-Siedlung der Insel. Hier begegnen wir den Spuren einer immer noch fremdartigen, prähistorischen Zivilisation – mystische Kultplätze, eine meterhohe Zyklopenmauer und ein Monolithentor geben weiterhin Rätsel über die im 6. Jahrtausend v. Chr. aus Sardinien und Korsika

Der weiße Leuchtturm *auf dem Felsvorsprung von Punta de Capdepera ist weithin zu erkennen. Von hier kann man bei schönem Wetter die grandiose Fernsicht bis nach Menorca genießen.*

Auf Mallorca gibt es viele Tomatensorten: die dicke Salattomate, die kleine, etwas weichere Tomate für das *sofrit* und die überaus schmackhafte Flaschentomate, die im Spätsommer reift. Eine besondere Züchtung ist die Reibetomate *ramellet*, die den Winter über im Freien wächst und daher auch Wintertomate genannt wird. Sie sieht ziemlich hässlich und meist etwas unreif aus, ist innen aber von einem kräftigen Rot, ausgesprochen saftig und so schmackhaft, dass man sie neben ihrem eigentlichen Zweck, dem Verreiben auf dem *pa amb oli*, gern öfter in der mallorquinischen Küche verwenden würde – wenn sie nur nicht so teuer wäre!

gekommenen Kultur auf. Charakteristikum der Megalithbauweise sind die konischen Steintürme, die *talayots*, deren genauer Zweck bis heute noch nicht ganz geklärt ist. Wurden sie als Wohnräume, Gräber, religiöse Kultstätten genutzt, oder dienten sie ganz einfach zur Verteidigung? Die Forscher wissen es bis heute nicht.

Im Gegensatz zur wild zerklüfteten Tramuntana-Küste ist das kleine Gebirge im Osten zur Meerseite hin für Badegäste zugänglicher. Mehr als 200 Strände und fjordähnliche Buchten, die *calas*, locken im Sommer viele, viele Strandfans ans Meer. Jachtbesitzer und Mitsegler gehen mit Vorliebe in einer der nur schwer zugänglichen Mini-*calas* vor Anker, um ungestört die Seele baumeln zu lassen und nach Herzenslust im kristallklaren Wasser zu baden. Diese heitere Hügellandschaft erscheint uns als der geeignete Rückzugsort vom lauten Küstenrummel. Wir finden unser idyllisches Plätzchen im romantischen Hinterland der Serra de Llevant, wo wir uns bei einem ausgedehnten Picknick unter Oliven- und Feigenbäumen die köstlichen Inselprodukte schmecken lassen. Mettwürste, Hühnchenschenkel, Ziegen- und Schafskäse, dunkles, salzloses *pan moreno*, die typischen *ramellet*, Wintertomaten, eingelegte Oliven, Mandeln, getrocknete Aprikosen, Datteln, Feigen und Orangen lassen uns alle Zeit der Welt vergessen. Dazu genießen wir einen Schluck mallorquinischen Wein und als Digestif ein Gläschen *hierbas*, einen würzigen Kräuterschnaps, den Mallorcas berühmter Philosoph Ramón Llull schon im 13. Jahrhundert seinen Mitmenschen als Lebenselixier empfahl.

Überhaupt genießen wir hier im heiteren Osten, der auch für sein mildes Klima beliebt ist, die typische Landküche mit ihrer unbeschwerten Natürlichkeit, wie etwa die traditionell zubereiteten Kohlwickel im »Na Creu« in Artà. Das unscheinbare Lokal liegt an einer Ecke abseits der Durchgangsstraße und wird, was wohl für ganz Spanien ungewöhn-

Die Ramellet-Tomate *sieht zwar nicht so schön aus wie ihre »Kollegen«, schmeckt dafür aber umso aromatischer.*

Im feinen «Roca Viva«, *das zum Golfklub von Capdepera gehört, genießt man erstklassige mallorquinische Küche.*

Auch an der Ostküste von Mallorca haben Sie die Qual der Wahl angesichts der Vielzahl von guten bis sehr guten Restaurants.

lich ist, von vier jungen Damen geführt. Das Frauenteam hat sich mit seiner natürlichen Art und den von jeglichem Zugeständnis an den Tourismus unverdorbenen Gerichten viele zufriedene, vorwiegend einheimische Gäste geschaffen. Die junge Chefin, die das Restaurant im Alter von 17 Jahren übernahm, legt seither Wert auf das, was die Kundschaft so schätzt, nämlich unverfälschte mallorquinische Gerichte in ungezwungener Atmosphäre (mehr über das Restaurant erfahren Sie auf Seite 108).

Im Nordosten wird man auf der Suche nach guter Küche leicht fündig. Nomen est Omen, dachte sich der Namensgeber eines Restaurants im Hauptort des Ostens, in Manacor, und nannte sein Lokal gleich unmissverständlich »Cuina Mallorquina«. Mit seiner modernen, leichten Variante einer verfeinerten Landküche möchte auch das »S'Era de Pula« seinen langjährigen Ruf als bestes Restaurant der Ostküste weiterhin verteidigen. Das sehr stilvoll eingerichtete Lokal, in einem einfachen Steinhäuschen untergebracht, liegt auf einem Hügel und wurde vor Jahren mit dem Bau eines Golfplatzes beglückt, der allerdings nicht der einzige ist. Von der leicht geschwungenen Landschaftsform angetan, entwickelte sich der Nordosten neben dem Südwesten zum zweiten Mekka der Mallorcagolfer. So wundert es kaum, dass die anspruchsvolle Klientel bei den Klubrestaurants, die auch gerne von Nichtgolfern angesteuert werden, hohe Maßstäbe ansetzt.

Der Golfklub von Capdepera *ist einer von bislang elf öffentlichen Plätzen auf der Insel.*

Höchsten Anforderungen gerecht wird auch die französisch-mallorquinische Küchenmischung im äußerst stilvoll eingerichteten »Roca Viva«, das zum Golfklub von Capdepera gehört und mit seinem farbenfrohen, mediterranen Touch eine wahre Augenweide ist. Das zarte Lammfilet mit Kartoffelgratin zergeht auf der Zunge, und auf der sonnigen, ruhigen Terrasse können sich auch Nichtgolfer bei einem leichten Mittagsmenü genussvoll regenerieren.

Während in den Pauschalhotels an der Küste zwar reichhaltige, aber nicht unbedingt typisch mallorquinische Buffets aufgetischt werden, findet man in den kleinen, aber feinen Landhotels mit entsprechendem Glück immer noch die authentische Inselküche, die von etlichen Generationen überlieferten Rezepte der *cuina mallorquina.*
Gleich mitgeliefert wird Romantik pur bei den teils historischen *granjas*, den Kuschelhotels. Dazu gehört beispielsweise auch die unweit der Hauptstraße nach Capdepera liegende »Granja S'Heretat«, die zunächst wie ein kleines Steindorf am Wegesrand erscheint, doch bei näherer Betrachtung entpuppt sich der wehrhaft aussehende Gebäudekomplex als verschwiegenes Hotel. Die »Granja S'Heretat« ist ein gelungenes Beispiel für die geschmackvolle Renovierung eines Bauernhofs aus dem 14. Jahrhundert und eine von vielen,

In der gemütlichen, komfortabel restaurierten Finca Son Amer *kann man, umgeben von schönster Natur und viel Ruhe, unbeschwerte Ferien fernab des Rummels genießen.*

Postkartenschön *sind der feine weiße Sandstrand und das glasklare türkisfarbene Meer.*

die sich überall auf Mallorca dem Agrotourismus, dem Urlaub auf dem Land, verschrieben haben (mehr darüber finden Sie auf Seite 70). Allerdings werden von den Ferien-*granjas* nur noch wenige Betriebe als Bauernhöfe bewirtschaftet, aber die Lage in den ländlichen Regionen, das romantische Ambiente – dunkles Gebälk mit offenem Kaminfeuer – und das naturnahe Leben ließen diese äußerst beliebte Variante des Mallorcaurlaubs in den letzten Jahren regelrecht boomen.
Und dank eines enormen Mietwagenangebots spielt der Standort der Unterbringung oder die verkehrsgünstige Anbindung heute auch keine entscheidende Rolle mehr. So kann man mobil quer über die Insel kutschieren und die zahlreichen Sehenswürdigkeiten genießen, wie beispielsweise einige der rund 300 gewaltigen Tropfsteinhöhlen, die sich durch die Regenfälle über Jahrtausende hinweg ins Kalkgestein gefräst haben. Zu den bekanntesten zählt die Drachenhöhle Coves del Drac bei Porto Cristo. Kitschig-schöner Höhepunkt eines Besuchs ist die Bootsfahrt, wenn man bei klassischer Musik über einen Unterwassersee gleitet. Imposant wirkt auch die gewaltige Tropfsteinhöhle Coves d'Artà, die früher Piraten als Unterschlupf diente und heute viele Besucher anlockt.

In den Küstenorten des Nordostens herrscht ein reges »mediterranes« Leben. Von der Hauptstraße, die meist parallel zur Küste verläuft, zweigen alle paar Kilometer kleine Stichstraßen zu einer der vielen, bei den Badegästen wegen ihrer schönen Sandstrände beliebten Buchten ab, und boomende Badeorte wie das Urlaubszentrum Cala Millor locken im Sommer vor allem Pauschaltouristen aus aller Herren Länder.
Wohltuend zwischen so viel klotziger Urbanisation ist da der natürlich gewachsene Hafenort Porto Cristo. Diese Kleinstadt mit ihrem schönen Jachthafen erinnert an die lange zurückliegende Zeit der ersten Adriabadeorte, und vor allem zur Sommerzeit wird auch sie von Badegästen und Ausflüglern nur allzu gerne angesteuert.

Charakteristisch für den Nordosten Mallorcas sind die häufig grandiosen Aussichtspunkte in wilder, teils wenig berührter Landschaft.

Knoblauch – *eine häufige Zutat in der mallorquinischen Küche – ist auf jedem Markt zu finden.*

Pancuit heißt gekochtes Brot, obwohl der Bärenanteil der Knoblauch ist. Besonders beliebt ist die Knoblauchsuppe, wenn die Knollen im Juni frisch geerntet auf den Markt kommen. Sie wird mehr oder weniger scharf gewürzt – manchmal rührt man sogar einen ganzen Teelöffel sehr scharfes Paprikapulver unter oder kocht eine Chilischote mit. Am besten würzen Sie also erst einmal vorsichtig.

PANCUIT 1 – SOPA DE AJO 1

Knoblauchsuppe 1

Für 4 Personen

- *3 Scheiben Pan moreno (dunkles Landbrot, Seite 85)*
- *200 ml Milch*
- *8 Knoblauchzehen*
- *2 Tomaten*
- *4 EL Olivenöl*
- *1 1/2 l Fleischbrühe*
- *Salz*
- *Paprikapulver (scharf)*
- *2 Eier*

1 Vom Brot die Rinde abschneiden und die Brotscheiben in der Milch einweichen. Den Knoblauch schälen und im Mörser zerstoßen. Die Tomaten waschen und vierteln. Das Öl in einer *greixonera* oder Kasserolle erhitzen und den Knoblauch darin anbraten. Die Tomaten zufügen und kurz mitbraten.

2 Das Brot aus der Milch nehmen, ausdrücken und ebenfalls kurz mitbraten. Die Brühe zufügen, alles mit Salz und Paprika abschmecken und die Suppe 15 bis 20 Minuten offen kochen, bis die Flüssigkeit etwas reduziert ist.

3 Die Suppe durch ein Sieb in eine andere greixonera oder Kasserolle streichen, noch einmal aufkochen und neben dem Herd etwas abkühlen lassen. Die Eier verquirlen und unterrühren.

Zubereitungszeit: 1 Stunde 10 Minuten.

Variante

Anstelle des dunklen Landbrots, *pan moreno*, werden auch Weißbrotscheiben oder Brötchen, *panecillos*, verwendet, die in Wasser eingeweicht werden.

PANCUIT 2 – SOPA DE AJO 2

Knoblauchsuppe 2

Für 4 Personen

- *8 Knoblauchzehen*
- *4 Ramellet-Tomaten (siehe Seite 99)*
- *5 EL Olivenöl*
- *8–10 Galletas (ersatzweise Kräcker, siehe Seite 135)*
- *Salz, 1–2 EL Essig*
- *Pfeffer aus der Mühle*
- *Paprikapulver (scharf)*
- *2 Eier*

1 Die Knoblauchzehen schälen und klein schneiden. Die Tomaten mit kochendem Wasser überbrühen, häuten und in kleine Stücke schneiden.

2 Das Öl in einer *greixonera* oder Kasserolle erhitzen und den Knoblauch darin kurz anbraten. Die Tomaten zufügen, weich dünsten und die *galletas* hineinbröseln. 1 Liter Wasser zugießen und die Suppe mit Salz und Essig würzen.

3 Die Suppe etwa 10 Minuten offen auf kleiner Flamme kochen lassen, mit Pfeffer und Paprika abschmecken und neben dem Herd etwas abkühlen lassen. Die Eier verquirlen und unterrühren, die Suppe aber nicht mehr kochen lassen.

Zubereitungszeit: etwa 45 Minuten.

CALAMARS FARCITS AMB CARN – CALAMARES RELLEÑADOS CON CARNE

Calamares mit Fleischfüllung

Für 4 Personen

- *8 kleine, küchenfertige Calamares*
- *1 Zwiebel*
- *1 Knoblauchzehe*
- *1 Tomate*
- *1/2 Bund Petersilie*
- *100 g mageres Rinderhackfleisch*
- *1 kleines Ei*
- *1 EL Paniermehl*
- *Salz, Pfeffer aus der Mühle*
- *3 EL Olivenöl*
- *50 g Rosinen*
- *50 g Pinienkerne*
- *1/4 l trockener Rotwein*

1 Die Tintenfische waschen, trockentupfen und die Fangarme klein schneiden. Die Zwiebel und den Knoblauch schälen und fein hacken. Die Tomate mit kochendem Wasser überbrühen, häuten und würfeln. Die Petersilie waschen, trockentupfen und klein schneiden.

2 Die klein geschnittenen Fangarme mit Hackfleisch, Petersilie, Ei und Paniermehl gründlich vermischen. Die Masse mit Salz und Pfeffer würzen, in die Tintenfische füllen und die *calamares* zunähen. In einer Eisenpfanne das Öl erhitzen. Die Tintenfische darin von allen Seiten gut anbraten, herausnehmen und in eine *greixonera* oder Kasserolle legen. Den Backofen auf 180 °C (Umluft 160 °C, Gas Stufe 2–3) vorheizen.

3 Die Rosinen und Pinienkerne im gleichen Öl anbraten. Zwiebel, Knoblauch und Tomate zufügen, kurz mitdünsten und alles mit dem Rotwein ablöschen. Die Sauce mit Salz und Pfeffer abschmecken und über die Tintenfische gießen. Alles im Backofen etwa 30 Minuten schmoren und zu geröstetem Knoblauchweißbrot servieren.

Zubereitungszeit: 1 Stunde 30 Minuten.

Seit einigen Jahren *gewinnt der mallorquinische Wein zu Recht immer mehr an Ansehen.*

Je kleiner die *calamares*, desto zarter sind sie und desto besser schmecken sie. Nehmen Sie also am besten *calamares*, die gerade eben groß genug sind, um sie gut füllen und zunähen zu können. Sollten Sie einmal keine kleinen *calamares* bekommen, können Sie natürlich auch größere verwenden, wobei Sie dann jedoch nur einen Tintenfisch pro Person benötigen.

Zu den gefüllten Calamares schmeckt die Rotwein-Tomaten-Sauce mit Rosinen und Pinienkernen besonders gut.

Köstliche Fischgerichte *gehören zur mallorquinischen Küche – gegrillt, gedünstet, als Suppe oder Eintopf.*

Sie können statt des Mangolds auch Spinat verwenden sowie statt des Lachses jeden beliebigen dickfleischigen Fisch – am besten als Filet, in etwa 3 Zentimeter dicke Scheiben geschnitten. Auf Mallorca nimmt man oft *merluza*, Seehecht, *mero*, Zackenbarsch, Dorade oder eben *salmon*, Lachs, wie in diesem Rezept – übrigens ein Tipp der netten Verkäuferin aus »meinem« Fischgeschäft.

Das Kochen mit Rosinen ist ein Erbe der Araber, die federführend für die auf Mallorca typische süß-pikante Küche waren.

PEIX A LA MALLORQUINA – PESCADO A LA MALLORQUINA

Fisch auf mallorquinische Art

Für 4 Personen

- *500 g Mangold (oder Blattspinat)*
- *Salz*
- *1–2 Stangen Lauch*
- *1 Bund Frühlingszwiebeln*
- *1 Bund glatte Petersilie*
- *4 Knoblauchzehen*
- *3 Tomaten*
- *800 g Kartoffeln*
- *200 ml Olivenöl zum Frittieren*
- *800 g Lachs*
- *2–3 EL Mehl*
- *Pfeffer aus der Mühle*
- *2 EL Olivenöl*
- *30 g Rosinen*
- *250 ml trockener Weißwein*

1 Den Mangold waschen und die harten Stiele entfernen. Die Blätter in Streifen schneiden, 1 Minute in kochendem Salzwasser blanchieren, herausnehmen und abtropfen lassen.

2 Den Lauch und die Frühlingszwiebeln waschen, putzen und in grobe Ringe schneiden. Petersilie waschen, trockentupfen und fein hacken. Den Knoblauch abziehen und fein hacken. Die Tomaten mit kochendem Wasser überbrühen, häuten und würfeln. Die Kartoffeln schälen, waschen, in Scheiben schneiden und trockentupfen. Das Öl in einer Pfanne erhitzen und die Kartoffeln darin kurz anfrittieren, herausnehmen und abtropfen lassen.

3 Den Lachs waschen, trockentupfen und in 4 gleich große Stücke schneiden. Den Fisch in Mehl wälzen, im gleichen Öl auf beiden Seiten bei großer Hitze anbraten, herausnehmen und abtropfen lassen.

4 Die Kartoffeln in eine *greixonera* oder Kasserolle geben und den Fisch darauf verteilen. Alles mit Salz und Pfeffer würzen und 2 bis 3 Esslöffel Öl aus der Pfanne darüber geben.

5 In einer zweiten Pfanne 2 Esslöffel Olivenöl erhitzen und darin nacheinander Knoblauch, Frühlingszwiebeln, Petersilie, Lauch und Tomaten bei mittlerer Hitze anschmoren. Den Mangold und die Rosinen zufügen, kurz mitdünsten und alles mit Salz und Pfeffer abschmecken.

6 Das Gemüse über den Fisch geben, den Wein angießen und den Lachs im vorgeheizten Backofen bei 200 °C (Umluft 180 °C, Gas Stufe 3–4) 15 bis 20 Minuten backen.

Zubereitungszeit: 1 Stunde 50 Minuten.

ARRÒS BRUT – ARROZ CALDOSO

Schmutziger Reis

Für 6–8 Personen

- *1/2 Kaninchen (etwa 500 g)*
- *1/2 Huhn (etwa 750 g)*
- *2 Wachteln*
- *250 g Schweinelende*
- *200 g Butifarró (ersatzweise Blutwurst, siehe Seite 26)*
- *100 g Sobrassada (ersatzweise Paprikawurst, siehe Seite 105)*
- *150 g Brechbohnen*
- *3 Tomaten*
- *1 große Zwiebel*
- *6–8 Knoblauchzehen*
- *1 Bund glatte Petersilie*
- *6 EL Olivenöl*
- *250 g Reis*
- *100 g frische Erbsen*
- *1–2 EL fein gehackte Kräuter nach Wahl*
- *5 Safranfäden*
- *Salz, Pfeffer aus der Mühle*

1 Fleisch und Geflügel waschen und trockentupfen. Kaninchen und Huhn in Portionsstücke teilen. Die Wachteln vierteln, die Schweinelende klein schneiden. Die *butifarró* in nicht zu dünne Scheiben, die *sobrassada* in kleine Würfel schneiden.

2 Die Bohnen waschen, putzen und ein- bis zweimal brechen. Die Tomaten mit kochendem Wasser überbrühen, häuten und würfeln. Die Zwiebel abziehen und klein schneiden. Die Knoblauchzehen ungeschält etwas zerdrücken. Die Petersilie waschen, trockentupfen und fein hacken.

3 Das Öl in einer großen *greixonera* oder Kasserolle erhitzen und darin nacheinander Kaninchen, Huhn, Wachteln und Schweinelende gut anbraten und jeweils herausnehmen. Im restlichen Öl nacheinander Knoblauch, Zwiebel, *sobrassada*, *butifarró* und Tomaten anbraten. Das Fleisch zufügen und 3/4 Liter Wasser zugießen. Alles aufkochen und bei mittlerer Hitze 15 Minuten kochen.

4 Reis, Bohnen, Erbsen, Kräuter und Safran zugeben und etwa 1 Liter Wasser angießen, so dass alles davon bedeckt ist. Einmal aufkochen lassen und etwa 20 Minuten kochen, bis Reis, Fleisch und Gemüse gar sind (der Eintopf sollte nicht dünnflüssig sein, aber doch suppig bleiben, daher während des Kochens eventuell etwas Wasser nachgießen). Alles mit Salz und Pfeffer abschmecken.

Zubereitungszeit: etwa 2 Stunden.

Varianten

Auch für den *arròs brut* – wie sollte es in der mallorquinischen Küche anders sein – sind einige Zutaten variabel. So können Sie beispielsweise die Fleischmenge reduzieren und dafür mehr Reis verwenden. Oder Sie lassen die Schweinelende weg und nehmen statt der Wachteln ein Täubchen oder statt des Huhns mehr Wachteln und ein Täubchen. Allerdings sollte der *arròs brut* in jedem Fall Kaninchen und mindestens eine Sorte Geflügel und natürlich *butifarró* enthalten.

Tipp

Arròs brut ist ein beliebter Wintereintopf, der am besten schmeckt, wenn er in größeren Mengen in einem großen Eisenkessel auf offenem Holzfeuer gekocht wird. Seinen Namen hat dieser Klassiker unter den mallorquinischen Reisgerichten von der mitgekochten Blutwurst, *butifarró*, die der Brühe eine etwas dunkle Farbe verleiht und sie deshalb »schmutzig« aussehen lässt.

Die berühmte Paprikawurst, *sobrassada*, ist so etwas wie das kulinarische Aushängeschild Mallorcas und auch auf dem spanischen Festland sehr beliebt. In vielen Familien wird die *sobrassada* immer noch selbst hergestellt, wenn im Winter auf der *finca* oder in der ausgeräumten Garage die *matanza*, die Hausschlachtung, stattfindet. Dann werden alle Teile des meist selbst gefütterten Schweins nach dem Schlachten in mühevoller Arbeit und unter Mithilfe von Freunden und Nachbarn verwurstet.

Als mallorquinische Spezialität *schlechthin gilt die von Hand hergestellte Sobrassada.*

Noch heute *wird auf Mallorca mit Vorliebe in tönernen Töpfen gekocht und sogar gebacken.*

TUMBET – TUMBET

Auberginenauflauf

Für 4–6 Personen
- *3 große Auberginen (etwa 750 g)*
- *Salz*
- *1 kg Kartoffeln*
- *4 grüne Paprikaschoten (etwa 500 g)*
- *1 kg reife Tomaten*
- *3 Knoblauchzehen*
- *3/8 l Olivenöl*
- *Pfeffer aus der Mühle*

1 Die Auberginen waschen, trockentupfen, den Stielansatz entfernen und die Früchte in etwa 1/2 Zentimeter dicke Scheiben schneiden. Die Scheiben mit Salz bestreuen und ziehen lassen.

2 Inzwischen die Kartoffeln schälen, waschen, in etwa 1/2 Zentimeter dicke Scheiben schneiden und trockentupfen. Die Paprikaschoten waschen, Trennwände und Kerne entfernen und das Fruchtfleisch in Streifen schneiden. Die Tomaten mit kochendem Wasser überbrühen, häuten und würfeln. Die Knoblauchzehen abziehen und fein hacken.

3 Das Öl in einer Pfanne erhitzen und die Kartoffeln darin von beiden Seiten goldgelb frittieren. Die Kartoffelscheiben herausnehmen, gut abtropfen lassen, salzen und in eine *greixonera* oder Kasserolle schichten. Die Auberginenscheiben im selben Öl frittieren, herausnehmen, gründlich abtropfen lassen und auf die Kartoffeln legen. Im gleichen Öl die Paprika frittieren, herausnehmen, abtropfen lassen, auf die Auberginen legen und alles salzen und pfeffern.

4 Das Öl bis auf 2 Esslöffel abgießen und den Knoblauch im restlichen Öl anbraten. Die Tomaten zufügen und bei geringer Hitze offen einige Minuten einkochen lassen. Die Sauce mit Salz abschmecken und über das frittierte Gemüse geben. Den Auflauf im vorgeheizten Backofen bei 180 °C (Umluft 160 °C, Gas Stufe 2–3) 15 bis 20 Minuten garen.

Zubereitungszeit: 1 Stunde 45 Minuten.

Tumbet ist nicht nur eine beliebte Beilage zu Fleisch und Fisch, sondern auch ein vegetarisches Hauptgericht, das oft mit Spiegelei serviert wird. *Tumbet* schmeckt aber auch kalt oder aufgewärmt und lässt sich daher gut vorbereiten. In der mallorquinischen Küche werden die Tomaten übrigens nur gehäutet, nicht aber die Kerne entfernt!

Für das einfache, aber feine Tumbet sollten Sie möglichst aromatische Tomaten verwenden.

BULLIT – HERVIDO DE CARNE Y VERDURAS

Eintopf mit Gemüse und Lammfleisch

Für 6 Personen

- *200 g Kichererbsen*
- *600 g Lammschulter*
- *3–4 Markknochen*
- *50 g durchwachsener Speck am Stück*
- *500 g Kartoffeln*
- *1 Zwiebel*
- *100 g Stangensellerie*
- *2 Tomaten*
- *750 g Wirsing*
- *250 g Möhren*
- *100 g Butifarró (siehe Seite 26)*
- *100 g Sobrassada (siehe Seite 105)*
- *4 Safranfäden*
- *Salz, Pfeffer aus der Mühle*
- *Paprikapulver (edelsüß)*
- *50–100 g Reis oder Suppennudeln*
- *2–3 EL Olivenöl*

1 Die Kichererbsen über Nacht in kaltem Wasser einweichen. Das Fleisch am folgenden Tag in 3 bis 4 Stücke teilen und Fleisch und Knochen waschen. Beides mit den Kichererbsen und dem Speck in 2 Liter Wasser aufkochen und zugedeckt bei schwacher Hitze 1 Stunde kochen.

2 Inzwischen die Kartoffeln schälen, waschen und vierteln (große Kartoffeln achteln). Die Zwiebel schälen und achteln, den Sellerie waschen und in etwa 2 Zentimeter große Stücke schneiden. Die Tomaten mit kochendem Wasser überbrühen, häuten und würfeln.

3 Den Wirsing waschen, vierteln, den Strunk entfernen und den Kohl in fingerdicke Streifen schneiden. Die Möhren schälen, waschen und in etwa 1 Zentimeter breite Stücke schneiden. Die *butifarró* in Scheiben, die *sobrassada* in kleine Stücke schneiden.

4 Nach 1 Stunde Kochzeit Kartoffeln, Gemüse, Wurst und Safran zum Fleisch geben und alles bei schwacher Hitze 20 bis 30 Minuten kochen. Mit Salz, Pfeffer und Paprika abschmecken.

5 Fleisch und Gemüse herausnehmen und warm stellen. Das Knochenmark durch ein Sieb in die Brühe streichen. Den Reis in der Brühe garen. Fleisch und Gemüse mit Öl beträufeln und nach Belieben vor oder nach der Brühe servieren.

Zubereitungszeit: 1 Stunde 50 Minuten.

Variante

Sie können auch einen großen Kalbsmarkknochen nehmen und diesen klein hacken lassen. Das Mark wird dann nicht in die Brühe passiert, sondern die Knochen werden auf einem Extrateller zu Fleisch und Gemüse serviert.

Bullit oder *bollit* ist ein im gesamten Mittelmeerraum beliebtes Eintopfgericht, wobei die Gemüse- und Fleischzutaten je nach Region variieren. Auf Mallorca dürfen allerdings neben dem Lammfleisch und den Markknochen für eine deftige Brühe weder *sobrassada* noch *butifarró* fehlen. *Bullit* war in früheren Zeiten nicht nur eine wärmende Hauptmahlzeit für kalte Wintertage, sondern auch Anlass, mit der Familie zusammenzusitzen und sich nach ausgiebigem Essen bei Spiel und Tanz zu vergnügen. Damals gehörten zum *bullit* immer noch Granatäpfel, Honigmelonen, Trauben, geröstete Mandeln und die beliebten Kartoffelkrapfen *bunyols* (Seite 115).

Bullit ist ein deftiger Eintopf, der auf Mallorca vor allem im Winter gern gegessen wird.

Margarita, die junge Chefin des »Na Creu«, *leitet das Restaurant seit ihrem 17. Lebensjahr.*

Die Portionen im »Na Creu« sind riesig, der Service stimmt – und die Atmosphäre auch. Kein Wunder, dass in diesem Restaurant mit seiner guten Küche auch viele Einheimische häufig zu Gast sind.

Na Creu

Das Restaurant, dem heute unser Besuch gilt, ist nicht nur sehr beliebt wegen seiner typisch mallorquinischen Küche, sondern hat sich auch als »Vier-Mäderl-Haus« einen Namen gemacht. Denn vier junge Frauen sorgen in Küche und Lokal dafür, dass der Gast nicht nur auf angenehmste Weise satt wird, sondern sich in dem gemütlichen Ambiente auch rundherum wohl fühlt. Das »Na Creu«, am Ortsrand von Artà im Nordosten der Insel gelegen, ist eines der Lokale dieser Region, die nach wie vor *tipico mallorquin* kochen und nicht dem leider häufig anzutreffenden allgemeinen Trend gefolgt sind, wegen des wachsenden Tourismus auf internationale Küche umzusteigen.

Diese Haltung wird denn auch entsprechend honoriert, und seit Anbeginn seines Bestehens genießt das »Na Creu« weit über Artà hinaus den Ruf eines ausgezeichneten mallorquinischen Restaurants, in dem das Preis-Leistungs-Verhältnis mehr als stimmt. So verkehren hier nicht nur die Dorfbewohner und Urlauber, sondern auch Persönlichkeiten des öffentlichen Lebens aus der Medienwelt, Sport und Politik. Der bekannteste Stammgast dürfte dabei wohl der Ministerpräsident der Balearen, Jaume Matas, sein, dessen Bild mit Widmung die alte Kommode neben der Bar ziert.

Das »Na Creu« gehört der Familie Lliteras, die darüber hinaus in Artà eine Bar betreibt. Geführt wird das Restaurant von der Tochter Margarita, die mit Billi, der Kellnerin, Nieves, der Köchin, Rosario, der Küchenhilfe, und viel Teamgeist den Laden schmeißt. Trotz ihrer jungen Jahre sind die *chicas*, die Mädchen, mit viel Engagement und Freude bei der Sache, denn man versteht sich und kann alles miteinander besprechen. Dadurch gibt es keine Differenzen und trotz der vielen Arbeit auch keinen Stress und keine Hektik. Davon wiederum profitiert der Gast, denn in einer solch harmonischen Atmosphäre schmeckt das Essen noch mal so gut.

Nieves, die Köchin, *trägt durch ihre vorzügliche Küche viel zum guten Ruf des »Na Creu« bei.*

Das Haus, in dem das Restaurant seit nunmehr fünf Jahren untergebracht ist, wurde vor etwa 40 Jahren von den Großeltern Lliteras gekauft. Damals war hier noch alles landwirtschaftlich genutztes *campo,* und das Grundstück gehörte zu einer alten *finca.* Das allerdings kann man heute nur noch ahnen, denn im Lauf der Zeit hat sich der Ort Artà immer weiter ausgedehnt, so dass das Restaurant inzwischen bereits Ortsrandlage hat. Margarita, die Chefin, war von Anfang an mit der Führung des Restaurants betraut und damals mit 17 Jahren die jüngste Wirtin der Insel. Sie hat in der Bar ihrer Eltern die Gastronomie und in der Schweiz Deutsch erlernt. Uns empfiehlt sie eine der Spezialitäten des Hauses und gleichzeitig eines der klassischen Gerichte der mallorquinischen Küche: *llom amb col*, Schweinelende mit Kohl, deren Zubereitung Sie auf Seite 110 finden.

Billi, die Kellnerin, *schätzt die familiäre Atmosphäre des Lokals.*

Die Portionen im »Na Creu« sind reichlich bemessen, denn Margarita besteht darauf, dass kein Gast hungrig nach Hause gehen darf. Und so werden hier pro Person zwei Krautwickel auf einigen Löffeln Kochsud angerichtet und darüber etwas vom mitgekochten Speck gegeben. Dazu werden *patatas fritas*, Bratkartoffeln, gereicht und das Ganze mit einer kleinen, zu einer Rose geschnitzten Tomate verziert.
Margarita erzählt uns, dass *llom amb col* in den Familien sehr unterschiedlich zubereitet wird, d.h., die Fleisch- und Kohlmengen variieren stark: Man verwendet einmal mehr Kohl und weniger Fleisch, dann wieder mehr Fleisch und weniger Kohl. Auch mögen nicht alle die darin enthaltene mallorquinische Blutwurst, *butifarró*, die aber auch ohne weiteres weggelassen werden kann. Damit das *llom amb col* richtig gut schmeckt, empfiehlt Margarita, keinesfalls bei den Zutaten für das *sofrit* zu knausern, denn der Sud, in dem die Krautwickel garen, ist ein wichtiger Geschmacksgeber. Aber Vorsicht bei der Würzmischung, gibt sie uns noch mit auf den Weg, denn hier gilt der Grundsatz, weniger ist mehr.
Im Sommer hat übrigens auch der kleine Patio, der Innenhof, geöffnet, und dann gibt es köstlichen fangfrischen Fisch vom Grill – das »Na Creu« wird nämlich direkt von den Fischern der Region beliefert. Im Lokal werden außerdem ständig Bilder des jungen mallorquinischen Künstlers Joan Peix ausgestellt, der in Artà lebt und über den die Wirtin auch nähere Auskunft geben kann.

Unbestrittene Spezialität des Hauses *ist das Llom amb col – die köstliche Schweinelende mit Kohl.*

Das Restaurant »Na Creu« finden Sie in der C/. 31 de Marzo/Ecke Quevedo, Artà, Tel. 83 63 50 (von der Straße Palma-Cala Ratjada kommend links in die C/. 31 de Marzo abbiegen und der Beschilderung folgen).
Öffnungszeiten sind täglich von 13.00 bis 15.00 und von 19.00 bis 23.00 Uhr; samstags ist das Lokal immer erst ab 19.00 Uhr geöffnet.

Im beliebten »Na Creu« *genießen Einheimische wie Touristen die echte mallorquinische Küche.*

Im »Na Creu« bekommen Sie eine typische Inselspezialität: das *llom amb col* – einen deftigen Eintopf mit Schweinelende und Kohl, den die Mallorquiner besonders gern im Winter essen.

Ein *sofrit* wird ähnlich wie eine Tomatensauce aus klein geschnittenen Zwiebeln, Knoblauch und Tomaten zubereitet, die in etwas Olivenöl gedünstet werden. Ohne *sofrit* wäre die mallorquinische Küche nicht denkbar, denn kaum ein Gericht kommt ohne aus. Meist bildet es die Grundlage und Würze für Gemüse-, Fleisch- und Fischgerichte, wird in Suppen eingerührt; oder aber man kocht die Zutaten in einer *sofrit*-Brühe wie hier bei den *llom-amb-col*-Krautwickeln.

Kohlgenuss auf mallorquinische Art – eines der typischsten Inselgerichte ist das Llom amb col.

LLOM AMB COL – LOMO CON COL

Schweinelende mit Kohl

Für 4 Personen

Für die Rouladen

- *8 kleine Scheiben Schweinelende à ca. 50 g*
- *2–3 EL Olivenöl*
- *8 große oder 16 kleinere Wirsingblätter*
- *150 g Hackfleisch vom Schwein*
- *10 Rosinen*
- *10 Pinienkerne*
- *Salz*
- *Pfeffer aus der Mühle*
- *8 Scheiben Butifarró (siehe Seite 26)*

Für die Brühe

- *4–5 Tomaten*
- *2 große Zwiebeln*
- *250 g durchwachsener Speck*
- *2–3 EL Olivenöl*
- *50 g Rosinen*
- *50 g Pinienkerne*
- *Salz*
- *Pfeffer aus der Mühle*
- *1 Messerspitze Butifarró-Würzmischung (ersatzweise Lebkuchengewürz)*

1 Für die Rouladen die Schweinelende waschen und trockentupfen. Das Öl in einer Pfanne erhitzen und die Fleischscheiben darin von beiden Seiten gut anbraten.

2 Die Kohlblätter waschen, in kochendem Wasser etwa 5 Minuten blanchieren, herausnehmen und abtropfen lassen. Das Hackfleisch mit Rosinen und Pinienkernen vermischen, mit Salz und Pfeffer würzen und in 8 Portionen teilen.

3 In jedes Kohlblatt eine Scheibe Fleisch, eine Portion Hackfleisch und eine Scheibe *butifarró* schichten.

4 Die Blätter zu Rouladen formen und mit Küchengarn verschließen.

5 Für die Brühe die Tomaten mit kochendem Wasser überbrühen, häuten und würfeln. Die Zwiebeln abziehen und klein schneiden. Den Speck ebenfalls in kleine Stücke schneiden.

6 Das Öl in einer *greixonera* oder Kasserolle erhitzen und darin die Zwiebel- und Tomatenwürfel dünsten. Das *sofrit* pürieren und 1/2 Liter Wasser zugießen.

7 Rosinen, Pinienkerne und Speck in die Sauce rühren und alles mit Salz, Pfeffer und der Würzmischung abschmecken. Die Krautwickel hineingeben, aufkochen lassen und etwa 1 Stunde offen bei mittlerer Hitze garen.

Zubereitungszeit: 1 Stunde 40 Minuten.

FRIT DE XOT – FRITO MALLORQUIN

Innereienpfanne vom Lamm

Für 4–6 Personen

- *1 kg Innereien vom Lamm*
- *500 g Kartoffeln*
- *1–2 Bund Frühlingszwiebeln*
- *1 rote Paprikaschote (etwa 250 g)*
- *einige Zweiglein Fenchelgrün*
- *8–10 Knoblauchzehen*
- *500 ml Pflanzenöl zum Frittieren*
- *8–10 EL Olivenöl*
- *100 g frische Erbsen*
- *1 Lorbeerblatt*
- *Salz, Pfeffer aus der Mühle*

1 Die Innereien waschen, trockentupfen und klein schneiden. Die Kartoffeln schälen, waschen, trockentupfen und stifteln. Die Frühlingszwiebeln und Paprika waschen und trockentupfen. Die Frühlingszwiebeln klein schneiden, die Schote halbieren. Kerne und Trennwände entfernen und das Fruchtfleisch fein würfeln. Das Fenchelgrün klein schneiden, die Knoblauchzehen ungeschält etwas zerdrücken.

2 Das Pflanzenöl in einer hohen Pfanne erhitzen. Die Kartoffeln darin einige Minuten frittieren, herausnehmen, abtropfen lassen und warm stellen.

3 8 Esslöffel Olivenöl in einer gusseisernen Pfanne erhitzen. Die Innereien darin rundherum einige Minuten kräftig braten, bis sie gar sind, herausnehmen und warm stellen.

4 Im restlichen Olivenöl (eventuell noch etwas Öl zufügen) den Knoblauch und die Frühlingszwiebeln anbraten. Paprikawürfel, Erbsen und Lorbeerblatt zugeben und alles einige Minuten bei mittlerer Hitze dünsten.

5 Die Kartoffeln und Innereien mit dem Gemüse mischen. Das Fenchelgrün zufügen, alles mit Salz und Pfeffer würzen und zugedeckt noch 5 bis 10 Minuten bei schwacher Hitze ziehen lassen.

Dazu schmecken *pan moreno* (Seite 85) und ein kräftiger Landwein.

Zubereitungszeit: 1 Stunde 40 Minuten.

Variante

Für das *frit* werden manchmal auch die Innereien eines frisch geschlachteten Zickleins verwendet.

Tipp

In welchem Verhältnis Sie jeweils Innereien und Gemüse mischen, liegt ganz bei Ihnen. Als grobe Faustregel für die verwendeten Kartoffeln gilt: Halb so viele Kartoffeln wie Innereien!

Das *frito mallorquin*, meist liebevoll einfach nur *frit* genannt, ist ein mallorquinischer Klassiker, für den es viele Varianten gibt. Hauptzutaten sind die Innereien eines frisch geschlachteten Lamms, nämlich Leber, Herz und Lunge (je jünger und zarter das Lamm, desto besser das *frit*). Manchmal wird auch die Milz verwendet, nie jedoch Magen oder Nieren, und manchmal fügt man sogar noch etwas frisches Blut bei.

Das Frit de xot, abgekürzt auch Frit genannt, kennt garantiert jeder Mallorquiner.

Auch Salzberge *können Ihnen auf einer Inseltour begegnen.*

Peix a la sal ist ein altes, traditionsreiches Gericht, das leider nur noch selten in wenigen Restaurants angeboten wird. Schade, denn es ist kinderleicht und erfordert kaum Aufwand. Genaue Mengenangaben lassen sich bei diesem Rezept allerdings nicht machen, denn die Größe und Dicke der Fische bestimmt die Menge des Salzes. Als Orientierung gilt jedoch: Pro Person können Sie etwa 500 Gramm Fisch rechnen, für einen Fisch von 500 Gramm benötigen Sie etwa 500 Gramm Salz und für ein Backblech mit Fisch sind etwa 2 Kilogramm Salz erforderlich.

Bei diesem Rezept können Sie jeden beliebigen frischen Fisch verwenden.

PEIX A LA SAL – PESCADO A LA SAL

Fisch in Salzkruste

Für 4 Personen

- *2 kg ganzer Fisch mit Kopf und Schwanz (nicht geschuppt und mit unverletzter Haut)*
- *2 kg unbehandeltes, grobkörniges Meersalz*

1 Von dem Fisch die Därme entfernen und die Flossen etwas stutzen. Den Fisch vorsichtig waschen und trockentupfen. Den Backofen auf 200 °C (Umluft 180 °C, Gas Stufe 3–4) vorheizen.

2 Ein Backblech fingerdick mit Salz bestreuen. Den Fisch auf das Backblech legen und gut mit Salz bedecken. Das Backblech in den Backofen schieben und den Fisch zwischen 20 und 45 Minuten backen (die Garzeit richtet sich nach der Dicke des Fisches; für eine Dorade von 500 Gramm benötigen Sie etwa 20 Minuten).

3 Das Backblech aus dem Ofen nehmen und das beim Backen zu einer festen Kruste kristallisierte Salz vor dem Servieren vorsichtig ablösen.

Zubereitungszeit: etwa 50 Minuten.

Variante

Auf dieselbe Weise lassen sich auch *gambas* (Hummerkrabben) und *langostinos* (Riesengarnelen) zubereiten.

Tipp

Unser Freund Lorenzo – von ihm habe ich diese Zubereitung gelernt – und seine Familie essen den Fisch in Salzkruste am liebsten ohne weitere Beilagen, bestenfalls mit etwas Brot und Salat, denn sie wollen den Geschmack des Fisches möglichst pur genießen. Sie können den Fisch aber auch mit etwas Zitrone beträufeln oder mit Knoblauchmayonnaise, *allioli* (Seite 56), servieren. Dazu passen Salzkartoffeln mit ausgelassener Butter.

SÍPIA AMB VERDURES – SEPIA CON VERDURAS

Sepia mit Gemüse

Für 4 Personen

- *800 g küchenfertige Sepia*
- *1 große Kartoffel (etwa 250 g)*
- *3 Stangen Lauch*
- *100 g grüne Bohnen*
- *10 Stiele Schnittlauch*
- *4 Artischocken*
- *2 Stiele Oregano*
- *8 EL Olivenöl*
- *Salz*
- *Pfeffer aus der Mühle*
- *Paprikapulver (edelsüß)*
- *1/8 l trockener Weißwein*
- *1/2 l Gemüsebrühe*
- *1 großes Lorbeerblatt*
- *100 g frische Erbsen*
- *1 Knoblauchzehe*
- *4 Safranfäden*

1 Den Tintenfisch waschen, trockentupfen und in 2 mal 2 Zentimeter große Stücke schneiden. Die Fangarme abtrennen und klein schneiden.

2 Die Kartoffel schälen, waschen und würfeln. Vom Lauch die grünen Blätter entfernen. Die weißen Enden waschen und in nicht zu kleine Stücke schneiden. Die Bohnen waschen, putzen und ein- bis zweimal durchschneiden oder -brechen. Den Schnittlauch waschen, trocknen und in kleine Röllchen schneiden. Die Artischockenböden herauslösen und klein schneiden. Die Oreganoblätter von den Stielen streifen und eventuell klein schneiden.

3 Das Öl in einer *greixonera* oder Kasserolle erhitzen und darin die *sepia*, die Tintenfisch-Fangarme, Lauch und Oregano anbraten (dabei zieht der Tintenfisch etwas Wasser). Alles mit Salz, Pfeffer und Paprikapulver würzen und etwa 10 Minuten offen schmoren, bis die Flüssigkeit weitgehend eingekocht ist.

4 Den Wein und die Brühe angießen und das Lorbeerblatt zufügen. Nacheinander Kartoffel, Artischocken, Bohnen und Erbsen zufügen und alles jeweils zwischendurch kurz aufkochen. Den Eintopf etwa 20 Minuten bei mittlerer Hitze offen garen.

5 Den Knoblauch schälen, klein schneiden und mit den Safranfäden in einem Mörser zerreiben. 5 Minuten vor Ende der Garzeit mit dem Schnittlauch einrühren und das Lorbeerblatt herausnehmen.

Dazu passen geröstetes und mit Knoblauch eingeriebenes Landbrot (Seite 85) und ein kräftiger Weißwein.

Zubereitungszeit: 1 Stunde 20 Minuten.

Artischocken sind auf Mallorca sehr beliebt und werden in vielen Gemüse- und Eintopfgerichten verwendet. Besonders gern kocht man sie in den *sopes* mit oder füllt sie mit Fisch und Meeresfrüchten. Im Frühjahr werden Artischocken häufig auch halbiert gegrillt und zusammen mit Brot als kleine Zwischenmahlzeit oder als Beilage zu Fisch und Fleisch gegessen.

Dieser Sepiaeintopf ist ganz einfach zuzubereiten und schmeckt ausgezeichnet.

Kartoffeln *sind bei den Mallorquinern überaus beliebt und werden zu pikanten wie süßen Gerichten verarbeitet.*

GATÓ DE PATATA – GATO DE PATATAS

Kartoffelkuchen

Für 12 Stücke

- *300 g mehlig kochende Kartoffeln*
- *5 Eier*
- *abgeriebene Schale von 1 unbehandelten Orange*
- *1/2 TL Zimt*
- *250 g Zucker*
- *etwas Schmalz für die Form*
- *etwas Mehl für die Form*
- *Puderzucker zum Bestäuben*

1 Die Kartoffeln waschen und mit der Schale zugedeckt bei mittlerer Hitze in 20 bis 25 Minuten weich kochen. Das Wasser abgießen, die Kartoffeln abkühlen lassen, pellen, zerdrücken und durch ein Sieb streichen.

2 Die Eier trennen. Das Kartoffelmus gründlich mit der Orangenschale, dem Zimt, dem Zucker und den Eigelben vermischen. Die Eiweiße steif schlagen und unterheben.

3 Eine Springform von 27 Zentimeter Durchmesser mit Schmalz einfetten, mit etwas Mehl bestäuben und den Teig in die Form geben. Den Kuchen im vorgeheizten Backofen bei 180 °C (Umluft 160 °C, Gas Stufe 2–3) etwa 50 Minuten backen, etwas abkühlen lassen, aus der Form nehmen und mit Puderzucker bestäuben.

Zubereitungszeit: 1 Stunde 40 Minuten.

CABELL D'ÀNGEL – CABELLO DE ÁNGEL

Kürbismarmelade (»Engelshaar«)

Für 8 Gläser à 0,5 Liter

- *3 kg Kürbis*
- *etwa 2 kg Zucker, 200 ml Wasser*
- *abgeriebene Schale von 1 unbehandelten Zitrone*
- *1 Prise Salz*

1 Den Kürbis in Scheiben schneiden und schälen. Die Scheiben halbieren, die Hälften durch kaltes Wasser ziehen und die Kerne mit einem kleinen Messer herauslösen. Die Kürbisscheiben in Stücke schneiden, 2 Kilogramm abwiegen und in einen großen Topf geben.

2 Den Zucker und 100 bis 200 Milliliter Wasser zufügen. Alles unter ständigem Rühren mit einem Holzlöffel einmal aufkochen und 20 bis 30 Minuten bei mittlerer Hitze zugedeckt kochen. Die Zitronenschale und das Salz zufügen.

3 Fruchtfleisch und Flüssigkeit in eine mit Backpapier ausgelegte Reine füllen und im vorgeheizten Backofen bei 150 °C (Umluft 130 °C, Gas Stufe 1) unter gelegentlichem Rühren 2 bis 3 Stunden einkochen, dabei einen Kochlöffelstiel zwischen die Backofentür klemmen.

4 Die Marmelade sofort in Twist-off-Gläser füllen, diese gut verschließen und 10 Minuten auf den Kopf stellen.

Zubereitungszeit: etwa 4 Stunden.

Das Fruchtfleisch des Kürbisses enthält viele feine, kleine Fasern, die durch das Einkochen später in der Marmelade goldgelb schimmern, eben wie Engelshaar. Die Kürbismarmelade wird hauptsächlich zum Füllen von Gebäck, etwa für die beliebten *ensaïmadas* (Seite 36) oder *robiols* (Seite 37), aber auch für deftige Gerichte, wie z. B. eine der *empanada*-Varianten, oder als ganz normale Frühstücksmarmelade verwendet. Rechnen Sie bei der Verarbeitung mit etwa einem Drittel Abfall; d. h., von 3 Kilogramm Kürbis bleiben etwa 2 Kilogramm Fruchtfleisch übrig.

BUNYOLS – BUÑUELOS

Kartoffelkrapfen

Für 50–60 Stück

- *400 g mehlig kochende Kartoffeln*
- *200 g Mehl*
- *10 g Hefe*
- *100–150 ml zimmerwarmes Wasser*
- *3 Eier*
- *1 l Pflanzenöl zum Ausbacken*
- *4 EL Zucker zum Wälzen*

1 Die Kartoffeln waschen, mit der Schale in 20 bis 25 Minuten weich kochen, pellen, zerdrücken und durch ein Sieb streichen. Das Mehl in eine Schüssel sieben und in die Mitte eine Mulde drücken. Die Hefe hineinbröckeln, mit 3 Esslöffeln Wasser und etwas Mehl vermischen und zugedeckt 15 Minuten gehen lassen.

2 Kartoffelmus, Eier und so viel Wasser mit Mehl und Vorteig verrühren, dass ein weicher, leicht zähflüssiger Teig entsteht. Teig gut durchschlagen und 40 Minuten gehen lassen.

3 Das Öl in einem Topf erhitzen. Eine Hand mit Wasser befeuchten, mit der anderen etwas Teig aus der Schüssel nehmen und etwa walnussgroße Teigstücke zwischen Daumen und Zeigefinger herausdrücken. Den Teig mit den feuchten Fingern abdrehen und dabei mit Daumen und Mittelfinger jeweils ein Loch hineindrücken. Die Kartoffelkrapfen portionsweise im schwimmenden Fett ausbacken, herausnehmen, etwas abtropfen lassen, in Zucker wälzen und noch warm servieren.

Zubereitungszeit: 2 Stunden 10 Minuten.

Variante

Hier wird nur 1 Eigelb, dafür aber mehr Wasser und etwas Zucker genommen: Aus 500 Gramm mehlig kochenden Kartoffeln, 250 Gramm Mehl, 20 Gramm Hefe, 50 Gramm Zucker, 1 Eigelb und etwa 1/4 Liter Wasser wie oben beschrieben einen Teig zubereiten und backen.

Wenn es nicht auf Anhieb mit dem Formen der *bunyols* klappt, lassen Sie sich nicht entmutigen. Auf vielen Märkten und *fiestas* werden die Kartoffelkrapfen frisch zubereitet. Und Sie können den Frauen dann abgucken, wie sie das Loch hineinbringen. (Außerdem schmecken die Krapfen auch in jeder anderen Form, die beim Ausprobieren entsteht!)

Die beliebten Kartoffelkrapfen finden Sie auf vielen mallorquinischen Festen.

NORDOSTEN UND OSTEN

RESTAURANTS

S'ENTRADA D.C. in Son Servera: Einfaches Bar-Restaurant, in dem viele Mallorquiner ihre Mittagspause verbringen, denn hier gibt es jeden Mittag ein feines Tagesmenü. Abends stehen auf der kleinen Speisekarte mallorquinische Klassiker wie *sopes*, *frito* und Wachteln sowie selbstverständlich *pa amb oli*. Täglich von 9.00–24.00 Uhr geöffnet.
C/. Sa Barraqueta 1 (Ortsausgang Richtung Cala Millor), Tel. 81 72 88.

MOLÍ DEN SOPA in Manacor: Ein gepflegtes Restaurant mit einigen mallorquinischen Spezialitäten auf der überwiegend feinen, international-mediterran ausgerichteten Speisekarte. Öffnungszeiten: Di–So von 12.30–15.30 und 20.00–23.00 Uhr.
Ctra. Manacor-Porto Cristo, km 4, Tel. 55 01 93.

CUINA MALLORQUINA in Manacor: Unter derselben Adresse wie das edle »Moli den Sopa«, aber auf der anderen Seite des großen Parkplatzes gelegen, liegt etwas vesteckt das vielbesuchte Restaurant »Cuina Mallorquina« (Mallorquinische Küche) – und die gibt es hier tagtäglich frisch in Form

Im »La Reserva Rotana«, *einem 300 Jahre alten Herrenhaus, genießt man Luxus pur.*

eines einzigen Tagesmenüs, das so gut zubereitet ist, dass sich hier Mallorquiner aller Bevölkerungsschichten zum Schmausen einfinden! Öffnungszeiten: täglich 13.00–16.00 und 20.00–22.30 Uhr; Montagabend geschlossen.
Ctra. Manacor-Porto Cristo, km 4, Tel. 84 43 78.

HOTELS

CAN QUEREMANY bei Sant Llorenç: Das stilvolle Landhaus (in einem ehemaligen Stallgebäude) mit komfortablem Ambiente liegt inmitten eines herrlichen Orangenhains mit an-

Im »Can Queremany« *bei Sant Llorenç sind Sie Selbstversorger im eigenen Haus auf Zeit.*

grenzender Schlucht. Zwei Wohneinheiten für vier bis fünf Personen mit Garten, Dachterrasse, außerdem eine Wohnküche mit großem Kamin.
Buchung über Weißes Haus Hamburg, Tel. 0 40/47 90 51, Fax 0 40/47 90 53.

LA RESERVA ROTANA in Manacor: Luxus-*finca* mit eigenem Golfplatz, Tennisplätzen und Reitstall. Zum Hotel gehört ein Restaurant mit überwiegend mediterraner Küche.
Apartado 69, Tel. 84 56 85.

GRANJA S'HERETAT in Capdepera: Ehemaliger Gutshof (*finca*) aus dem 14. Jahrhundert, der liebevoll zum exklusiven Hotel umgebaut wurde und in herrlich ruhiger, grüner Hügellandschaft liegt. Auf drei Gebäude verteilen sich 19 Appartements; die schönsten sind zwei Turmwohnungen mit Aussichtsterrasse. Außerdem Pool, Tennisplatz und das schnucklige Restaurant

SON FAVAR, das auch Nichthotelgästen offen steht (Reservierung!). Greenfee-Ermäßigung für Canyamel, Capdepera und Son Servera.
Polígono 4, Apartado 33, Tel. 81 83 99 oder 81 82 57.

MÄRKTE

Montag: **Manacor**
Dienstag: **Artà, Santa Margalida**
Mittwoch: **Capdepera**
Donnerstag: **Sant Llorenç**
Freitag: **Son Carrió, Son Servera**
Samstag: **Cala Ratjada, Santa Margalida**
Sonntag: **Porto Cristo**

FIESTA

Am ersten Sonntag im September findet in Santa Margalida ein prachtvoller Umzug zu Ehren der Schutzheiligen der Insel, der hl. Catalina Tomás, statt.

TIPP

Besuchen Sie in Manacor die Perlenfabrik »Perlas Majorica«, die nach einem

Ein schönes Mitbringsel *sind die mallorquinischen Perlen von »Perlas Majorica« in Manacor.*

streng gehüteten Firmengeheimnis die berühmten Mallorcaperlen herstellt.
Via de Roma 48, Tel. 55 02 00.

Die Fahrt in den Süden wird zur Entdeckungsreise ins beschaulich bäuerliche Hinterland und zu bilderbuchschönen Calas: Von bizarren Felszacken und windzersausten Pinien eingerahmte, weißsandige Minibuchten mit türkisfarbenem bis himmelblauem, klarem Wasser.

Südosten und Süden

An der südöstlichen und südlichen Küste *gibt es viele wunderschöne kleine Buchten.*

Zwischen Ses Covetes und Colònia de Sant Jordi liegt einer der beliebtesten Strände Mallorcas – der rund fünf Kilometer lange Es Trenc.

Der Hafen des verschlafenen Porto Colom mit seinen bunten Häuschen ist ein idealer Ankerplatz für die Fischerboote und Jachten (Seite 118/119).

Fernab des bunten Badebetriebs an der Küste ist der Süden vor allem geprägt von den weiten, fruchtbaren Ebenen und dem beschaulich bäuerlichen Leben im Hinterland. An der Ost- und Südküste dagegen, wo in Jahrmillionen cañyonartig eingeschnittene Schluchten entstanden und wo sich unzählige kleine Buchten fjordähnlich ins Kalkgestein eingruben, auf dem man heute noch die Abdrücke von Korallen und Muscheln erkennen kann, herrscht reger Betrieb. An diesen kleinen Buchten, die vor zigtausend Jahren ganz natürlich mit den heute so begehrten Sandstreifen gefüllt wurden, wie etwa die von windzerzausten Pinien und Kiefern eingerahmte Cala Pí, gehen viele Mallorcabesucher ihrer Lieblingsbeschäftigung nach, dem *cala*-Hopping – der Suche nach dem schönsten Strand. Dabei stoßen sie auf eine Reihe von malerischen Buchten entlang der wild zerklüfteten Felsbuchten und weitflächige Sandstrandküsten.
Wer seinen Lieblingsbadeplatz noch nicht gefunden hat, landet früher oder später unweigerlich auf einer der beliebtesten Bademeilen Mallorcas, dem zwischen Ses Covetes und Colònia de Sant Jordi gelegenen, fünf Kilometer langen Naturstrand Es Trenc, dessen blütenweißer Strand, sandverwehte Dünen und glasklares Wasser durchaus mit einem Karibikstrand mithalten können. Nur mit der Einsamkeit ist es, vor allem zur Hochsaison, schon lange vorbei, denn an Wochenenden wird auf dem Es Trenc ein bunter Fleckerlteppich aus Sonnenschirmen und Badehandtüchern entfaltet. Und auf einem Strandabschnitt ließen schon zu Francos Zeiten viele Sonnenanbeter ihre Hüllen fallen. Dank der Bemühungen der mallorquinischen Umweltschützer steht der Küstenabschnitt nun unter Naturschutz und kann zumindest nicht weiter verbaut werden. In zweiter Reihe schmiegt sich der Streifen eines lang gezogenen Kiefernwäldchens an die Sanddünen, und dahinter führen schmale Landstraßen zu den in Privatbesitz befindlichen blauen und grauen Salzseen Salines de Llevant. Sie liefern jährlich Tausende Tonnen Salz, und ein Teil der Ernte landet dabei auch in den Küchen der mallorquinischen Fischrestaurants. Wie etwa in der »Bodega Barahona« inmitten der Kleinstadt Ses Salines, wo das Spezialgericht *peix a la sal*, Fisch in Salzkruste, zu den Favoriten der unverfälschten mallorquinischen Gerichte des rustikalen Restaurants zählt (das Rezept finden Sie auf Seite 112).

Von der Küste bis nach Campos, dem Zentrum des Südens, erstreckt sich weites, fruchtbares Bauernland mit zahlreichen *fincas* und Windmühlen, deren Technik die Mauren einst mit auf die Insel brachten. Auch heute noch drehen sich hier Dutzende von Windrädern und pumpen Wasser wie in alter Zeit, doch leider mussten viele der kunstvollen Räder inzwischen abmontiert werden: Entweder weil sich der Windbetrieb der Brunnen nicht mehr rentierte, oder weil neue *finca*-Besitzer keinen Bedarf mehr dafür hatten. Einige der riesigen Windblätter sollen bei Stürmen abgerissen worden sein und wurden deshalb vorsichtshalber abgebaut.

Durch das über viele Generationen hinweg betriebene Erbsplitting wurde das Land in schier unzählige kleine Parzellen zergliedert, und manche Äcker, Oliven- und Mandelhaine sind heute noch durch die typisch mallorquinischen Steinmäuerchen, die *marges*, unterteilt. Und wie vor Hunderten von Jahren grasen hier die Schweine und Schafe auf den Weiden und spannen ältere Bauern ihren Esel oder Gaul vor die Egge – als sei die Zeit hinter den Mäu-

Im Sommer ist hier »die Hölle« los: *der kilometerlange, karibikweiße Es-Trenc-Strand mit seinen sandverwehten Dünen, an dem schon zu Francos Zeiten FKK erlaubt war.*

Im Hinterland *bestimmen nicht Badefreuden, sondern harte Arbeit das Leben der Bauern.*

erchen angehalten worden. Mit etwas Geduld oder durch einen Tipp findet man inmitten dieser Idylle sogar sein eigenes kleines Paradies: verschwiegene Miet-*fincas*, die dem Urlauber auf charmante und behagliche Art Ferien auf dem Land ermöglichen (weitere Informationen über den Agrotourismus finden Sie auf Seite 70). Als Gast in einem dieser historischen Bauernhäuser bekommt man den typischen Bauern als Gastgeber allerdings kaum mehr zu sehen, denn die Agrotourismus-*fincas* werden nur noch selten bewirtschaftet. Mit etwas Glück jedoch kocht die Hausherrin, meist die Mutter oder die Schwiegermama, noch nach alten Rezepten, und/oder man wird von der Nachbarin mit wunderbarer Hausmannskost aus frischen ländlichen Produkten versorgt. Wer viel Glück hat, wird vielleicht sogar zu einem der meist im Herbst stattfindenden häuslichen Schlachtfeste, den *matanzas,* eingeladen, bei denen auch die mallorquinische Paprikawurst, *sobrassada,* und die *butifarró*, die typische Blutwurst, hergestellt werden.

Wen es während der heißen Sommermonate ans Meer zieht, findet an der Südostküste keine gut ausgebaute Küstenstraße, sondern stattdessen ein gutes Dutzend Stichstraßen, die von der im Hinterland parallel zur Küste verlaufenden Süd-Nord-Tangente zu den *calas* führen. Trotz des Ansturms vieler Leihwagenausflügler mag die Fahrt für manche zu mühsam sein, und das kann mit ein Grund sein, warum sich Cala Figuera bis heute seinen Charme als romantischer Fischerort bewahrt hat. Vielleicht liegt es aber auch daran, dass die tief in den Fels eingegrabene »Feigenbucht« ausnahmsweise mal keine Badeoase, sondern ein kleiner Schutzhafen der Fischerboote ist. Feigen sind hier zwar keine zu finden, dafür aber ist das Fischerdorf noch weitgehend ursprünglich geblieben. Wer morgens kommt, kann in aller Ruhe an der idyllischen Bucht entlangwandern und den Fischern zuschauen, wie sie noch nach alter Manier ihre Netze zum Trocknen ausbreiten und sie mit erfahrener Hand ausbessern.

Keramik in Spitzenqualität bekommen Sie in der Töpferei »Keramica Mallorca«; Felanitx, Carrer de Sant Agustí 50 (ausgeschildert).

Die blauweißen Windräder, *die Weihnachtspyramiden ähneln, sind ein maurisches Erbe.*

An der weißsandigen Cala Mondragó *brechen sich die Wellen an den Felsen.*

In Llucmajor wurde vor etwa 650 Jahren Mallorcas Unabhängigkeit für lange Zeit beendet, als spanische Truppen unter Pedro IV. in einer großen Schlacht die Inselbevölkerung unter dem mallorquinischen König Jaume III. besiegten.

Etwas südlich des verschlafenen Fischerhafens Porto Petro werden auch *cala*-Süchtige fündig: Die wirklich malerische Cala Mondragó zählt zu den schönsten Buchten Mallorcas und wurde gottlob rechtzeitig unter Naturschutz gestellt. Mit ihrem strahlend türkis- und lapislazuliblauen Meerwasser, dem blütenweißen, feinkörnigen Sandstrand und den zackigen Felswänden ist sie eigentlich eine Doppelbucht, deren Zwillingsschwester übrigens auch außerhalb der Badesaison durchaus einen Abstecher oder Wanderausflug wert ist. Vom felsigen Kap aus kann man die senkrecht abfallende Steilwand hinunterschauen und beobachten, wie das Meerwasser in den steinigen Schlund getrieben wird, um sich dann, von der Brandung gedämpft, ganz sanft in die beiden windgeschützten *calas* zu verteilen.

Schon auf der Fahrt zur Cala Mondragó merkt man, wie die Landschaft hügeliger wird, das Hinterland steiler ansteigt und sich die Ausläufer der Serra de Llevant bemerkbar machen. Zu Füßen der Hügelkuppen liegt die kleine Fischerstadt Porto Colom, die wie durch ein Wunder vom großen Rummel verschont geblieben ist und wo die Zeit ein wenig stehen geblieben zu sein scheint. Ins Auge fallen die kleinen Fischerhäuschen, von Pinien gut versteckte, schmucke Ferienhäuschen und der dominante, blau-weiß gestreifte Leuchtturm an der schmalen Hafeneinfahrt. Die fast kreisrunde Hafenbucht ist ein idealer Platz, seine Jacht zu parken, und so liegen schnittige Segelboote Planke an Planke neben einer Reihe von typischen Fischerbooten, deren jahrzehntealte Form immer noch die gleiche ist.

Im Hinterland lohnt die Fahrt zum 509 Meter hohen Puig de Sant Salvador, denn auf dem Gipfel wartet eine der bedeutendsten Eremitagen Mallorcas. Sie wurde im Laufe der vergangenen Jahrhunderte zum festungsartigen Kloster mit Wallfahrtskirche und einer monumentalen Christusstatue ausgebaut. Und von den Terrassen des Santuari de Sant Salvador genießen Besucher und Pilger die herrlichen Ausblicke übers Land, finden Stärkung im Klosterrestaurant und übernachten auf Wunsch in einer der komfortablen Klosterzellen.

Inselhistorie und geschichtlichen Erinnerungen begegnet man auch in Llucmajor, dem zweiten großen Zentrum im Süden der Baleareninsel, das weit im Hinterland an der gut ausgebauten Hauptstraße zwischen Palma und Santanyí liegt. Wer sich in einem der an der Plaça Espanya gelegenen historischen Kaffeehäuser, etwa dem »Café Colón« von 1928, die Zeit nimmt, etwas über die Geschichte der Insel nachzulesen, kann Interessantes erfahren. Denn vor den Stadttoren der mittlerweile 17000 Einwohner zählenden Stadt, einst von den Römern Lucus Mayor (großer Wald) getauft, wurde am 25. Oktober 1349 Inselgeschichte geschrieben, als das seit der Reconquista im September 1229 befreite Mallorca in der Entscheidungsschlacht zwischen dem Spanier Pedro IV. von Aragón und dem mallorquinischen König Jaume III. unterlag und damit seine Unabhängigkeit für lange Zeit, genauer bis 1983, verlor.

In Porto Colom, *dem hübschen Hafenstädtchen, hält sich der Tourismus bislang in Grenzen.*

Auf einem der zahlreichen Märkte *im südöstlichen Teil der Insel werden wie überall auf Mallorca köstliche Oliven in allen Variationen angeboten.*

Seit der Römerzeit *wird das Töpferhandwerk auf Mallorca mit der Herstellung von Vasen und Krügen liebevoll gepflegt.*

Bekannt durch seinen Wochenmarkt und als ein Zentrum für Schuhwaren, ist Llucmajor ansonsten nicht gerade ein Urlaubermagnet. Im Gewerbegebiet der Stadt, wo auch deutsche Brauereien ihren Biernachschub lagern, werden in einer unscheinbaren Halle zwei authentische mallorquinische Spezialitäten hergestellt: der seit dem 17. Jahrhundert bekannte Kräuterlikör *palo*, der gerne als Aperitif genommen wird, und der etwas kräftigere Kräuterschnaps *hierbas*, den die Mallorquiner als Digestif nach dem Essen schätzen. Zwischen Ende Mai und Anfang Juni – zur aromastärksten Zeit – werden von versierten Sammlern auf ganz Mallorca Wildkräuter, wie das mit der Minze verwandte *hierba buena,* aber auch Fenchel, Wacholder, Majoran, Myrte, Kamille und Rosmarin gepflückt und traditionell am 24. Juni, dem Sant-Joan-Tag, für den *hierbas* angesetzt. Durch mehrwöchige Mazeration der Kräuter in Anisbrand (Cassaia) entsteht dann der *hierbas* als *secas,* trocken, *semi-secas,* halbtrocken, oder *dulces*, süß, wobei der trockene *hierbas* vor allem bei den deutschen Urlaubern als Reisemitbringsel sehr beliebt ist.

Die kleine Destille »Vidal Catany«, über die Sie auf Seite 130 noch mehr erfahren, wird seit 1951 als Familienbetrieb geführt und ist stolz darauf, alles – sogar die Flaschen – nach alter Tradition noch selbst zu machen. Das Herstellungsverfahren für den *palo* ist das Gleiche wie eh und je. Einmal in der Woche wird auf einem offenen Feuer aus Mandelholz – so verlangt es das Rezept – Zucker zu Sirup geschmolzen und karamellisiert. Es ist gerade der Zucker, der dem *palo* Farbe und Geschmack verleiht. Und während der Zucker brodelt, stecken fleißige Hände in der Halle nebenan die typischen Fenchelzweige in Flaschen, in die dann später der ebenfalls nach altem Rezept hergestellte *hierbas* abgefüllt wird. Die Catanys freuen sich über jeden Besucher, der selber mal in Llucmajor vorbeischaut, um seinen Getränkevorrat aufzustocken.

Ein Einkaufstipp ist das »Calicant« in Calonge, wo Antiquitäten und Dekoratives von feiner Hand ausgesucht und restauriert werden.
Geöffnet: Mo–Fr 9.00–13.00 und 15.00–19.00 Uhr,
Sa 10.30–13.00 Uhr.
C/. Isaac Albéniz 10,
Tel. 16 72 31.

Farbenfroh und schmackhaft: *Die köstlichen Paprikaschoten werden auf der Insel mit viel Phantasie zubereitet.*

Llampuga, bei uns Blitz- oder Gewitterfisch genannt, gibt es frisch nur während der Zeit der Herbstgewitter, also von September bis November. Außerhalb der *llampuga*-Saison oder wenn Sie keinen *llampuga* bekommen, können Sie auch jeden anderen festfleischigen Fisch verwenden.

Der knusprig gebratene Fisch passt sehr gut zum geschmorten Paprika-Tomaten-Gemüse.

LLAMPUGA AMB PREBRES – LLAMPUGA CON PIMIENTOS

Gewitterfisch mit Paprikaschoten

Für 4 Personen

- *1 kg küchenfertiger Llampuga*
- *2 EL Mehl*
- *500 g reife Tomaten*
- *1 kg rote Paprikaschoten*
- *1 kleine Zwiebel*
- *4 Knoblauchzehen*
- *10 EL Olivenöl*
- *1 Lorbeerblatt*
- *Salz*
- *Pfeffer aus der Mühle*

1 Den Fisch waschen, trockentupfen, in 3 Zentimeter breite Stücke schneiden und die Stücke in Mehl wälzen. Die Tomaten mit kochendem Wasser überbrühen, häuten und in Würfel schneiden.

2 Die Paprikaschoten waschen, trocknen, halbieren und Trennwände und Kerne entfernen. Die Schoten in grobe rechteckige Stücke schneiden. Zwiebel und Knoblauch abziehen. Die Zwiebel fein hacken, den Knoblauch etwas zerdrücken.

3 6 Esslöffel Öl in einer Pfanne erhitzen. Den Fisch darin von beiden Seiten etwa 5 Minuten auf mittlerer Flamme kräftig anbraten, herausnehmen und in eine *greixonera* oder eine Kasserolle legen.

4 Das restliche Öl in einer zweiten Kasserolle erhitzen und Zwiebel und Knoblauch darin anschmoren. Die Paprikastücke zufügen und in einigen Minuten gar schmoren. Das Gemüse herausnehmen und über dem Fisch verteilen.

5 In derselben Kasserolle die Tomaten mit dem Lorbeerblatt zu einer sämigen Sauce kochen, salzen, pfeffern und über Fisch und Paprika gießen. Das Gericht im vorgeheizten Backofen bei 180 °C (Umluft 160 °C, Gas Stufe 2–3) 15 bis 20 Minuten durchziehen lassen. Zu frischem Landbrot servieren.

Zubereitungszeit: 1 Stunde 20 Minuten.

Varianten

Das Paprikagemüse mit der Tomatensauce mischen und separat zum gebratenen Fisch ohne Schmoren im Backofen servieren. Oder 250 Gramm Paprika durch Auberginen ersetzen, die geschält und gewürfelt in 4 Esslöffeln Olivenöl angeschmort werden. Das Gemüse mit 2 Esslöffeln Wasser ablöschen, salzen und bei geringer Hitze garen. Die Auberginen über die Paprika geben, darüber die Tomatensauce gießen und alles wie beschrieben im Backofen 15 bis 20 Minuten durchziehen lassen.

COL-I-FLOR REBOSSADA – COLIFLOR REBOZADA

Blumenkohl im Ausbackteig

Für 4 Personen

- *1 Blumenkohl (etwa 1 kg)*
- *Salz*
- *1 Ei*
- *4 EL Mehl*
- *300–400 ml Olivenöl*

1 Den Blumenkohl waschen, in nicht zu kleine Röschen teilen und in kochendem Salzwasser in etwa 5 Minuten bissfest garen. Die Röschen herausnehmen, abschrecken und abtropfen lassen.

2 Das Ei trennen. Eigelb, Mehl und 4 bis 6 Esslöffel Wasser zu einem glatten Teig verrühren und mit etwas Salz würzen. Das Eiweiß steif schlagen und unterheben.

3 Das Öl in einer hohen Pfanne erhitzen. Die Blumenkohlröschen portionsweise durch den Teig ziehen (am Stiel anfassen!), kurz abtropfen lassen und im heißen Öl goldgelb ausbacken.

Zubereitungszeit: etwa 45 Minuten.

BARRA – BARRA

Mallorquinisches Stangenweißbrot

Für 2 Brote

- *500 g Weizenmehl Type 405*
- *20 g Hefe*
- *6–8 EL warme Milch*
- *1 Prise Zucker*
- *250–300 ml Mineralwasser mit Kohlensäure*
- *eventuell etwas Öl*
- *Fett für das Backblech*
- *Milch zum Bestreichen*

1 Das Mehl in eine Schüssel sieben und in die Mitte eine Mulde drücken. Die Hefe hineinbröckeln und mit der Milch, dem Zucker und etwas Mehl zu einem Vorteig verrühren. Den Vorteig zugedeckt 15 Minuten an einem warmen, zugfreien Ort gehen lassen.

2 Das Mehl mit dem Vorteig verkneten und nach und nach so viel Mineralwasser zugeben, dass ein fester, glatter Teig entsteht.

3 Sollte der Teig anfangs noch kleben, die Hände mit etwas Wasser oder Öl befeuchten. Den Teig gut durchwalken, schlagen und zugedeckt an einem warmen Ort 30 bis 40 Minuten gehen lassen, bis sich sein Volumen verdoppelt hat.

4 Den Backofen auf 200 °C (Umluft 180 °C, Gas Stufe 3–4) vorheizen. Den Teig erneut kräftig durchwalken und daraus zwei längliche Brotstangen formen.

5 Die Stangen auf ein gefettetes Backblech legen, längs in der Mitte etwas einschneiden, mit Milch bestreichen und mit einem Tuch bedeckt nochmals kurz gehen lassen.

6 Die Brote im Backofen 45 bis 60 Minuten backen und auf einem Kuchengitter abkühlen lassen.

Zubereitungszeit: 2 Stunden 15 Minuten.

Das *barra*, das mallorquinische Stangenweißbrot, ist nicht ganz so schmal und luftig locker wie das französische Baguette, aber auch nicht so fest wie das deutsche Weißbrot. Es wird gerne zusammen mit Oliven und *allioli* (Seite 56) als *entrada*, als kleiner Appetitanreger, gereicht, ist aber auch als Beilage zu allen möglichen Gerichten beliebt. Es gibt lange, mittlere und kurze Brotstangen (*barra* = Stange), die auch als belegtes Brötchen, als *bocadillo*, den kleinen Hunger zwischendurch stillen.

Barra, das weiße Stangenbrot, *kommt wie in allen mediterranen Ländern täglich frisch auf den Tisch.*

Der Farbenreichtum Mallorcas, *wie hier auf dem Markt von Santanyí, ist immer wieder beeindruckend.*

Petersilie ist wohl das am häufigsten in der mallorquinischen Küche verwendete Gewürzkraut, das oft zuerst mit Salz und Knoblauch im Mörser zerstoßen wird, bevor man es ins fast fertig gegarte Gericht einrührt (*picada*). Auf Mallorca wird übrigens stets glatte Petersilie verwendet.

Gebackener Reis wird wie viele andere mallorquinische Gerichte im Backofen fertig gegart.

ARRÒS EN ES FORN – ARROZ AL HORNO

Gebackener Reis

Für 3–4 Personen

- *2–3 Frühlingszwiebeln*
- *2 Tomaten*
- *1/2 Bund Petersilie*
- *1 kleine Aubergine (etwa 150 g)*
- *2 kleine grüne Paprikaschoten (etwa 200 g)*
- *2 rote Paprikaschoten (etwa 400 g)*
- *10 EL Olivenöl*
- *250 g Rundkornreis*
- *1/2 l Fleisch- oder Gemüsebrühe*
- *Salz*
- *Pfeffer aus der Mühle*

1 Die Frühlingszwiebeln waschen und in schmale Ringe schneiden. Die Tomaten mit kochendem Wasser überbrühen, häuten und grob würfeln. Die Petersilie waschen, trockentupfen und die Blätter fein hacken.

2 Die Aubergine waschen, trockenreiben, den Stielansatz entfernen und die Frucht in dünne Scheiben schneiden. Die Paprikaschoten waschen, trockentupfen und halbieren. Die Trennwände und Kerne entfernen und die Schoten grob würfeln.

3 6 Esslöffel Olivenöl in einer *greixonera* oder Kasserolle erhitzen und darin nacheinander die Frühlingszwiebeln, Tomaten und Petersilie bei mittlerer Temperatur kurz dünsten.

4 Den Reis zugeben und kurz anrösten. Die Brühe zugießen und den Reis bei starker Hitze etwa 10 Minuten unter gelegentlichem Rühren garen, bis die Flüssigkeit vollständig aufgesogen ist.

5 2 Esslöffel Öl in einer Pfanne erhitzen und die Auberginenscheiben darin bei mittlerer Hitze von beiden Seiten kurz anbraten, herausnehmen und zum Reis geben. Das restliche Öl in der Pfanne erhitzen und die Paprika darin gar schmoren. Das Gemüse herausnehmen und ebenfalls zum Reis geben.

6 Den Reis mit dem Gemüse mischen. Alles nach Belieben mit Salz und Pfeffer abschmecken und mit Alufolie bedeckt im vorgeheizten Backofen bei 200 °C (Umluft 180 °C, Gas Stufe 3–4) etwa 30 Minuten überbacken.

Zubereitungszeit: 1 Stunde 20 Minuten.

Variante

Sie können den Reis selbstverständlich auch mit jedem anderen gebratenen, geschmorten oder gekochten Gemüse der Saison nach Belieben mischen oder ihn als Vorspeise bzw. Beilage ohne Gemüse im Backofen überbacken.

POLLASTRE AMB PREBES VERDS – POLLO CON PIMIENTOS VERDES

Huhn mit grünen Paprikaschoten

Für 4 Personen

- *1 küchenfertiger Kapaun oder 1 Poularde von etwa 1,8 kg*
- *Salz*
- *Pfeffer aus der Mühle*
- *1 kg längliche, mittelgroße Kartoffeln*
- *250 g längliche hellgrüne Paprikaschoten*
- *250 g dunkelgrüne Paprikaschoten*
- *1 Knoblauchknolle*
- *1 große Zwiebel*
- *4 Tomaten*
- *2 EL Schweineschmalz (75–100 g)*
- *1/8 l Fleischbrühe*
- *1 Lorbeerblatt*

1 Das Huhn waschen, trockentupfen und innen sowie außen mit Salz und Pfeffer einreiben. Die Kartoffeln schälen, waschen und längs halbieren. Die Hälften vierteln und in kaltes Wasser legen.

2 Die Paprikaschoten waschen, trockentupfen und halbieren. Trennwände und Kerne entfernen und die Schoten grob zerkleinern. Die äußere Haut der Knoblauchknolle entfernen. Die Zwiebel abziehen und vierteln. Die Tomaten mit kochendem Wasser überbrühen, häuten und würfeln.

3 Das Schmalz in einem Bräter erhitzen. Die Knoblauchknolle kurz darin anbraten und herausnehmen. Das Huhn im Schmalz von allen Seiten auf mittlerer Flamme 10 bis 15 Minuten anbraten, die Fleischbrühe angießen und Lorbeerblatt und Zwiebeln zufügen. Alles im vorgeheizten Backofen auf der mittleren Schiene bei 200 °C (Umluft 180 °C, Gas Stufe 3–4) 30 Minuten braten. Das Huhn dabei zwei- bis dreimal mit dem Bratensaft begießen.

4 Die Kartoffelviertel gut trocknen und um das Huhn herumlegen. Darauf die Paprika- und Tomatenwürfel geben, mit dem Bratensaft beträufeln und alles noch 30 bis 40 Minuten garen, das Gemüse dabei ein- bis zweimal im Bratensaft wenden und vor dem Servieren nach Belieben mit Salz und Pfeffer abschmecken.

Dazu passt ein kräftiger Landwein.

Zubereitungszeit: etwa 2 Stunden.

Tipp

Eine in der Schale gebratene Knoblauchknolle hat einen ganz eigenen Geschmack, der vielen mallorquinischen Gerichten eine besondere Note verleiht. Und was vielleicht auch wichtig sein dürfte: Danach riecht man so gut wie gar nicht nach Knoblauch!

Die Qualität von Schmalz wird wesentlich davon beeinflusst, wie das Schwein aufgezogen worden ist. Es empfiehlt sich daher, Schweineschmalz beim Biometzger zu kaufen, denn Schmalz aus Zuchtbetrieben und aus dem Supermarkt hat meist einen unangenehmen Beigeschmack.

Ein Kapaun, das männliche Gegenstück zur Poularde, schmeckt wegen seines zarten Fleisches besonders gut.

Kartoffeln *werden auf Mallorca oft und gerne verwendet, sei es im Eintopf oder als Patatas fritas (Bratkartoffeln).*

Auf Mallorca wachsen alle bekannten Zitrusfrüchte, die reif geerntet auf den Markt kommen und einfach köstlich schmecken! Zitronen kann man das ganze Jahr über ernten, Orangen, Mandarinen und Grapefruits nur zur Reifezeit von Dezember bis März/April.

Rostit humit ähnelt stark dem deutschen Gulasch, wird aber mit Knoblauch zubereitet.

ROSTIT HUMIT – ASADO

Schmorfleisch

Für 4 Personen

- *800 g Rindergulasch*
- *4 Zwiebeln*
- *2 große Fleischtomaten*
- *1 Knoblauchknolle*
- *2 EL Schweineschmalz*
- *1 EL Öl*
- *Salz*
- *Pfeffer aus der Mühle*
- *1 EL Zitronensaft*
- *2–3 EL Essig*

1 Das Fleisch waschen und trockentupfen. Die Zwiebeln abziehen und vierteln. Die Tomaten mit kochendem Wasser überbrühen, häuten und würfeln. Von der Knoblauchknolle die äußeren, trockenen Schalen entfernen.

2 Schmalz und Öl in einer Kasserolle zusammen mit etwas Salz und Pfeffer, dem Zitronensaft und Essig erhitzen. Das Fleisch zufügen, unter gelegentlichem Wenden etwa 5 Minuten auf großer Flamme anschmoren und mit 200 Milliliter Wasser ablöschen.

3 Die Zwiebeln und Tomaten zugeben und mit dem Fleisch vermischen. Die Knoblauchknolle zufügen und alles zugedeckt bei mittlerer Hitze etwa 1 Stunde schmoren. Nach 30 bis 45 Minuten eventuell noch etwas Wasser nachgießen (die Sauce soll eine cremige Konsistenz haben) und die Temperatur nochmals reduzieren. Fleisch und Sauce mit Salz und Pfeffer abschmecken.

Dazu passen *patatas fritas*, Bratkartoffeln, oder *barra*, das mallorquinische Stangenweißbrot (Seite 125).

Zubereitungszeit: 1 Stunde 30 Minuten.

Variante

Sie können den Essig auch sehr gut durch die gleiche Menge trockenen Weißwein ersetzen.

LLOM AMB COL AL FORN – LOMO CON COL AL HORNO

Schweinelende mit Wirsing aus dem Backofen

Für 4 Personen

- *800 g Schweinelende am Stück*
- *Salz*
- *Pfeffer aus der Mühle*
- *1–2 EL Schweineschmalz*
- *1 Wirsing (etwa 1,2 kg)*
- *1 große Zwiebel*
- *4 Knoblauchzehen*
- *3 Tomaten*
- *50 g Sobrassada (ersatzweise Paprikawurst, siehe Seite 105)*
- *30 g schwarze Oliven*
- *30 g Mandeln*
- *1/4 l Fleisch- oder Gemüsebrühe*
- *3 EL Öl*
- *30 g Pinienkerne*
- *30 g Rosinen*

1 Das Fleisch waschen, trockentupfen und mit Salz und Pfeffer einreiben. Das Schmalz in einer Kasserolle erhitzen. Die Schweinelende darin von allen Seiten bei großer Hitze gut anbraten und zugedeckt etwa 20 Minuten bei mittlerer Hitze schmoren, dabei eventuell etwas Wasser angießen.

2 Den Wirsing waschen, vierteln und den Strunk entfernen. Den Kohl in kochendem Salzwasser 5 Minuten blanchieren, herausnehmen, kalt abschrecken und abtropfen lassen.

3 Die Zwiebel abziehen und klein schneiden. Von den Knoblauchzehen nur die äußere, harte, trockene Schale ablösen. Die Tomaten mit kochendem Wasser überbrühen, häuten und würfeln. Die *sobrassada* würfeln. Die Oliven entsteinen und klein schneiden. Die Mandeln mit kochendem Wasser überbrühen und abziehen.

4 Das Fleisch in Scheiben schneiden und in eine andere *greixonera* oder eine Kasserolle legen. Den Bratensatz mit 1/8 Liter Brühe vom Boden der *greixonera* lösen und über das Fleisch gießen. Die Wirsingblätter darüber schichten. Backofen auf 180 °C (Umluft 150 °C, Gas Stufe 2–3) vorheizen.

5 2 Esslöffel Öl in einer weiten Pfanne erhitzen und darin *sobrassada*, Zwiebel, Knoblauchzehen und Tomaten auf mittlerer Flamme dünsten. Die restliche Brühe angießen und alles mit Salz und Pfeffer abschmecken. Die Sauce über den Wirsing gießen und alles im Backofen 30 bis 40 Minuten schmoren.

6 Inzwischen zuerst die Mandeln, dann die Pinienkerne, Oliven und Rosinen in einer Pfanne im restlichen Öl anrösten. Die Mandeln im Mörser zerstoßen, mit Pinienkernen, Oliven und Rosinen vermischen, über den Wirsing geben und mit reichlich Sauce beträufeln. Alles nochmals 5 bis 10 Minuten im Backofen ziehen lassen.

Zubereitungszeit: 1 Stunde 45 Minuten.

Tipp

Col ist in der mallorquinischen Küche sehr beliebt, und es gibt zwei Klassiker, die ohne ihn nicht auskommen: *sopes mallorquines* (Seite 34) und *llom amb col*. Der mallorquinische *col* ist eine Mischung aus Wirsing und Weißkohl, wobei er in Geschmack und Verarbeitung dem Wirsing näher steht als dem Weißkohl. Sie können *col* daher problemlos durch Wirsing ersetzen.

Wie man *llom amb col* ganz klassisch zubereitet, hat uns die Wirtin des »Na Creu« genau erklärt (Seite 108), deren Rezept Sie auf Seite 110 finden. Eine Variante dieses traditionellen Gerichts ist das *llom amb col al forn.*

Mallorcas Orangen *sind meist nicht nur sehr groß, sondern auch überaus süß und saftig.*

Señor Vidal, *in dessen Destillerie die berühmten Kräuterbrände Hierbas und Palo hergestellt werden.*

Palo ist der mallorquinische Aperitif, während der *hierbas* als Digestif, als »Verdauungsschnäpschen« nach dem Essen genommen wird. *Palo,* den man gut gekühlt pur oder mit Eis bzw. Sodawasser trinkt, schmeckt bitter, weshalb er nicht uneingeschränkte Sympathie genießt. Daher produziert die Firma Vidal Catany neben dem alten *palo ripoll* auch einen eigenen *palo,* der etwas süßer schmeckt und damit eine gute Alternative zum klassischen *palo* ist.

Destilerias Vidal Catany

Heute bin ich einem der Inselgeheimnisse auf der Spur, der Zusammensetzung des *palo,* das vermutlich noch strenger gehütet wird als die Rezeptur des *hierbas.* Jede Destillerie hat dafür ihre ganz spezielle *formula,* ihr Geheimrezept. Und das versuche ich zu lüften, denn die Seniorchefin der Destilerias Vidal Catany in Llucmajor hat mich eingeladen, dem *palo*-Zuckerbrenner bei der Arbeit zuzusehen.
1951 ist die Firma von Francisco Vidal als Familienbetrieb gegründet worden und produziert seither alle möglichen Schnäpse, Liköre, Wodka und Brandy. Ein besonders edler Tropfen, ein gut 20 Jahre alter Brandy, der seinerzeit noch von dem inzwischen verstorbenen Firmengründer angesetzt wurde, ruht in den Fässern in der Kellerbodega und wird von Jahr zu Jahr besser. In der Destillerie wird auch der mallorquinische Kräuterlikör *hierbas* hergestellt, dessen Zusammensetzung selbstverständlich Firmengeheimnis ist und der wie alle anderen geistigen Getränke *artesana,* also hausgemacht ist, sprich selbst gebrannt wird. Die Fenchelzweige, die die *hierbas*-Flaschen schmücken, werden von Hand in die Flaschen gesteckt, dann kommt der *hierbas* hinein, die Flaschen werden verschlossen, die Etiketten aufgeklebt.
Auch wenn die Firmenleitung inzwischen auf den Sohn übergegangen ist, der gerade den Export nach Deutschland auszubauen versucht – neben den Mallorquinern sind es vor allem Deutsche, die die Liköre direkt ab Destillerie kaufen und mit nach Hause nehmen –, ist die Seniorchefin mit ihren 78 Jahren die beste Reklame für das Haus. Sie arbeitet nach wie vor fleißig mit, packt an, wo Hilfe gebraucht wird, und ist stolz auf das Lebenswerk ihres verstorbenen Mannes. Stolz auch darauf, dass die traditionsreiche Firma Palo Ripoll, die den *palo* seit 1873 herstellt, ihnen die *palo*-Produktion nach altem Geheimrezept übertragen hat. Und so wird denn der *palo* immer noch auf die gleiche Weise hergestellt wie

Das Hierbas-Aroma *wird u.a. von den Fenchelzweigen beeinflusst.*

vor mehr als 100 Jahren. Auch die Form der Flasche und die alte Etikettierung sind gleich geblieben, denn das ist wichtig für die Kunden, die ihren *palo* genau kennen.
Wichtigster Bestandteil des *palo* ist der braune Zuckersirup, der dem Schnaps Geschmack und Farbe verleiht. Da die richtige Art des Zuckerschmelzens wesentlichen Einfluss auf die spätere Qualität des *palo* hat, wird der Zucker bei Vidal auch heute noch nach alter Tradition in einem großen Topf auf offenem Holzfeuer geschmolzen und

braun karamellisiert. *Quemado*, gebrannt, heißt es hier fachmännisch, und da es für diese Tätigkeit bislang noch keine Berufsbezeichnung gibt, taufen wir Señor Sebastian, den Zuckerkoch, ganz einfach *quemador*. Der ist denn auch schon fleißig bei der Arbeit, als ich den kleinen Hof betrete, wo die alte, mit Mandelholz beheizte Feuerstelle untergebracht ist.

Zuckerbrenner Sebastian *bei seiner schweißtreibenden Arbeit.*

Auf dem Feuer steht ein riesiger Topf, und es qualmt und dampft wie in einer Alchimistenküche. Für 600 Liter *palo* werden einmal pro Woche 50 Kilogramm Zucker geschmolzen, der ständig umgerührt werden muss, damit er nicht überkocht und schön flüssig bleibt. Das ist Schwerstarbeit, und Sebastian kommt dabei auch ordentlich ins Schwitzen. »Im Sommer«, sagt er, »ist die Arbeit noch schweißtreibender, da muss ich zwischendurch viel trinken. Jetzt im Frühling ist es gar nicht so schlimm.« Der Zucker braucht etwa vier Stunden, bis er die richtige Konsistenz hat. Eine genaue Zeitangabe lässt sich allerdings nie machen, doch Sebastian weiß ganz genau, wann der Zucker *al punto*, also auf den Punkt genau fertig ist. Nachdem ich dem *quemador* einige Zeit beim Rühren zugeschaut habe, fasse ich Mut und stelle die Frage, auf deren Beantwortung ich schon die ganze Zeit gespannt warte: Wann denn nun das Johannisbrot, die Früchte des Johannisbrotbaumes, in den *palo* komme, wie ich es in Reiseführern gelesen hätte. Sebastian und die Seniorchefin, die sich inzwischen zu uns gesellt hat, verneinen beide jedoch energisch, dass dem *palo* irgendwelche Früchte zugesetzt würden. Und da stehe ich vor demselben Problem wie viele andere an der Zusammensetzung des *palo* Interessierte, denn auch hier gibt man verständlicherweise nur das preis, was auf Mallorca wahrscheinlich jeder weiß. Nämlich, dass der karamellisierte Zucker mit Wasser verdünnt wird, einen Tag auskühlt und dann nochmals mit Zucker und Wasser in einer Rührmaschine gut vermischt wird. Nun kommen 96-prozentiger Alkohol und die Gewürze hinzu, zu denen Zimt, Sternanis, Ginsengwurzel und Chinarinde gehören. Mehr verrät man mir nicht, und das Rätsel rund um den *palo* bleibt weiterhin ungelöst! Dann gibt mir Sebastian noch einen guten Tropfen mit auf den Weg, und ich verabschiede mich zufrieden – allen ungelösten Rätseln zum Trotz.

Die Seniorchefin *ist auch heute noch täglich bei der Arbeit.*

Hierbas und Palo, *deren Zubereitung ein streng gehütetes Geheimnis ist.*

Sie finden die Destillerie in Llucmajor, C/. San Francisco, s/n (von Palma kommend – Ortsausgang Llucmajor, am Kreisel links vorbei am Supermarkt Aldi). Öffnungszeiten: Mo–Fr 7.30–12.00 und 14.00–17.30 Uhr. Vidal-Liköre gibt es in vielen Bars, Restaurants und Spezialitätenläden und werden auch direkt ab Destillerie verkauft. Nach telefonischer Anmeldung (Tel. 66 01 78) sind auch Besichtigungen mit anschließender Kostprobe für kleinere Gruppen möglich.

Auf dem Sonntagsmarkt in Felanitx *kann man ausgesprochen schöne Töpferwaren finden.*

MUSCLOS AMB ESCLATA-SANGS – MEJILLONES CON SETAS

Muscheln mit Pilzen

Für 4 Personen

- *1 kg Esclata-sangs (ersatzweise Waldpilze oder Champignons)*
- *2 kg Miesmuscheln*
- *1/2 Zwiebel*
- *1 Knoblauchzehe*
- *1 Bund glatte Petersilie*
- *1/8 l Olivenöl*
- *4 EL Mehl*
- *1/2 l Milch*
- *etwas Muskatnuss*
- *Salz*
- *Pfeffer aus der Mühle*

1 Die Pilze mit einem feuchten Tuch abreiben und große Pilze mehrmals durchschneiden. Die Muscheln unter fließendem Wasser waschen, säubern und geöffnete oder angeschlagene Muscheln aussortieren. Zwiebel und Knoblauch abziehen und jeweils fein würfeln. Die Petersilie waschen, trockentupfen und fein hacken.

2 4 Esslöffel Olivenöl in einer *greixonera* oder Kasserolle erhitzen und die Zwiebel darin glasig dünsten. Das Mehl zufügen, anschwitzen und mit etwas kalter Milch glatt rühren. Die restliche Milch unter ständigem Rühren zugießen, die Mehlschwitze aufkochen lassen und mit etwas Muskat würzen. Die Béchamelsauce vom Feuer nehmen.

3 Die Muscheln in einen Topf mit wenig Wasser geben und zugedeckt bei mäßiger Hitze etwa 5 Minuten kochen, bis sich die Schalen öffnen. Ungeöffnete Muscheln aussortieren, die übrigen aus der Schale lösen. 1 Tasse Muscheln (etwa 100 Gramm) in die Sauce geben und pürieren, so dass eine cremige Sauce entsteht. Die Sauce mit Salz und Pfeffer abschmecken und die übrigen Muscheln hineingeben.

4 Das restliche Öl in einer Pfanne erhitzen und die Pilze darin auf mittlerer Flamme andünsten. Petersilie und Knoblauch zufügen und alles so lange schmoren, bis die Flüssigkeit verdunstet ist. Die Pilze mit Salz und Pfeffer würzen.

5 Die Béchamelsauce mit den Muscheln unter ständigem Rühren langsam erhitzen (eventuell noch etwas Milch zugießen). Muscheln vor dem Servieren mit den Pilzen garnieren.

Dazu passt das mallorquinische Stangenweißbrot, *barra* (Seite 125).

Zubereitungszeit: 1 Stunde 10 Minuten.

Esclata-sangs sind typische mallorquinische Pilze. Sie gehören zu einer seltenen Reizkerart, die nach den ersten Regenfällen im Herbst in den Pinienwäldern aus dem Boden schießen. *Esclata-sangs* lassen sich am besten durch frische Waldpilze ersetzen; alternativ können Sie aber auch Champignons oder Egerlinge verwenden.

Die Mallorquiner sind Meister im raffinierten Kombinieren, wie dieser Muschel-Pilz-Topf zeigt.

GELAT D'AMETLLA – HELADO DE ALMENDRA

Mandeleis

Für 4–6 Personen

- *200 g geschälte Mandeln*
- *200 g Zucker*
- *1/4 l Wasser*
- *1/2 l Milch*
- *1/2 TL Zimt*
- *abgeriebene Schale von 1 unbehandelten Zitrone*

1 Die Mandeln sehr fein mahlen. Den Zucker in einem kleinen Topf mit 1/8 Liter Wasser verrühren und bei geringer Hitze unter ständigem Rühren zu einem klaren Sirup schmelzen.

2 In einem zweiten Topf die Milch mit 1/8 Liter Wasser erhitzen, die Mandeln zufügen und alles unter Rühren kurz aufkochen. Zuckersirup, Zimt und die Zitronenschale einrühren, alles nochmals aufkochen und in eine Schale füllen.

3 Die Masse unter gelegentlichem Umrühren abkühlen lassen, noch einmal gut durchrühren und im Gefrierfach 4 bis 5 Stunden einfrieren. Dabei das Eis stündlich umrühren, damit es gleichmäßig einfriert, locker bleibt und nicht kristallisiert.

Zubereitungszeit: etwa 45 Minuten.

Variante

Sehr gut wird das Eis auch, wenn Sie die Mandeln vor dem Reiben in einer beschichteten Pfanne ohne Fett unter Rühren kurz rösten.

Tipp

Für 200 Gramm Mandelkerne benötigen Sie etwa 800 Gramm Mandeln in der Schale.

Mandeln

In früheren Zeiten hatten die mallorquinischen Mandeln wegen ihres intensiven Geschmacks auf dem Weltmarkt keinerlei Konkurrenz zu befürchten. Und die Mandelwirtschaft der Insel florierte. Inzwischen sind sie jedoch von ihren kalifornischen »Kollegen«, die äußerlich etwas attraktiver sind, weitgehend verdrängt worden und werden daher vor allem auf der Insel verarbeitet. Indirekt bringen die Mandeln allerdings immer noch Devisen ins Land, denn die Millionen Mandelbäume sind mittlerweile zu einer echten Touristenattraktion geworden. Viele Urlauber kommen extra zur prächtigen Mandelblüte im Januar/Februar nach Mallorca. Im Herbst und Winter werden dann die frischen Mandeln auf den Märkten angeboten.

Fertige Mandel-Zucker-Mischungen zur Herstellung von Mandeleis (oder *turrón*, Seite 156) können Sie auf Mallorca in fast jedem Supermarkt kaufen.

Wenn Sie das Eis länger eingefroren hatten, lassen Sie es vor dem Verzehr besser etwas antauen, und rühren Sie es nochmals gut durch.

Dank ihres Mandelreichtums haben die Mallorquiner auch das köstliche Mandeleis »erfunden«.

Special

Restaurants

Südosten und Süden

RESTAURANTS

BODEGA BARAHONA in Ses Salines: Rustikales Restaurant im Ortszentrum. Köstlich die mallorquinische Spezialität: Fisch in Salzkruste.
Öffnungszeiten: Di–Do 13.00–16.00 und 20.00–23.00 Uhr; im September geschlossen.
Casa Manolo, Plaça San Bartolomé 2, Tel. 64 91 30.

ES PLA DE CAMPOS in Campos: Das Lokal spiegelt die Lebensweise der Bewohner von Campos wider, die stolz darauf sind, dass in ihrem Dorf der Tourismus kaum Spuren hinterlassen hat. So legen auch die Besitzer dieses einfachen Lokals Wert darauf, ihren Gästen eine ursprüngliche, sehr typische mallorquinische Küche zu servieren.
Öffnungszeiten: Mi–Mo 13.00–16.00 und 20.30–24.00 Uhr.
Carretera Petra 10 (von Llucmajor kommend Richtung Felanitx, gleich am Ortseingang der Beschilderung folgen), Tel. 65 11 10.

Im »Es Pla de Campos« *gibt es eine sehr ursprüngliche mallorquinische Küche.*

CAS BUSSO in Llucmajor: Einfaches, kleines Lokal in Familienbesitz mit vielen Stammgästen, denn hier kocht die Hausfrau!
Öffnungszeiten: Mi–Mo 13.00–22.00 Uhr; geschlossen vom 20. Dezember bis 20. Januar.
Carretera Cabo Blanco, km 12 (Autobahnende Llucmajor Richtung Santanyí, in Llucmajor ziemlich am Ortsanfang rechts in eine kleine Straße Richtung Es Cap Blanc/ Cala Pi, Rd. 12 km, auf dieser Straße bleiben (an einer Wegegabelung links Richtung Cabo Blanco). Liegt direkt an der Kreuzung S'Estanyol-Cala Pi/S'Arenal), Tel. 12 30 02.

EL CAMPO in Alqueria Blanca: Bei den Urlaubern der Südostküste beliebtes, einfaches, aber sehr rustikales Bar-Restaurant in Familienbesitz, das durch sein ländliches Ambiente mallorquinisches *finca*-Leben vermittelt.
Viele Gerichte kommen aus einem alten Holzbackofen.
Öffnungszeiten: täglich 13.00–15.00 und ab 19.00 Uhr bis die letzten Gäste gehen; Januar und Februar geschlossen.
Ctra. Alqueria Blanca - Porto Petro s/n, Tel. 16 40 21.

Der alte Holzbackofen *ist der Mittelpunkt des »El Campo«.*

ES MOLÍ D'EN TEM in Ses Cadenes (S'Arenal): Bekanntes und beliebtes rustikales Lokal mit vielen typisch mallorquinischen Gerichten. Öffnungszeiten: Di–So 13.00–16.00 und ab 19.00 Uhr bis die letzten Gäste gehen.
Autobahn Palma-Santanyí, Ausfahrt S'Arenal, Richtung S'Arenal durch den Ort Ses Cadenes hindurch, links der Beschilderung »Es Molí d'en Tem« folgen. Die Mühle ist links oberhalb der Straße zu sehen, Tel. 49 29 27.

HOTELS

CALA D'OR in Cala d'Or: Das in dem für diese Region typischen weißen Ibizenco-Stil erbaute Hotel liegt in wildromantischer Landschaft direkt an der gleichnamigen Bucht und hat für Ausstattung und Service die Silbermedaille des Spanischen Tourismusministeriums erhalten. Von November bis einschließlich März geschlossen.
Avda. de Bélgica 33, Tel. 65 72 49.

FINCA SANT BLAI in Campos: Von Wiesen und Feldern eingerahmtes, mit viel Liebe zum Detail eingerichtetes, kleines Bauernhaus; acht Kilometer vom Es-Trenc-Strand entfernt; mit drei Doppelzimmern, Pool, Grillplatz und Palmen. Ein reichhaltiges Frühstücksbuffet mit vielen Naturprodukten, Reiten und Spazierfahrten im Eselskarren sorgen für Abwechslung.
Familie Mónica Court, Apartado 120, Tel. 65 05 67. Weitere Informationen und Buchung über Associació Agroturisme Balear (Seite 70).

MÄRKTE

Dienstag: **Ca'n Pastilla**
Mittwoch: **Colònia de Sant Jordi, Llucmajor (Gemüse), Santanyí**
Donnerstag: **S'Arenal, Campos, Ses Salines, Ca'n Pastilla**
Freitag: **Llucmajor (Hauptmarkttag)**
Samstag: **Campos, Santanyí**
Sonntag: **Felanitx, Llucmajor (Gemüse)**

Einen Besuch wert ist auch freitags der Bauernmarkt von Llucmajor. Rund um den Marktplatz bieten die Bars mallorquinische Spezialitäten.

In der Calle Major *von Felanitx finden Sie einen preiswerten Keramikladen.*

Versäumen Sie am Sonntag nicht den Markt in Felanitx, wenn nach alter jüdischer Tradition auch alle Läden geöffnet haben. Stöbern Sie dann in jedem Fall in dem ausgesprochen preisgünstigen Keramikladen in der Calle Major, direkt an der Kirche.

Wo die Insel zur Ruhe findet. Wo das ursprüngliche, das ländlich-bäuerliche Mallorca zu finden ist. Wo Lebensmittel am frischesten auf die Markttische kommen. Und wo sich der mallorquinische Wein anschickt, den Anschluss an Spaniens große Tropfen zu finden.

INSELMITTE

Die Kunst des Töpferns *wird häufig von einer Generation an die nächste weitergegeben.*

Im Herzen Mallorcas werden die frischen Waren auf Wochenmärkten umgeschlagen, und hier hat traditionelles Handwerk wie das der Töpfer und Glasbläser Tradition.

Windmühlen wie dieser begegnet man auf einer Inseltour immer wieder. Sie sind ein Erbe aus maurischer Zeit (Seite 140/141).

Zwischen den Gebirgen der Serra de Tramuntana im Westen und der gemäßigten Serra de Llevant im Osten dehnt sich die zentrale Llanura del Centro aus. Es Pla, wie die weite, leicht hügelige Ebene auch genannt wird, entstand auf Meeresablagerungen des Tertiärs und dem Abtragungsschutt der Berge. Hinzu kam rötlicher Wüstensand, der einen Teil der Ackerböden von Es Pla bedeckt und während der letzten zwei Millionen Jahre durch starke Winde von der Sahara hergeweht wurde. Auch wenn das Leben auf dem Lande seine Reize hat, vielen Inselbewohnern und -besuchern mangelt es in Mallorcas Mitte an Attraktivität. Kein Wunder, steht die ländliche Provinz doch im Schatten der Metropole Palma, renommierter Badeorte, bekannter Künstlerkolonien und mondäner Jachthäfen. Dies bedeutet andererseits auch eine große Chance – denn hier kann Mallorca versuchen, seine Ursprünglichkeit zu bewahren. Im Zentrum schlägt das Herz und füllt sich der Bauch der Insel, denn auf dem Lande breitet sich Mallorcas fruchtbares Bauernland mit seiner Kornkammer aus.
Auf einer Hügelkuppe thront das Steindorf Sineu, einst sogar Sommerresidenz des mallorquinischen Königshauses. Dort findet jeden Mittwochvormittag in den verwinkelten Gassen des Ortszentrums ein inzwischen auch bei Urlaubern bekannter Wochenmarkt statt, wo gegen acht Uhr morgens allerdings noch gelassene Ruhe herrscht, denn dann packen die Händler zuerst einmal ohne Eile ihre Waren aus und treffen sich auf ein Gläschen *vi de taula*, Tafelwein, im Marktcafé oder in einem der alten Kellerlokale. Dagegen geht es auf dem Platz etwas unterhalb der stattlichen Dorfkirche Mare de Déu dels Angels schon »tierisch« betriebsam zu. Ruckzuck wechseln sechs junge *pollitos riojo*, kleine rote Hühnchen, den Besitzer. »Neben Truthähnen, Enten und Hühnern verkaufe ich auch Kanarienvögel und sogar Pfauen – aber die sind eher zum Anschauen als zum Essen«, erzählt uns lachend Rafael Oliver, der seit 15 Jahren jeden Mittwoch am Eckstand gleich neben dem steinernen Radfahrerdenkmal sein Geflügel anpreist.

Der Tiermarkt, auf dem es vom Schwein bis zu kleinen Hündchen alles mögliche Animalische gibt, geht nahtlos in den Wochenmarkt über. Dieser lockt von Jahr zu Jahr mehr Besucher an, die sich an den langen Reihen *sobrassadas* und *butifarrós* erfreuen, der inseltypischen Würste, die an Stangen aufgehängt wie Wäsche auf der Leine baumeln, und die auch die Düfte und Gerüche der Blumen und Gewürze genießen, die die Gassen durchströmen. Eingerahmt von den groben Steinfassaden an der wunderschönen Dorfplaça, bieten nicht selten 100 Händler wie anno dazumal lautstark ihr Gemüse, Obst, Fleisch, Fisch und sonstige Frischwaren an, und dabei wird leidenschaftlich gehandelt und gescherzt.
Traditioneller Treff der Marktleute und Einheimischen ist das an der Ecke der Plaça gelegene historische »Celler Ca'n Font«, wo die rustikalen Holztische neben den 500 Jahre alten Eichenfässern von Energiesparbirnen erhellt werden. Hier verdrückt mancher Gast schon zum Frühstück Innereien oder einen *bacalao* mit Tomatensauce und spült das Ganze mit einigen Schlucken Wein hinunter. Dabei wird in dem ehemaligen Weinkeller des 900 Jahre alten Eckhauses heftig politisiert, philosophiert oder nur regeneriert und mit einem Schuss Whisky oder Cognac der Markttag abgeschlossen.
Die historischen *cellers* entstanden übrigens zu einer Zeit, als Mallorca noch eine bedeutende Weininsel war und die mallorquinischen Tropfen so-

Weithin sichtbar *und ein Wahrzeichen der Stadt – die Kirche des malerischen Sineu, Mare de Déu dels Angels, die auf das Jahr 1248 zurückgeht und im 16. Jahrhundert restauriert wurde.*

Auf dem Markt in Sineu *wechseln von Hühnern über Kanarienvögel, Enten und Pfauen bis zu Schafen viele Tiere ihren Besitzer.*

gar bis nach Südfrankreich exportiert wurden. Damals entstanden in den kühlen Kellern viele gesellige Weintreffs, die heute noch von findigen Gastronomen als Wirtschaften genutzt werden.

Wir schlendern mit Muße durch die Reihen der Stände und interessieren uns auch für das typisch mallorquinische Handwerk, die Töpferkunst. Sie hat eine lange Tradition, denn schon zu den Zeiten, als die Römer auf der Insel das Sagen hatten, wurde auf Mallorca in den tönernen Schalen gekocht. Und auch heute noch wird das aus braunroter Tonerde – *terra d'olles* – gebrannte, feuerfeste, mal bauchige, mal flache Geschirr für die Zubereitung vieler Gerichte benutzt.

Auffällig sind auch die Stände mit den typischen Souvenirs, vor allem den *siurells*, den nach phönizisch-karthagischen Vorbildern geformten figürlichen Tonpfeifen. Diese Pfeifen kann man auch auf der Ende Februar/Anfang März stattfindenden Töpfermesse Fira del Fang in Marratxi, südlich von Santa Maria del Camí, antreffen. Dann zeigen rund 70 Aussteller teils im Freien, teils in der Halle die Ergebnisse ihres überlieferten Handwerks, und bei den halbstündigen Vorführungen ziehen alte Meister der Töpferkunst, wie etwa Señor Bernat aus Santa Maria del Camí, alle Register. Natürlich gibt es auch jede Menge Verkaufsstände, beladen mit den typischen Kochgeschirren in allen Größen: die bauchige *olla,* und die konische, an die Urform der Schale erinnernde *greixonera.*

An einem Stand treffen wir Miguel Amengual aus Portol-Marratxi, dessen Familie schon seit Generationen das Töpferhandwerk beherrscht. »An einem Tag schaffe ich höchstens zehn *ollas*; es ist aber schwer zu sagen, weil sich die Prozedur über mehrere Tage hinzieht. Die Griffe kommen nämlich meist erst später dran, und dann muss ich die Krüge ja auch noch lackieren«, erzählt Miguel, der schon als Kind vom Vater ausgebildet wurde. »So wie ich es jetzt meinem Sohn beibringe«, sagt er voll Stolz.

Klammert man auf der Landkarte die Südküste und den Norden aus, ergibt sich rund um die Eckpunkte Santa Maria del Camí, Muro, Petra und Randa ein Gebiet in Form eines auf den Kopf gestellten Rechtecks – das Es Pla.

Seit 25 Jahren *verkauft Paco Rodrigues auf dem Markt von Santa Maria del Camí seinen wilden grünen Spargel.*

Im Wegenetz der weiten Zentralebene der Pla de Mallorca hat man sich schnell mal verstrickt, doch die nächste Ortschaft ist selten mehr als zehn Kilometer entfernt.

Von Sineu aus machen wir herrliche Fahrten über Land, etwa durch das Windmühlengebiet zwischen Muro und Sa Pobla, das auch als eine der Kornkammern Mallorcas bekannt ist. Und hier genießen wir auch Mallorcas beschauliche Seite, als wir durch verschlafene Bauerndörfer kommen, wo noch die Alten vor der Dorfkneipe sitzen und über Gott und die Welt philosophieren, oder wo uns am Wegesrand Schäfer grüßen, die mit ihren Herden und Hunden noch wie vor hundert Jahren gemächlich über die Insel ziehen.

Ein anderes Tagesziel ist die Ermita Nostra Senyora de Bonany. Dafür fahren wir an Obstbaumplantagen und Schafweiden vorbei, die von den typischen Steinmäuerchen begrenzt werden, und steuern auf den 317 Meter hohen Puig de Bonany zu. Durch Kiefernwälder windet sich der Fahrweg auf den kleinen Berg, und von der Aussichtsterrasse des Klosters werden wir schließlich mit einem herrlichen Blick weit über die Ebene Es Pla de Mallorca belohnt; bei klarer Luft können wir sogar deutlich die Silhouette der Tramuntana-Bergkette im Westen erkennen. Wir erfahren, dass die Madonna der Ermita auch heute noch sehr verehrt wird, denn sie sorgt für reichen Erntesegen, und der ist hier, in der bäuerlichen Pla, noch immer von großer Bedeutung.

Von vielen Getreidefeldern, Mandel-, Feigen- und Johannisbrotbäumen umgeben, ragt unsere nächste Station, der 542 Meter hohe Tafelberg Puig de Randa, noch höher in die Lüfte. Als höchste Erhebung der Inselmitte, die im sonst flachen Inselsüden schon von weitem ins Auge fällt, wird sie auch »Berg der drei Heiligtümer« genannt, weil drei treppenartig übereinander liegende Klöster den Gipfel vereinnahmen. Auf der Spitze thront das Santuari de Nostra Senyora de Cura, die bedeutendste der drei Einsiedeleien, und an klaren Tagen wie diesem bietet die Terrasse ein umwerfendes Panorama über die ganze Insel.

Für unser nächstes Ziel nehmen wir mal nicht die Landstraße, sondern fahren zügig nach Santa Maria del Camí (eine typische Provinzstadt), denn wir wollen rechtzeitig zu einem der bedeutendsten Wochenmärkte Mallorcas. Hier treffen sich Hunderte von Händlern auf dem großen Marktplatz bei der Kirche, und bald tauchen wir ein ins Gewirr der Stände, mit all den saftigen Früchten und dem taufrischen Gemüse. Wir genießen den Anblick der typischen Wintertomaten, *ramellet,* und köstlichen Artischocken, der saftigen Orangen und knackigen Oliven, der verlockend duftenden Würste und des frischen Käses. Zum Einkaufen legen wir uns an einem der Stände eine der typischen geflochtenen Basttaschen, die *cesto* oder *cápazo*, zu und füllen sie mit dem wohlschmeckenden wilden Spargel, dem *esparagos tiernos*, der von dem alten »Markthasen« Paco Rodrigues angepriesen wird. Wie seit 25 Jahren steht Paco auch heute an seinem Stand: »Der Spargel kommt nicht weit von hier vom Land, den habe ich früher noch selbst gepflückt«, erzählt er uns, während er nebenbei geschäftig seine Bündel einpackt.

Sein Kollege, der Wurst- und Käsehändler Raffael Moreno Martinez, ist erst seit acht Jahren dabei und verkauft wie immer Dutzende seiner *sobrassadas* und an die 50 Kilogramm *jamon serrano.* »Mein Schinken kommt allerdings vom Festland, aus Granada«, verrät uns der rundliche Händler.

Nach dem Markt stärken wir uns im »Ca'n Calet«, einem von außen wenig auffälligen Ecklokal an der Durchgangsstraße, mit einem Schluck frischem Landwein, denn wir wollen heute noch eines der Weinanbaugebiete der Insel besuchen. Der mallorquinische Wein hat eine

Auf der Spitze des Puig de Randa, *der mit seinen 542 Metern in der sonst flachen Inselmitte schon von weitem zu erkennen ist, haben sich drei Klöster angesiedelt.*

Zur mallorquinischen Brotzeit *schmeckt ein einheimischer Wein am besten.*

lange Tradition, aber auch viele Höhen und Tiefen durchlebt: Die *vinos balearicos* ließen sich bereits die alten Römer schmecken, und was Lucullus und Co. mundete, war später auch den spanischen Königen recht – bis Ende des 19. Jahrhunderts *filoxera*, die gemeine Reblaus, zuschlug und fast den gesamten Rebstockbestand auf rund 30 000 Hektar vernichtete.
Erste Belebungsversuche gab es Anfang der sechziger Jahre, und heute werden wieder insgesamt 4000 Hektar Wein angebaut, hauptsächlich im Südosten bei Felanitx, aber auch rund um Binissalem.

Wir fahren auf der Hauptstraße nach Inca, biegen in Binissalem ab und folgen einem Schild mit der schlichten Aufschrift »Bodega«. Gemeint ist das Weingut von Antonio Nadal Ros, das unter den mallorquinischen Bodegas (José L. Ferrer, Hereus de Ribas und Jaume de Puntiró) zu den vier Erzeugern gehört, die das Qualitätssiegel »D.O.«, für »Denominació de Origen«, tragen dürfen. Seit 1960 stellen die Nadals Wein her, und seit 1989 unterliegen ihre Produkte auch der D.O.-Qualitätsprüfung.
Antonio Nadal und seine Tochter Magdalena führen zusammen den kleinen Familienbetrieb (mehr darüber lesen Sie auf Seite 152). Ihre Weine sind selbstverständlich auch bei dem alljährlich im September stattfindenden großen Weinfest in Binissalem vertreten. Eine ganze Woche lang wird hier gefeiert. Dieses Weinfest, die *festes des vermar*, ist das größte und bekannteste in ganz Spanien, und so verwundert es nicht, dass es außer den Mallorquinern auch zahlreiche Urlauber und jede Menge Besucher vom spanischen Festland anlockt.
Höhepunkt der Feierlichkeiten ist das Wochenende. Da findet schon am Freitag ein öffentliches Abendessen statt, am Samstag gibt es ein großes Volksfest und am Sonntag die *fira*, Markt und Ausstellung zugleich, bei der neben den Weinen der Region auch mallorquinische Spezialitäten angeboten werden.

Seit einigen Jahren haben sich die mallorquinischen Weine unter Kennern einen respektablen Ruf erworben, wenngleich die Produktion noch längst nicht für den Export ausreicht.

Auf dem Viehmarkt von Sineu *geht es im wahrsten Sinn des Wortes tierisch zu.*

Escaldums, ein altes, sehr typisches Gericht, ist heute leider nur noch selten auf den Speisekarten zu finden. Vielleicht deshalb, weil ein »richtiges« *escaldums* mit viel Fett zubereitet wird, was heutzutage nicht mehr in ist. Ich habe inzwischen verschiedene *escaldums* probiert und festgestellt, dass dieser Hühnertopf auch sehr gut schmeckt, wenn er mit weniger Fett zubereitet wird.

ESCALDUMS – GUISO (DE CARNE)

Huhn mit Mandeln

Für 4–6 Personen

- *1 Poularde von etwa 1,2 kg*
- *1 Knoblauchknolle*
- *1 mittelgroße Zwiebel*
- *1 Tomate*
- *100 g Mandeln*
- *1–2 Stiele Moraduix (ersatzweise 1 kleines Salbeiblatt, siehe Seite 61)*
- *2 EL Schweineschmalz*
- *1 Lorbeerblatt*
- *1/8 l trockener Weißwein*
- *Salz, Pfeffer aus der Mühle*
- *1 EL Olivenöl*
- *20 g Sobrassada (ersatzweise Paprikawurst, siehe Seite 105)*
- *150 ml Milch*

1 Das Huhn waschen, trockentupfen und in Portionsstücke zerteilen, dabei die größeren Knochen entfernen. Die Knoblauchknolle von der äußeren, harten Schale befreien. Die Zwiebel abziehen und in feine Ringe schneiden. Die Tomate mit kochendem Wasser überbrühen, häuten und würfeln. Die Mandeln mit kochendem Wasser überbrühen und abziehen. Die *moraduix*-Blätter vom Stiel streifen.

2 Das Schmalz in einer *greixonera* oder Kasserolle erhitzen. Die Hühnerteile darin bei starker Hitze von allen Seiten anbraten und herausnehmen. Im restlichen Fett die ganze Knoblauchknolle und die Zwiebel anbraten. Die Tomatenwürfel und das Lorbeerblatt zufügen, andünsten und mit dem Weißwein ablöschen. Alles mit Salz und Pfeffer abschmecken.

3 Die Hühnerteile zufügen, bei mittlerer Hitze etwa 10 Minuten schmoren und etwa 300 Milliliter Wasser angießen, so dass eine sämige Sauce entsteht. Den Eintopf offen bei mittlerer Hitze weitere 20 bis 30 Minuten schmoren, bis das Fleisch gar ist.

4 In einer Pfanne das Olivenöl erhitzen. Die Mandeln darin goldbraun rösten und herausnehmen. In einem Mörser die *sobrassada* mit dem *moraduix* verrühren, die Mandeln zufügen und alles gut zerstoßen, dabei eventuell 1 Esslöffel Wasser zugeben, so dass sich die Mandeln besser zerreiben lassen. Die Milch gründlich untermischen und die Paste in die Sauce einrühren. Den Hühnertopf zu *patatas fritas*, Bratkartoffeln, servieren.

Zubereitungszeit: 1 Stunde 45 Minuten.

Varianten

Das zerteilte Huhn wie oben beschrieben anbraten, mit gesalzener Fleischbrühe ablöschen, *moraduix* zugeben und das Huhn in der Brühe gar schmoren. Die (nicht mehr kochende) Sauce mit 1 Eigelb legieren und mit etwas Zimt abschmecken.

Oder das zerteilte und in etwas Mehl gewälzte Huhn in 120 Milliliter Olivenöl anbraten und herausnehmen. Im gleichen Öl 3 ungeschälte, ganze Knoblauchzehen, 2 in Streifen geschnittene Möhren, 1 in Ringe geschnittene Lauchstange und 2 gehäutete, in Würfel geschnittene Tomaten dünsten. 1/8 Liter trockenen Weißwein und die Hühnerteile zufügen, kurz mitschmoren und 1 bis 1,5 Liter Fleischbrühe angießen. Kurz vor Ende der Garzeit je 100 Gramm Rosinen und frische Erbsen unterrühren und den Hühnertopf nach Belieben mit Salz, Pfeffer und 1 Esslöffel fein gehackten frischen Kräutern abschmecken.

CUIXETES DES POLLASTRE FARCIDES AMB CASTANYES – MUSLOS DE POLLO RELLENADOS DE CASTAÑAS

Hühnerschenkel mit Maronenfüllung

Für 6 Personen

- *400 g Esskastanien (Maronen)*
- *20 g Hühnerbrust*
- *1/2 Bund glatte Petersilie*
- *1 Ei*
- *frisch geriebene Muskatnuss*
- *Salz*
- *Pfeffer aus der Mühle*
- *6 große Poulardenkeulen*
- *1/4 l trockener Weißwein*
- *2 Granatäpfel*
- *1 Zwiebel*
- *1 Möhre*
- *100 ml Öl*
- *2–3 Rückenknochen vom Huhn (Hühnerklein)*
- *1 TL Speisestärke*

1 Die Kastanien an der Spitze kreuzweise einschneiden, im vorgeheizten Backofen bei 220 °C (Umluft 200 °C, Gas Stufe 4–5) aufplatzen lassen und 10 bis 15 Minuten backen. Die Maronen schälen und klein hacken. Den Backofen auf 200 °C (Umluft 180 °C, Gas Stufe 3–4) zurückschalten.

2 Das Brustfleisch waschen und klein schneiden. Die Petersilie waschen, trockentupfen und fein hacken. Fleisch, Kastanien, Petersilie und Ei vermischen und mit Muskatnuss, Salz und Pfeffer würzen.

3 Von den Poulardenkeulen die Knochen auslösen und beiseite legen. Das Fleisch waschen und trockentupfen. Die Kastanienfüllung in die Keulen verteilen und die Keulen mit Küchengarn zunähen. Das Fleisch mit der Naht nach oben in eine Reine legen, mit Weißwein übergießen und im Backofen 40 bis 50 Minuten backen.

4 Für die Sauce die Granatäpfel waschen, trockentupfen und vierteln. Stiele und Blütenansatz entfernen, einige Kerne auslösen und beiseite legen. Zwiebel und Möhre schälen und halbieren.

5 In einem Topf das Öl erhitzen und Granatäpfel, Zwiebel, Möhre, Poulardenknochen und Hühnerklein darin bei starker Hitze scharf anbraten. 1,2 Liter Wasser zugießen, alles zugedeckt einmal aufkochen und offen bei mittlerer Hitze etwa 30 Minuten einkochen.

6 Die Poulardenknochen und das Hühnerklein entfernen. Die Sauce durch ein Sieb passieren und mit Salz und 1 Prise Pfeffer abschmecken. Die Speisestärke in 2 Esslöffeln kaltem Wasser verrühren, die Sauce damit binden und die restlichen Granatapfelkerne zufügen.
Zu Fleisch und Sauce Stangenweißbrot, *barra* (Seite 125), und einen kräftigen, trockenen Weißwein servieren.

Zubereitungszeit: 3 Stunden 10 Minuten.

Tipps

Lassen Sie sich die Poulardenknochen am besten bereits vom Metzger auslösen und mitgeben, denn sie werden für die Sauce gebraucht.

Fleisch und Sauce lassen sich übrigens auch ausgezeichnet vorbereiten: Die Keulen, wie im Rezept beschrieben, füllen und bis zum Braten im Kühlschrank aufbewahren. Die Sauce zubereiten, durch das Sieb streichen und vor dem Servieren noch einmal erhitzen, würzen, mit Speisestärke binden und die Granatapfelkerne zufügen.

Obwohl Maronen nicht auf Mallorca, sondern in Nordspanien beheimatet sind, erfreuen sie sich mittlerweile auf der Insel größter Beliebtheit und werden immer häufiger in den Speisezettel integriert, so wie bei den gefüllten Hühnerschenkeln. Dieses winterliche Gericht erhält seinen besonderen Pfiff nicht nur durch die Kastanienfüllung, sondern auch durch die Granatapfelsauce – für uns inzwischen unser Heiligabendschmaus anstelle der früher üblichen Würstchen mit Kartoffelsalat.

Auch auf Mallorca *wird wie auf dem spanischen Festland häufig erst spät am Abend gegessen.*

Eine dampfende Sopes de matences *ist die Belohnung für die harte Arbeit bei einer Matanza.*

Matanza heißt übersetzt Schlachtung und ist eine nach wie vor in fast jeder mallorquinischen Familie gepflegte Tradition. Wenn nicht geschlachtet wird, versteht man in der mallorquinischen Küche unter *sopes de matences* eine *sopes*-Variante mit Fleisch im Unterschied zu der immer fleischlos zubereiteten *sopes mallorquines* (Seite 34).

Das aromatische Fleisch der mallorquinischen Schweine bildet die Grundlage für dieses Gericht.

SOPES DE MATENCES – SOPAS DE MATANZAS

Sopes mit Fleisch

Für 4 Personen

- *350 g Schweinerippchen*
- *350 g Schweinegulasch*
- *1 kg Wirsing*
- *1 rote Paprikaschote (etwa 250 g)*
- *1 grüne Paprikaschote (etwa 100 g)*
- *250 g Tomaten*
- *1 Bund Frühlingszwiebeln*
- *1 Knoblauchknolle*
- *2–4 Blätter Mangold*
- *1 Bund glatte Petersilie*
- *150 g Sopes (in hauchdünne Scheiben geschnittenes, altbackenes Landbrot – Pan moreno, siehe Seite 85)*
- *6 EL Olivenöl*
- *1 l heiße Fleischbrühe*
- *Salz*
- *Pfeffer aus der Mühle*
- *Paprikapulver (edelsüß)*

1 Die Rippchen teilen und in etwa 6 Zentimeter lange Stücke schneiden (am besten vom Metzger machen lassen). Die Rippchenstücke und das Gulasch waschen und trockentupfen.

2 Den Wirsing vierteln, waschen und den Strunk entfernen. Die Viertel in nicht zu schmale Streifen schneiden. Die Paprikaschoten waschen, halbieren und Trennwände und Kerne entfernen. Die Hälften in Streifen schneiden. Die Tomaten mit kochendem Wasser überbrühen, häuten und würfeln.

3 Die Frühlingszwiebeln waschen und in feine Ringe schneiden. Von der Knoblauchknolle nur die äußere, trockene Schale entfernen. Den Mangold waschen, von den harten Stielen befreien und die Blätter fein schneiden. Die Petersilie waschen, trockentupfen und fein hacken.

4 Die Brotscheiben in eine *greixonera* oder Kasserolle legen und mit 2 bis 3 Esslöffeln Olivenöl beträufeln. Das restliche Öl in einer zweiten *greixonera* oder Kasserolle erhitzen und die Rippchen darin von allen Seiten bei mittlerer Hitze anbraten. Zuerst das Gulasch, dann die Frühlingszwiebeln, die Paprikaschoten und die Knoblauchknolle zufügen und alles gut anbraten.

5 Tomaten, Wirsing, Mangold und Petersilie zufügen, alles vermischen und offen bei mittlerer Hitze kurz dünsten. Die heiße Fleischbrühe zugießen, alles mit Salz, Pfeffer und Paprika abschmecken und offen etwa 20 Minuten bei schwacher Hitze garen. Fleisch, Gemüse und Brühe über die *sopes* gießen und den Eintopf gleich servieren.

Zubereitungszeit: 1 Stunde 30 Minuten.

COL-I-FLOR OFEGADA (»COLIFLOR AUFEGADA«) – COLIFLOR REOGADA

»Ertrunkener« Blumenkohl

Für 4 Personen

- *1 Blumenkohl (etwa 1,5 kg)*
- *Salz*
- *3–4 Frühlingszwiebeln*
- *500 g kleine Kartoffeln*
- *3–4 EL Schweineschmalz (oder 100–150 ml Olivenöl)*
- *30 g Rosinen*
- *30 g Pinienkerne*
- *Pfeffer aus der Mühle*

1 Den Blumenkohl waschen, in Röschen teilen und in Salzwasser 5 Minuten garen. Herausnehmen, abtropfen lassen und vom Kochwasser 350 Milliliter abmessen. Die Frühlingszwiebeln waschen und in schmale Ringe schneiden. Die Kartoffeln schälen, waschen, in dünne Scheiben schneiden und trockentupfen.

2 Das Schmalz in einer *greixonera* oder Kasserolle erhitzen und darin Kartoffeln, Frühlingszwiebeln, Rosinen und Pinienkerne bei mittlerer Hitze kurz anbraten. Den Blumenkohl zugeben, kurz mitschmoren und mit 250 Milliliter Kochwasser ablöschen. Alles bei mittlerer Hitze unter gelegentlichem Wenden etwa 10 Minuten garen, dabei eventuell noch etwas Kochwasser zugeben und mit Salz und Pfeffer abschmecken.

Zubereitungszeit: etwa 45 Minuten.

Tipp

»Ertrunkener« Blumenkohl wird auch ohne Kartoffeln als Vorspeise oder als *tapas,* als eine der vielen kleinen Köstlichkeiten für zwischendurch, serviert.

Sehr sehenswert ist einer der schönsten Märkte der Insel, der Wochenmarkt in Santa Maria del Camí am Sonntag. In der direkt am Marktplatz gelegenen Bodega »Puntiró« gibt es außerdem guten Wein!

SOPA DE PORRADA – SOPA DE PUERROS

Lauchsuppe

Für 4 Personen

- *100 g Mandeln*
- *1 l Hühnerbrühe*
- *500 g Lauch*
- *1 kleine Zwiebel*
- *1/2 EL Schweineschmalz*
- *2 EL Olivenöl*
- *je 1 Messerspitze Zimt und Ingwer*
- *2 Gewürznelken*
- *2 Safranfäden*
- *Salz*
- *50 g geriebener Käse*

1 Die Mandeln mit kochendem Wasser überbrühen, abziehen und in der Hühnerbrühe so lange pürieren, bis eine weiße Mandelmilch entsteht. Die Milch zugedeckt 2 Stunden ziehen lassen.

2 Den Lauch waschen und in Ringe schneiden. Die Zwiebel abziehen und fein hacken. Das Fett in einer Kasserolle erhitzen und darin Zwiebel und Lauch anschwitzen. Die Mandelmilch zugießen.

3 Zimt, Ingwer, Nelken, Safran, Salz und Käse zufügen und alles bei schwacher Hitze etwa 20 Minuten offen kochen.

Zubereitungszeit: 3 Stunden 10 Minuten.

Auf dem Markt von Santa Maria del Camí *bekommt man alles, was man im täglichen Leben so braucht.*

Das hoch gelegene »Sa Torre de S'Agio« *in Sant Joan bietet einen phantastischen Ausblick.*

Der Truthahn ist neben dem Spanferkel das traditionelle Weihnachtsessen schlechthin. Aber nicht nur zum Weihnachtsfest ist der Truthahn beliebt, sondern auch an Neujahr und am Dreikönigstag wird er oft und gerne gegessen. Dann unterscheidet sich die Zubereitung lediglich durch die verschiedenartigen Füllungen.

Der Weihnachtstruthahn wird mit einer feinen Turrón-Füllung zum echten Festtagsschmaus.

INDIOT DE NADAL – PAVO DE NAVIDAD

Weihnachtstruthahn

Für 6 Personen

- *250 g Mandeln*
- *150 g Puderzucker*
- *Schale von 1 unbehandelten Zitrone*
- *1 Ei*
- *2 EL Schweineschmalz*
- *1 küchenfertiger Truthahn (etwa 3 kg)*
- *Salz*
- *Pfeffer aus der Mühle*
- *1,3 kg Boniatos (Süßkartoffeln)*
- *400 ml Pflanzenöl zum Frittieren*

1 Die Mandeln mit kochendem Wasser überbrühen, abziehen, gut trocknen lassen (am besten über Nacht auf der Heizung) und am folgenden Tag sehr fein mahlen. Die Mandeln mit Puderzucker, Zitronenschale und 3 bis 4 Esslöffeln Wasser verkneten, so dass eine feste Marzipanmasse (*turrón*) entsteht. Das Ei unterrühren.

2 Den Backofen auf 200 °C (Umluft 180 °C, Gas Stufe 3–4,) vorheizen. Das Schmalz erhitzen und etwas abkühlen lassen. Den Truthahn waschen, trockentupfen, mit dem *turrón* füllen und mit Küchengarn zunähen.

3 Das Geflügel mit Salz und Pfeffer einreiben, rundherum mit dem flüssigen Schmalz bestreichen, mit der Brust nach unten in einen flachen Bräter legen und 1/4 Liter Wasser angießen.

4 Den Truthahn im Backofen etwa 1 Stunde braten, dabei ein- bis zweimal mit dem Bratenfond bestreichen. Das Geflügel wenden und weitere 1 1/2 bis 2 Stunden braten, dabei mehrmals mit dem Bratenfond begießen und eventuell etwas Wasser zufügen. Inzwischen die Süßkartoffeln unter fließendem Wasser schälen und in fingerdicke, längliche Stücke schneiden. Die Kartoffelstücke waschen und mit Küchenpapier gut trockentupfen.

5 Das Öl in einer Pfanne erhitzen und die Kartoffeln darin frittieren, herausnehmen und auf Küchenpapier abtropfen lassen. Die Kartoffeln 10 Minuten vor Ende der Bratzeit in den Bräter geben und vor dem Servieren mit Salz würzen.

Dazu passt ein kräftiger Rotwein.

Zubereitungszeit: 4 Stunden 20 Minuten.

Variante

Sie können den Weihnachtstruthahn zusätzlich noch mit Trockenfrüchten wie Äpfeln und/oder Aprikosen füllen. Dann das Dörrobst in kleine Stücke schneiden und mit dem *turrón* vermischen.

PORCELLA ROSTIDA – LECHONA ASADA

Gebratenes Spanferkel

Für 6 Personen

- *1 Bund glatte Petersilie*
- *2 Knoblauchzehen*
- *2 cl Brandy*
- *1/8 l trockener Sekt*
- *1 kg kleine Kartoffeln*
- *1 Knoblauchknolle*
- *1,5 kg Spanferkelkeule mit Schwarte*
- *1–2 EL Schweineschmalz*
- *Salz, Pfeffer aus der Mühle*
- *1 Lorbeerblatt*

1 Für die Marinade die Petersilie waschen, trockentupfen und 2 Zweige davon zurückbehalten. Den Rest fein hacken. Die Knoblauchzehen abziehen und klein schneiden. Die gehackte Petersilie mit dem Knoblauch im Mörser zerstoßen und mit Brandy und Sekt vermischen.

2 Die Kartoffeln schälen, waschen und in kaltes Wasser legen. Von der Knoblauchknolle nur die äußeren, trockenen Schalen entfernen. Die Keule waschen, trockentupfen und die Schwarte kreuzweise einschneiden. Das Fleisch mit Schmalz einreiben, mit Salz und Pfeffer würzen und in eine große Reine legen. Die Knoblauchknolle und das Lorbeerblatt zufügen.

3 Das Spanferkel im vorgeheizten Backofen bei 250 °C (Umluft 230 °C, Gas Stufe 6) braten. Nach 15 Minuten die Hitze auf 200 °C (Umluft 180 °C, Gas Stufe 3–4) reduzieren und die Kartoffeln zufügen. Fleisch und Kartoffeln 1 Stunde braten und dabei mehrmals mit Hilfe der zurückgelegten Petersilienstiele mit der Marinade bestreichen. Das Fleisch während der letzten 10 Minuten bei starker Oberhitze oder im Grill überkrusten.

Zubereitungszeit: 2 Stunden 15 Minuten.

Am besten schmeckt dieser Weihnachtsbraten, wenn er in einer großen Reine in einem der noch auf vielen *fincas* vorhandenen Holzbacköfen gebraten wird. Wer keine *finca* hat, bringt sein Ferkel zum örtlichen Bäcker, der es im großen Brotbackofen gart. Schon lange vor Weihnachten wird geplant, wer seine Reine wann bringen darf und wieder abholen muss. Denn für eine große Familie wird ein ganzes Ferkel zubereitet, und das braucht seine Zeit. Jede Familie hat übrigens auch hier ihr eigenes, oft streng gehütetes Rezept, womit das Ferkel eingerieben und auf welche Weise es gebraten wird.

Nehmen Sie für den Braten am besten eine Vorderhaxe, deren Fleisch besonders saftig ist.

Vater und Tochter Nadal, *die in ihrer kleinen Familienbodega vorzügliche Weine herstellen.*

Regelmäßige Kontrollen nicht nur der Weine, sondern auch der Lese, der Bodega und des Vertriebs durch die Mitglieder der Consejo Regular sorgen dafür, dass der Wein nach Vorschrift gekeltert wird und das Weingut somit die Qualitätsbezeichnung »D.O.« führen darf.

Bodega Nadal Ros

Kommt man nach Binissalem, fällt gleich an der Autobahnausfahrt eine kleine »Ausstellung« auf – wohl ein Zeichen dafür, dass man hier beides schätzt, den Wein und die Kunst. Denn der etwa 5000 Einwohner zählende Ort ist nicht nur für seine feinen Tropfen bekannt, sondern hier haben sich mittlerweile auch einige Künstler niedergelassen, die sonntags vor der Kirche einen sehenswerten Kunstmarkt veranstalten. Binissalems Ruf liegt jedoch vor allem in seinem hervorragenden Wein begründet, der hier seit Römerzeiten wächst und seit 1989 die begehrte Bezeichnung »Denominació de Origen« (D.O.) führen darf. Dies gilt allerdings nicht nur für die Weine rund um Binissalem, sondern auch für die aus Santa Maria del Camí, Consell, Santa Eugènia und Sencelles. Alle D.O.-Weine werden nach strengen Regeln und unter regelmäßiger Kontrolle des Consejo Regular gekeltert, der aus Fachleuten und Vertretern der balearischen Regierung besteht.
Der erste Weinbauer, dem dieses Qualitätsmerkmal zugesprochen wurde, war Antonio Nadal Ros, der 1960 das alte Weingut Son Roig in Binissalem gekauft und sein langjähriges Hobby zum Beruf gemacht hatte, denn ursprünglich ist er eigentlich Apotheker. Die Bodega ist ein reiner Familienbetrieb und produziert jährlich nur etwa 100 000 Liter Rotwein und je 15 000 Liter Weißwein und Rosé. Es gibt auch kein Vertriebsnetz für die Nadal-Weine, denn die Kunden kaufen gleich vor Ort. Dann wird der junge Wein, der *primerenc*, direkt vom Fass in die mitgebrachten Karaffen gefüllt. Señor Nadal Ros stellt aber auch Crianza- und Reserva-Weine her, wobei Erstere ein Jahr in Holzfässern aus amerikanischer Eiche lagern, während die Reserva-Weine nach drei Jahren vom Fass in Flaschen abgefüllt werden. Mit der Flaschenabfüllung haben die Nadals erst 1989 begonnen, und gleich einer der ersten Weine, der »Tres Uvas Reserva 1989«, wurde als »Bester Wein des Jahrzehnts« prämiert, worauf man in Son Roig natürlich ganz besonders stolz ist!

In Eichenfässern *reifen die Crianza- und Reserva-Weine heran.*

Seit zwei Jahren lernt auch Tochter Magdalena die Kunst des Kelterns ganz praxisnah beim Vater, denn sie wird später die Bodega übernehmen und damit als zweite Bodegachefin der Insel in einer bislang den Männern vorbehaltenen Domäne tätig sein.
Bei meinem Besuch in der Bodega haben mir die Nadals viel darüber erzählt, wie der Wein gekeltert wird und welchen Regeln er dabei unterworfen

In der Umgebung von Binissalem *gedeihen die Trauben unter der warmen Sonne besonders gut.*

ist. In dieser Region dürfen nach den D.O.-Statuten nicht mehr als 69,9 Prozent Saft aus den Trauben gepresst werden. Auch die Weinmenge, die jährlich produziert werden darf, ist streng reglementiert und richtet sich ausschließlich nach der Größe des Weinguts.

Für den Rotwein werden nach der Lese die Stiele von den dunklen Trauben

Die jungen Weine *werden direkt vom Fass in die Flasche gefüllt.*

entfernt und die Früchte in der Mitte geteilt. Dann kommen sie mit Schalen und Kernen in große Stahlbottiche, wo es bei genau kontrollierter Temperatur von höchstens 30 °C etwa fünf Tage dauert, bis sich der Zucker in Alkohol umgewandelt hat. Dabei wird immer wieder umgerührt, weil sich unten die Trauben ablagern, während der Saft nach oben steigt. Und je öfter gerührt wird, desto besser wird der Wein.

Für den Weißwein werden die hellen Trauben gepresst und der Saft zum Fermentieren in Stahlbottiche gefüllt. Hier braucht der Most rund vier Wochen bei einer Temperatur von 16 bis 18 °C, bis sich der Zucker in Alkohol umgewandelt hat, wobei die Temperatur mit Hilfe einer Kältemaschine genau geregelt wird. Rotwein wird in Binissalem – und damit auch im Weingut Nadal Ros – traditionell mit den für die Erlangung der D.O.-Bezeichnung vorgegebenen Rebsorten Mantonegro, Callet und Monastell gekeltert, für Weißwein werden die Rebsorten Moll und Macabeu verwendet. Allerdings ist es inzwischen üblich, dem Rotwein auch die französische Cabernet Sauvignon-Traube zuzufügen, die dem Wein eine wunderschöne, kräftige Farbe verleiht. Die Menge jedoch ist limitiert, denn nach den geltenden D.O.-Regeln dürfen nur höchstens 20 Prozent »ausländische« Trauben in mallorquinischem Wein enthalten sein.

Auch die Weinbezeichnungen sind genau vorgegeben. Nach den geltenden D.O.-Statuten sind das für Binissalem »junge Weine« (*vinos jovenes*) – Weine, die im Jahr nach der Lese verkauft werden – sowie »Crianza-Weine«, die mindestens sechs Monate in Holzfässern

Neben Rot- und Weißweinen *stellen die Nadals auch Rosé her.*

gelagert werden müssen, und ausgewählte »Reserva-Weine«, die mindestens drei Jahre in Holzfässern bzw. in Flaschen liegen, bevor sie angeboten werden dürfen. Besonders kostbar sind die »Gran-Reserva-Weine« aus großen Ernten, die mindestens fünf Jahre in Holzfässern bzw. Flaschen lagern, bevor sie in den Verkauf gelangen.

Die Bodega Antonio Nadal Ros erreichen Sie, von der Autobahn Palma-Inca kommend, über die Ausfahrt Binissalem; am Ortsende rechts in den Cami Son Roig einbiegen, und dann etwa fünf Kilometer immer der Beschilderung »Bodega« folgen.
Öffnungszeiten für den Weinverkauf: täglich von 9.00-12.00 und 15.00 Uhr bis zum Einbruch der Dunkelheit.

Das Denkmal *zeigt, dass der Weinbau in Binissalem eine lange Tradition hat.*

Alljährlich am letzten Septemberwochenende findet in Binissalem das Weinfest *festes des vermar* statt. Es wird am Freitagabend mit einem öffentlichen Abendessen im Freien eingeläutet, bei dem es ein traditionelles Gericht gibt, das nur zur Zeit der Weinlese zubereitet wird: *fideus de vermar.*

Wenn die Traubenernte vorbei ist, wird in ganz Binissalem gefeiert – und dieses Gericht serviert.

FIDEUS DE VERMAR – FIDEOS DE VENDÍMIA

Nudeln zur Weinlese

Für 4 Personen

- *800 g Schaf- oder Lammfleisch*
- *1 Zwiebel*
- *2 Tomaten*
- *6 EL Olivenöl*
- *1/4 l trockener Weißwein*
- *1–2 Gewürznelken*
- *1 Messerspitze Zimt*
- *1 Messerspitze Muskat*
- *Salz*
- *Pfeffer aus der Mühle*
- *1/2 l Fleischbrühe*
- *250 g Fideus-Nudeln (ersatzweise 4–5 cm lange, gebrochene Spaghetti)*

1 Das Fleisch waschen, trockentupfen und in mundgerechte Stücke schneiden. Die Zwiebel abziehen und klein schneiden. Die Tomaten mit kochendem Wasser überbrühen, häuten und würfeln.

2 Das Olivenöl in einer *greixonera* oder Kasserolle erhitzen und darin nacheinander die Zwiebel- und Tomatenwürfel andünsten. Das vorbereitete Fleisch zufügen und alles 15 bis 20 Minuten bei schwacher Hitze schmoren.

3 Fleisch und Gemüse mit dem Wein ablöschen. Gewürznelken, Zimt und Muskat zufügen und alles mit Salz und Pfeffer abschmecken.

4 Die Brühe angießen und alles etwa 40 Minuten bei schwacher Hitze kochen, bis das Fleisch gar ist. Die Nudeln zufügen und in der Brühe in 8 bis 10 Minuten weich kochen. Den Eintopf noch heiß servieren.

Zubereitungszeit: 1 Stunde 20 Minuten.

CARGOLS AMB SOBRASSADA – CARACOLES CON SOBRASSADA

Schnecken mit Sobrassada

Für 4 Personen

- *2,5 kg Schnecken mit Haus*
- *Salz*
- *3 Zweiglein Fenchelgrün*
- *3 Stiele Moraduix (ersatzweise 1–2 Salbeiblätter, siehe Seite 61)*
- *3 Zweiglein Hierba buena (ersatzweise je 1 Stiel Minze und Zitronenmelisse, siehe Seite 88)*
- *2 Zwiebeln*
- *4–6 Knoblauchzehen*
- *2 Tomaten*
- *1 Bund glatte Petersilie*
- *1/8 l Olivenöl*
- *100 g Sobrassada (siehe Seite 105)*
- *Pfeffer aus der Mühle*
- *4 Kartoffeln*

1 Die Schnecken unter fließendem Wasser gründlich säubern und in reichlich Wasser kochen, bis die Fühler herausschauen. Das Wasser abgießen und Schnecken ohne sichtbare Fühler aussortieren.

2 Die Schnecken in 3 Liter leicht gesalzenem Wasser aufsetzen. Fenchelgrün, *moraduix* und *hierba buena* waschen, klein schneiden und zufügen. Die Zwiebeln abziehen, 1 Zwiebel in Ringe schneiden. Sobald das Wasser sprudelnd kocht, die Zwiebelringe zufügen und alles offen bei mittlerer Hitze 1 Stunde kochen.

3 Inzwischen die Knoblauchzehen abziehen und im Mörser zerdrücken. Die restliche Zwiebel fein hacken. Die Tomaten mit kochendem Wasser überbrühen, häuten und würfeln. Die Petersilie waschen, trockentupfen und fein hacken. Das Öl in einer Pfanne erhitzen und darin aus Zwiebelwürfeln, Knoblauch und Tomaten ein *sofrit* (Seite 35) zubereiten. Die *sobrassada* würfeln, zufügen und mitdünsten. Die Petersilie unterrühren und alles mit Salz und Pfeffer abschmecken.

4 Die Kartoffeln schälen, waschen und würfeln. 20 Minuten vor Ende der Garzeit Kartoffeln und *sofrit* zu den Schnecken geben und alles bei geringer Hitze garen. Schnecken und Kartoffeln in Tonschälchen mit *pan moreno* (Seite 85) zum Aufnehmen der Brühe und *allioli* (Seite 56) zum Eintunken der Schnecken servieren.

Zubereitungszeit: 2 Stunden 50 Minuten.

Tipp

Sollten Sie keine frischen Schnecken bekommen, können Sie ersatzweise auch Schnecken aus der Dose verwenden und sie in Häuschen stecken.

Schnecken gibt es viele auf Mallorca – zu viele, wenn man die Gärtner und Gemüsebauern fragt. Die kleinen Schnecken in ihren winzigen Häuschen vermehren sich rasend schnell und kleben, wie auf Ketten aufgezogen, an Geranien, Gemüse und Kräutern. Aber Mallorca wäre nicht Mallorca, wenn man nicht auch aus dieser Not eine Tugend gemacht hätte – die Schnecken werden einfach aufgegessen!

Die Mallorquiner mögen Schnecken und Sobrassada – was liegt näher, als beides in einem Gericht zu vereinen?

Turrón heißt übersetzt Nougat, wobei diese Bezeichnung spanienweit für weit mehr Leckereien verwendet wird, als man in Deutschland unter dem Begriff »Nougat« versteht. *Turrón* ist eine in ganz Spanien beliebte Köstlichkeit, die es – wie bei uns die Plätzchen – nur zur Weihnachtszeit gibt. *Turrón* wird meist nach alten Familienrezepten aus Mandeln oder Nüssen und Zucker (manchmal auch noch mit Schokolade) hergestellt und nach Belieben mit kandierten Früchten gefüllt sowie mit Whisky, Rum und Likör angereichert. Die handelsüblichen *turrónes* sind rechteckig, etwa 8 mal 16 Zentimeter groß und ca. 2,5 Zentimeter dick. Oder die *turrón*-Masse wird wie im nebenstehenden Rezept auf runde Oblaten gestrichen.

TORRÓ D'AMETLLA – TURRÓN DE ALMENDRAS

Mandelturrón

Für 3 Stück

- *250 g Mandeln*
- *250 g brauner Zucker (Rohrzucker)*
- *1 Eigelb*
- *1 TL Zimt*
- *abgeriebene Schale von 1 unbehandelten Zitrone*
- *6 Oblaten (Ø 20 cm)*
- *1 Eiweiß*

1 Die Mandeln mit kochendem Wasser überbrühen, abziehen, gut trocknen lassen (am besten über Nacht auf der Heizung) und am folgenden Tag sehr fein mahlen.

2 Den Zucker in einem Topf bei mäßiger Hitze unter Rühren schmelzen und etwas abkühlen, aber nicht erkalten lassen. Die Mandeln mit einem Holzkochlöffel einrühren, bis sich alles gut vermischt hat. Eigelb, Zimt und Zitronenschale zufügen und mit dem Holzlöffel gut vermengen.

3 Je ein Drittel der Mandelmischung auf die Mitte einer Oblate geben und dünn verstreichen, dabei die Oblatenränder frei lassen. Die Oblatenränder jeweils mit etwas Eiweiß bestreichen und eine weitere Oblate auf die *turrón*-Masse legen, dabei die Oblatenränder leicht zusammendrücken.

4 Die *turrónes* einige Tage auf einem Kuchengitter trocknen lassen und anschließend in einem luftdicht verschlossenen Gefäß aufbewahren.

Zubereitungszeit: 1 Stunde 10 Minuten.

Tipp

Torró d'ametlla ist ein sehr altes *turrón*-Rezept. Man erkennt es daran, dass anstelle des heute üblichen Puderzuckers, den es damals noch nicht gab, brauner Rohrzucker verwendet wird.

So wie es bei uns zur Weihnachtszeit Plätzchen gibt, gibt es auf Mallorca Turrónes.

TORRÓ DE CASTANYA – TURRÓN DE CASTAÑA

Maronenturrón

Für 6–8 Stück
- *180 g Mandeln*
- *800 g Esskastanien (Maronen)*
- *1 kleine Zimtstange*
- *abgeriebene Schale von 1 unbehandelten Zitrone*
- *200 g Puderzucker*
- *1 Eigelb*
- *rechteckige Oblaten in beliebiger Größe*

Für die Glasur
- *1 Eiweiß*
- *200 g Puderzucker*
- *etwas Zitronensaft*

1 Die Mandeln mit kochendem Wasser überbrühen, abziehen, gut trocknen lassen (am besten über Nacht auf der Heizung) und am folgenden Tag sehr fein mahlen.

2 Die Maronen an der Spitze kreuzweise einschneiden, im vorgeheizten Backofen bei 220 °C (Umluft 200 °C, Gas Stufe 4–5) aufplatzen lassen und schälen. Die innere, braune Haut mit dem bitteren Flaum entfernen.

3 Die Kastanien in einem Emailletopf mit Wasser bedecken und Zimstange und Zitronenschale zufügen. Alles einmal aufkochen und die Kastanien bei mäßiger Hitze etwa 20 Minuten zugedeckt garen. Die Kastanien auf einem Sieb abtropfen lassen und durch ein grobporiges Sieb passieren.

4 Das Kastanienpüree in einen Emailletopf geben, Zucker und Mandeln zufügen und alles mit einem Holzlöffel gut vermischen. Die Mischung bei schwacher Hitze unter ständigem Rühren etwa 3 Minuten erhitzen, gut durchschlagen. Etwas abkühlen lassen und das Eigelb unterrühren.

5 Aus der Masse mit Hilfe von 2 Holzlöffeln etwa 2,5 Zentimeter dicke Rechtecke, *barras*, in Größe der Oblaten formen. Die *barras* auf die Oblaten setzen und glatt streichen, dafür den Holzlöffel eventuell etwas anfeuchten. Die *turrónes* mehrere Tage trocknen lassen.

6 Für die Glasur das Eiweiß steif schlagen. Nach und nach den Puderzucker und einige Tropfen Zitronensaft unterrühren. Tröpfchenweise 1 bis 2 Teelöffel Wasser zugeben, bis eine feste, aber noch streichfähige Glasur entsteht.

7 Die *turrónes* mit der Glasur überziehen, die Glasur einige Stunden gut trocknen lassen und die *turrónes* anschließend in einem luftdicht verschlossenen Gefäß aufbewahren.

Zubereitungszeit: 2 Stunden 30 Minuten.

Glasurreste können Sie mit Frischhaltefolie gut verschlossen mehrere Tage im Kühlschrank aufbewahren und zum Verzieren von anderem Weihnachtsgebäck weiterverwenden.

Anstelle der Glasur können Sie die Maronenturrónes auch einfach nur mit Puderzucker bestreuen.

Haselnussturrónes *sollten mit ganz frischem Eigelb gemacht werden, da turrónes nur getrocknet werden.*

Marzipan*turrón* wird auch für die Füllung des *indiot de Nadal*, des Weihnachtstruthahns, verwendet (Seite 150).

Die Marzipanturrónes bleiben länger frisch, wenn Sie sie luftdicht verschlossen aufbewahren.

TORRÓ DE MASSAPÀ – TURRÓN DE MAZAPÁN

Marzipanturrón

Für 6–8 Stück

- *250 g Mandeln*
- *150 g Puderzucker*
- *abgeriebene Schale von 1 unbehandelten Zitrone*

1 Die Mandeln mit kochendem Wasser überbrühen, abziehen, gut trocknen lassen (am besten über Nacht auf der Heizung) und am folgenden Tag sehr fein mahlen.

2 Die Mandeln mit Puderzucker, Zitronenschale und 3 bis 4 Esslöffeln Wasser verkneten, so dass eine feste Marzipanmasse entsteht. Aus der Masse Kugeln, kleine Figuren oder *barras*, Stangen, formen und anschließend einige Tage trocknen lassen. Die *turrónes* in einem luftdicht verschlossenen Gefäß aufbewahren.

Zubereitungszeit: etwa 45 Minuten.

TORRÓ D'AVELLANES – TURRÓN DE AVELLANAS

Haselnussturrón

Für 6–8 Stück

- *100 g Mandeln*
- *200 g geröstete Haselnüsse ohne Schale*
- *125 g Puderzucker*
- *1 Eigelb*
- *rechteckige Oblaten in beliebiger Größe*
- *einige Haselnüsse zum Verzieren*

1 Die Mandeln mit kochendem Wasser überbrühen, abziehen, gut trocknen lassen (am besten über Nacht auf der Heizung) und am folgenden Tag sehr fein mahlen. Die gerösteten Haselnüsse fein hacken.

2 Den Puderzucker in 2 Esslöffeln Wasser auflösen und Nüsse und Mandeln zufügen. Das Eigelb mit einem Holzlöffel langsam unterrühren und alles gründlich vermischen.

3 Aus der Masse Rechtecke, *barras*, in Oblatengröße formen und auf die Oblaten setzen.

4 Die Haselnüsse zum Verzieren halbieren und jeweils eine Nusshälfte auf ein *turrón* drücken. Die *turrónes* einige Tage trocknen lassen und anschließend in einem luftdicht verschlossenen Gefäß aufbewahren.

Zubereitungszeit: etwa 40 Minuten.

Tipp

Sie können *turrón* auch ähnlich wie unser deutsches Marzipan herstellen. Dazu den Backofen auf 175–200 °C vorheizen und die *turrónes* je nach Dicke und Art der Masse zwischen 10 und 20 Minuten backen.

HERBES DE SA MADONA FRANCISCA ROSSELLÓ – HIERBAS A LA DOÑA FRANCISCA ROSSELLÓ

Hierbas nach Doña Francisca Rosselló

Für 1 Flasche à 2 Liter

- *5–8 Kaffeebohnen*
- *1/2–1 TL Anissamen*
- *3–5 Kirschen*
- *1 Zimtstange*
- *je 5 Zweige Aniskraut und Fenchelgrün*
- *5 Stiele Hierba buena (siehe Seite 88)*
- *3 Stiele Hierba luisa (siehe Seite 163)*
- *1 Zweig Ruda (ersatzweise 1 Zweig Wermutkraut)*
- *abgeriebene Schale von 1 unbehandelten Orange*
- *1–2 unbehandelte Zitronen, in Scheiben geschnitten*
- *2 l Anisschnaps (süß oder trocken oder gemischt)*

1 In eine bauchige Flasche zuerst die Kaffeebohnen, dann die Anissamen, Kirschen und Zimtstange geben. Darauf im Ganzen und ungewaschen (Aromaverlust!) Aniskraut, Fenchelgrün, *hierba buena, hierba luisa, ruda* und Orangenschale schichten. Die Zitronenscheiben darauf legen und den Anisschnaps darüber gießen, so dass alles bedeckt ist.

2 Die Flasche gut verschließen und an einem kühlen, dunklen Ort mindestens 1 Monat durchziehen lassen. (Das Anisdestillat nimmt in dieser Zeit das Aroma der Kräuter auf und färbt sich leicht grün).

3 Zum Abfiltern des Likörs den aromatisierten Alkohol durch ein Sieb in eine zweite Flasche filtern. Erneut 2 Liter Anisschnaps über die Kräuter gießen, so dass sie gut bedeckt sind, und den neuen *hierbas*-Ansatz an einem kühlen, dunklen Ort wieder 1 Monat ziehen lassen.

Zubereitungszeit: etwa 15 Minuten.

Wenn Sie nach dem Abfiltern des *hierbas* immer wieder so viel neuen Anisschnaps über die Kräuter gießen, dass sie gut bedeckt sind, behalten sie mehr als zwei Jahre ihr Aroma. Und Sie haben immer wieder frischen *hierbas*!

Ruda wächst in halbhohen Büschen wild auf beinahe jeder *finca*. Es gehört zur Familie der Wertmutgewächse und schmeckt daher ausgesprochen bitter. Aus diesem Grund wird es auch nur ganz sparsam im *hierbas* verwendet.

Hierbas-Rezepte sind streng gehütete Familiengeheimnisse, die nur mündlich weitergegeben werden.

Special
Restaurants
Llac Gran
Platja des Port d' Alcúdia
Platja de Muro
Badia d' Alcúdia
Canal de Siurana
Es Serralot
Sa Pobla
Can Picafort
Campanet
Puig de Santa Magdalena
304
Muro
Lloseta
Ermita de Santa Magdalena
Inca
Celler Ca'n Amer
Santa Margalida
Binissalem
Bodega Antonio Nadal Ros
Llubí
Maria de la Salut
Celler Ca'n Font
Santa Maria del Camí
Ariany
Sencelles
Sineu
Es Pla
Petra
Seguí
320
Marratxi
Ca'n Calet
Llanura
Son Brondo
San Torre de S'Aigo
Puig de Bonany
317
del Centro
Sant Joan
Casa Blanca
Montuïri
Ca'l Dimoni
Es 4 Vents
Algaída
Vilafranca de Bonany
Ferrer
132
Santuari de la Mare de Déu de Cura
Randa
Porreres

INSELMITTE

RESTAURANTS

CA'L DIMONI in Algaida: Sehr typisches, uriges Restaurant mit einfacher, hausgemachter mallorquinischer Küche. Öffnungszeiten: Do–Di 12.00–24.00 Uhr.
Ctra. Palma-Manacor, km 21, Tel. 66 56 78.

ES 4 VENTS in Algaida: Das Restaurant ist bekannt für seine vorzügliche Küche und sein schönes Ambiente. Preiswerte Tagesmenüs!
Öffnungszeiten: Fr–Mi 13.00–24.00 Uhr.
Ctra. Palma-Manacor, km 21 (rechts, fast unmittelbar neben dem Ca'l Dimoni), Tel. 66 51 73.

CELLER CA'N AMER in Inca: Exklusives Kellerlokal, in dem traditionelle mallorquinische Gerichte serviert werden, die auf der Küche des Mittelalters basieren.
Öffnungszeiten: täglich 13.00–17.00 und 19.30 Uhr bis die letzten Gäste gehen; Sonntagabend geschlossen!
De la Pau 39 (mitten im Zentrum gelegen, außerhalb parken!), Tel. 50 12 61.

Im »Celler Ca'n Amer« *werden auch himmlische Torten serviert.*

SA TORRE DE S'AIGO in Sant Joan: Schon von weitem sind der alte Wasserturm und die Windmühle zu sehen, denn dieses einfache Bar-Restaurant liegt oben auf dem Berg; mit einer phantastischen Aussicht.
Öffnungszeiten: Mi–Mo 9.00–24.00 Uhr.
C/. Amistat 23, Tel. 52 63 00.

CELLER CA'N FONT in Sineu: Unübersehbar an der Ecke des Marktplatzes gelegen und der Tipp nach dem Marktbesuch, aber nicht unbedingt die erste Adresse in Sineu. Rustikales Ambiente zwischen Reihen von alten Eichenfässern. Der weißhaarige Wirt Pepe Oliver mag's deftig, sowohl hinsichtlich der Küche als auch der Schwänke aus seinem Leben.

Im »Celler Ca'n Font« *stärkt man sich vor oder nach einem Markttag.*

Öffnungszeiten: täglich 11.30–14.15 und 20.00–24.00 Uhr; über Weihnachten geschlossen.
Sa Plaça, Tel. 52 03 13.

CA'N CALET in Santa Maria del Camí: Das nach heißen Marktsonntagen angenehm kühle Café mit seinem gemütlichen Terrakottaboden, dem schönen verglasten Patio, den coolen Ledercouchen, den Steinbögen und der Steinbar liegt mitten in Santa Maria.
Plaça dels Hostals 26 (an der Durchgangsstraße nach Inca).

HOTELS

ES RECÒ DE RANDA in Randa: Romantisch am Fuß des Berges Randa gelegenes Hotel der Spitzenklasse, das wegen Ambiente und Service mit der Silbermedaille des mallorquinischen Fremdenverkehrsverbandes ausgezeichnet wurde. Fast noch berühmter als das Hotel ist sein Restaurant mit exquisiter mallorquinischer Küche.
Font 13, Tel. 66 09 97.

HOSTAL PUIG DE SANT MIQUEL in Montuiri: Auf dem Klosterberg im ehemaligen Kloster untergebrachtes einfaches, kleines Hostal (fünf Zimmer) mit phantastischem Blick über die weite Ebene Es Pla. Im dazugehörigen Restaurant mit seiner typisch mallorquinischen Küche können Sie neben anderen Leckereien Zicklein aus dem Holzbackofen genießen!
Abzweigung links (beschildert) von Ctra. Palma-Manacor, km 31, Tel. 64 63 14.

SA TORRE in Santa Eugènia-Alqueries: Das ehemalige Weingut liegt in einer der schönsten Landschaften im Zentrum der Insel. Vieles erinnert an alte Zeiten, denn der Weinkeller mit den Holzfässern, die Gemälde an den Wänden und viele Antiquitäten tragen dazu bei, das ursprüngliche Ambiente zu erhalten. Auf Wunsch werden von der Köchin typisch mallorquinische Gerichte gekocht. Weitere Informationen und Buchung über Associació Agroturisme Balear (Seite 70).
Predio Sa Torre, Tel. 14 40 11.

Im kleinen »Sa Plaça Petra« *wohnt und isst man tipico mallorquin.*

SA PLAÇA PETRA in Petra: Hübsches Stadthotel mit drei geschmackvoll eingerichteten Zimmern. Jaime Dam leitet den Familienbetrieb, kocht im eigenen Restaurant feine, urmallorquinische Gerichte, wie Hummer mit Schokosauce, und hält nebenbei an der Berufsschule Kochkurse.
Plaça Ramon Llull 4, Tel. 56 16 46.

Ob dulces, semi-secas oder secas – *ein Hierbas muss nach einem guten Essen sein.*

Anis wächst nicht so üppig auf Wiesen und an Wegrändern wie Fenchel. Man muss also schon ein bisschen suchen, um ihn zu finden (und vor allem vom Fenchel unterscheiden können). Die Kräuterexperten unter den Mallorquinern, und davon gibt es viele, wissen allerdings genau, wann und wo der beste Anis wächst, der als Kraut hauptsächlich für die Herstellung des *hierbas* gesammelt wird.

Mallorca und seine Getränke

Herbes – Hierbas
Mallorquinischer Kräuterlikör
Kaum ein Mallorcabesucher wird um ihn herumkommen, denn dieser Kräuterlikör auf Anisbasis gehört zu Mallorca wie das Meer und die Tramuntana. Er dient nicht allein dem Genuss, man spricht ihm auch Heilkräfte zu. Ob das stimmt, weiß ich nicht, aber eines ist sicher: *hierbas* ist der Digestif schlechthin, und in vielen Familien und Restaurants wird er nach einem opulenten Mahl als »Verdauungsschnäpschen« kredenzt.
Es gibt drei *hierbas*-Sorten, den süßen, *dulces*, wie ihn die meisten Mallorquiner lieben, den trockenen, *secas*, Favorit bei deutschen Urlaubern und Residenten, und eine Mischung aus beidem, den *semi-secas*. Interessant ist, dass dem *hierbas* niemals Zucker zugegeben, sondern die Geschmacksrichtung allein durch den Anisschnaps bestimmt wird, mit dem die Kräuter aufgegossen werden und der bereits als *dulces* oder *secas* gebrannt wird (um einen halbtrockenen *hierbas* anzusetzen, mischt man die beiden Sorten).
Die Kräuter für den *hierbas* werden je nach Familientradition entweder nur im Frühjahr oder nur im Herbst gesammelt. Wie auch jede Familie ihr eigenes *hierbas*-Rezept hat – ein streng gehütetes Geheimnis, dessen Trägerin meist die *abuela*, die Großmutter, ist. Sie entscheidet auch, wann und an wen sie das Rezept weitergibt – natürlich immer von Mund zu Mund, denn aufgeschrieben wird nichts!
Die *hierbas*-Kräuter werden meist in der freien Natur, im *campo*, am Wegesrand oder auf Feldern und in Auen gesammelt. Und da Mallorcas Luft ausgesprochen sauber ist, werden die Kräuter auch nicht gewaschen, damit nichts von ihrem typischen Aroma verloren geht. Einige Familien verwenden für ihren *hierbas* ausschließlich Kräuter, und man munkelt, dass es Liköre mit mehr als 20 verschiedenen Kräutern geben soll. Andere Familien wieder setzen ihren *hierbas* mit wenig oder gar keinen Kräutern, sondern mit Blättern von Zitrusbäumen an und geben bestenfalls etwas Fenchel und Anis zu. Das genaue Mischungsverhältnis sowie mögliche weitere Zutaten weiß man allerdings nicht, denn, wie gesagt, alles ist streng geheim! So darf beispielsweise ein guter Freund von uns für seine *abuela,* zwar die Kräuter sammeln, die Feinabstimmung aber kennt er nicht – und er ist mittlerweile immerhin über 50 Jahre alt. Ich hatte allerdings das große Glück, eine Mallorquinerin kennen zu lernen, die mir ihr Geheimnis anvertraute. Und weil ich weiß, wie streng die *hierbas*-Rezepte gehütet werden, schätze ich dieses Entgegenkommen ganz besonders und möchte mich an dieser Stelle noch einmal herzlich bei Doña Francisca, der Großmutter eines guten Freundes, bedanken. Denn als die 86-Jährige von diesem Buch erfuhr, war sie davon so angetan, dass auch sie ihren Beitrag dazu leisten wollte. Allerdings nur unter der Bedingung, dass das Rezept auch als »ihr« Rezept aufgenommen wird! Den Wunsch erfülle ich gern und stelle Ihnen auf Seite 159 das *hierbas*-Rezept von Doña Francisca Rosselló vor.

Palo – das Inselgeheimnis
Wird er, oder wird er nicht? Das ist auf Mallorca nach wie vor eine der ungelösten Fragen, denn der mallorquinische Likör *palo* wird angeblich

Zuckersirup, Kräuter, Gewürze *und ein Inselgeheimnis sind die Zutaten des schwarzbraunen, leicht bitter schmeckenden Palo, der pur oder mit Eis Mallorcas bekanntester Aperitif ist.*

In den mallorquinischen Bodegas *reifen in riesigen Weinfässern die besten Inselweine heran.*

aus den Früchten des Johannisbrotbaumes hergestellt. So jedenfalls ist es in vielen Reiseführern zu lesen. Fragt man dann aber diejenigen, die es wissen müssten, nämlich die Hersteller des *palo*, hört man entweder ein klares Nein oder aber ein undeutliches Jein, begleitet von einem leichten Wiegen des Kopfs. Denn verraten wird nichts, und die Zutaten für den *palo* sind nach wie vor ein ebenso streng gehütetes Familien- oder Firmengeheimnis wie das des *hierbas* oder der *ensaïmada*, des Hefegebäcks (Seite 36). Und so steht der Konsument vor einem der größten Rätsel der Insel, das zu lösen schier unmöglich erscheint.

Auch wir haben im Freundeskreis über diese Frage diskutiert, und schließlich hatte unsere Freundin Elisa die zündende Idee: Früher wurde aus den auf der Insel reichlich wachsenden, süßen Früchten des Johannisbrotbaumes Zucker hergestellt, und Zucker ist nach wie vor die Basis des *palo*. Zu einem braunen Sirup geschmolzen und durch verschiedene Kräuter und Gewürze angereichert, gibt er dem *palo* Farbe und Geschmack. Ein weiterer Teilnehmer dieser Diskussionsrunde meinte noch, dass man früher aus Johannisbrot auch Schnaps gebrannt hatte, der vielleicht den Alkoholanteil des *palo* geliefert hätte. Ob allerdings auch heute noch aus Johannisbrot Zucker gewonnen und Schnaps gebrannt wird, konnte niemand so genau sagen. Was man aber ganz genau weiß, ist die Weise, wie der *palo* getrunken wird, denn man genießt ihn kalt. Pur oder mit Eis oder Sodawasser ist er der mallorquinische Aperitif überhaupt. Allerdings schmeckt der *palo* etwas bitter, weshalb er auch nicht bei allen Mallorquinern beliebt ist. Aber durch seine Bitterstoffe regt er die Verdauungssäfte an, und das ist eine wichtige Voraussetzung, um manches mallorquinische Essen vertragen zu können.

Brandy & Co.

Es wird gerne geschnapselt auf Mallorca, und viele Mahlzeiten enden obligatorisch mit einem Digestif. Beliebt ist neben dem *hierbas* vor allem der Brandy, insbesondere der ausgezeich-

Neben seiner Verwendung als Würzkraut für den *hierbas* ist *hierba luisa* ein beliebtes Mittel für die Hausapotheke. Es wächst als großer Strauch heran und gilt vor allem bei den alten Mallorquinern als Allheilmittel – als Tee getrunken wird das Kraut bei allen möglichen Alltagsbeschwerden eingesetzt.

In der Bodega Miguel Oliver *in Petra können Sie hervorragenden Inselwein kaufen.*

Vor gut 100 Jahren wurde der bis dahin florierende mallorquinische Weinbau mit einem Schlag durch die *filoxera*-Reblaus weitgehend vernichtet.

nete mallorquinische *suau*-Brandy, der so schmeckt, wie er heißt, nämlich weich. Beliebt sind auch Whisky und Rum, die jedoch meist nicht pur getrunken, sondern in den nach einem guten Essen unvermeidlichen Kaffee, den *café solo,* gegossen werden.
Bezüglich des Umgangs mit Alkoholika habe ich noch eine weitere Eigenart der Mallorquiner kennen gelernt, wie ich sie in keinem anderen Land beobachten konnte: Ist man in einer mallorquinischen Familie zu Gast, wird spätestens zum Kaffee die gesamte Hausbar ausgeräumt – für mich als Neuling auf der Insel zunächst etwas überraschend, denn aus Deutschland war ich es gewohnt, vom Gastgeber nach meinem Getränkewunsch gefragt zu werden, um dann davon ein Gläschen kredenzt zu bekommen. Nicht so auf Mallorca, wo diese Art der Bewirtung zeigen soll, dass der Gast willkommen ist und man ihm alles, was Küche und Keller zu bieten haben, zur Verfügung stellt. Und wenn im *campo,* auf dem Land, zu einem rustikalen Essen auf einer *finca* geladen wird, stehen oft schon zum Empfang die Flaschen auf dem Tisch bereit – jeder nimmt sich, was er möchte, denn hier ist Selbstbedienung angesagt.
Zunächst war ich ob dieser Sitte etwas verunsichert und traute mich nicht so recht zuzugreifen. Inzwischen habe ich mich an die freie Auswahl gewöhnt, und obwohl immer alles auf den Tisch kommt, ist die Getränkereihenfolge bei einem mallorquinischen Essen im Grunde eigentlich nicht anders als anderswo: Man beginnt mit einem Aperitif – einem *palo,* einem Sherry oder einem kühlen Perlwein –, und im Sommer gibt's zur Erfrischung oft erst einmal ein eisgekühltes Bier. Dazu wird *algo a picar* gereicht, kleine Appetithappen, die meist aus Oliven, in Streifen geschnittenen Paprikaschoten und Rettich sowie Brot oder – als Tribut an die Neuzeit – Kartoffelchips bestehen. Zum Essen folgt dann ein Gläschen Wein – je nach Gericht Weißwein, Rotwein oder Rosé, der mittags und vor allem in den heißen Sommermonaten meist mit Mineralwasser oder der Zitronenlimonade *gaseosa* verdünnt wird. Zum Nachtisch gibt es häufig noch ein Glas Sekt, und dann kommt der Kaffee, geschmacklich oft mit den besagten Hochprozentigen angereichert.
Mehr – und vor allem über das Essen hinaus – wird nicht getrunken, denn auf Mallorca dienen die Alkoholika dem Genuss, und es ist nicht üblich, »einen über den Durst« zu trinken. Einzig bei größeren Familienfeiern und *fiestas* kann es schon mal passieren, dass die Hausbar danach wieder ganz neu bestückt werden muss.

Mallorquinischer Wein

Seit 123 v. Chr., als die ersten Reben von den römischen Besatzern gepflanzt wurden, gab es auf Mallorca Wein, der schon bald zu den besten des Römischen Reiches zählte. Selbst als die Römer schon längst nicht mehr auf der Insel regierten und die Mauren wegen des koranbedingten Alkoholverbots dem hiesigen Wein nichts abgewinnen durften, erfüllten die Weinreben einen kulinarischen Zweck, als die köstlichen Trauben – zu Rosinen getrocknet – unverzichtbarer Bestandteil vieler mallorquinischer Gerichte wurden.
Ende des 19. Jahrhunderts war es dann allerdings erst einmal mit dem Weinanbau vorbei, denn hier wie im übrigen Europa hatte die Reblaus ganze Arbeit geleistet und alle Weinstöcke vernichtet. Die Weinbauern waren daraufhin so entmutigt, dass sie die ehemaligen Weinbaugebiete überwiegend auf andere Weise nutzten und mallorquinischer Wein nur noch vereinzelt, meist zum privaten Verbrauch, gekeltert wurde. Erst im Lauf dieses Jahrhunderts fasste man wieder Mut, und inzwischen gibt es einige Weingü-

Unter der heißen Sonne Mallorcas *ist eine gut gekühlte Sangría aus Rum, Rotwein und viel frischen Früchten im Sommer ein Hochgenuss.*

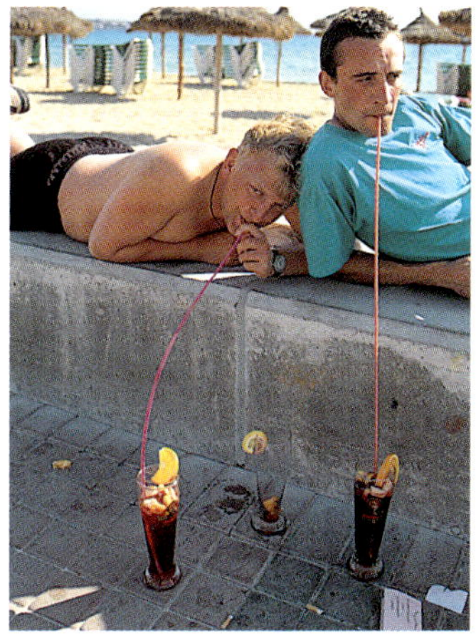

Manche Touristen *mögen es kaum glauben – die Mallorquiner trinken selten »einen über den Durst«.*

ter, die hervorragende Weine produzieren. Als Qualitätsmaßstab gelten die strengen Regeln der Denominació de Origen (D.O.), denen sich die Weinbauern der Region Binissalem, des ältesten Weinbaugebiets der Insel, unterworfen haben und die stolz darauf sind, diese Qualitätsbezeichnung seit 1989 führen und damit auch Crianza-, Reserva- und Gran-Reserva-Weine abfüllen zu dürfen. Doch nicht nur die D.O.-Weine sind erwähnenswert – auch die übrigen Weine der Insel sind auf dem europäischen Weinmarkt durchaus konkurrenzfähig und erhalten demzufolge immer wieder Auszeichnungen. Dazu gehören auch die Weine der Region Pla i Llevant, die in Kürze ebenfalls die Herkunftsbezeichnung »D.O.« führen dürfen.
Daneben gibt es einige Weinbauern, die nicht nur mit den klassischen mallorquinischen Trauben keltern, sondern auch erfolgreich mit anderen Sorten experimentieren und sogar *cava*, Sekt, herstellen. Führende Bodega auf diesem Gebiet ist das Weingut Santa Catarina nahe Andratx, dessen Sekt nicht nur prickelnde Gaumenfreuden bereitet, sondern auch einem guten Zweck dient: Der Verkauf des »Cava Princess Birgitta« unterstützt die Kinderhilfsorganisation Help, deren Fürsprecherin Prinzessin Birgitta von Schweden ist.
Auf Mallorca wird hauptsächlich ein kräftiger Rotwein gekeltert, aber es gibt mindestens ebenso gut schmeckende Weiß- und Roséweine, so dass zu jedem Essen der richtige (Insel-) Wein kredenzt werden kann. Leider werden mallorquinische Weine noch nicht im großen Stil exportiert, aber einige der größeren Bodegas, wie etwa die Bodega Reus Trevin in Manacor (»Pere Seda«), beliefern sogar deutsche Weinhändler, so dass Sie auch in Deutschland fündig werden können.

Sagnia – Sangría Rotweinbowle

Sangría gehört zu Spanien wie *paella*, Sonne, Sand und das Meer. Und wie viele Menschen in Deutschland mögen wohl im kalten Winter davon träumen, eine erfrischende *sangría* im Schatten von Palmen auf der Terrasse einer lauschigen Bar zu genießen?

Um das begehrte D.O-Siegel zu bekommen, werden die mallorquinischen Weinbauern zahlreichen strengen Qualitätsprüfungen unterzogen.

Ein Café con leche *und dazu die berühmte Ensaïmada – das ist Frühstück a la mallorquin.*

Frühstück wie bei uns kennt man auf Mallorca nicht – am Morgen trinkt man einen *café solo,* und erst am späten Vormittag genießt man dann eine Brotzeit, z. B. eine *ensaïmada* zum Milchkaffee.

Seit wann *sangría mallorquin* geworden ist – ob sie zunächst eine Referenz an die Spanienurlauber war oder aber in dieser oder anderer Form schon früher auf der Insel getrunken wurde –, ist nicht bekannt. Tatsache ist jedoch, dass auch die Mallorquiner im Sommer ein Gläschen *sagnia*, fruchtig frisch und gut gekühlt, durchaus zu schätzen wissen.
Die beste *sangría* meines Lebens habe ich auf einer *fiesta* im Hause meiner Freundin Puri getrunken und sie selbstverständlich gleich gebeten, mir ihr Rezept zu verraten, was sie auch gern getan hat: Für 2 Liter *sangría* je 1 bis 2 Äpfel, unbehandelte Zitronen und Orangen waschen und trockentupfen. Die Äpfel schälen, entkernen und in Schnitze schneiden. Die Orangen und Zitronen in Scheiben schneiden. 125 bis 250 Gramm Erdbeeren waschen und die Blütenansätze entfernen. Die Früchte in ein Gefäß geben, mit etwa 100 Gramm Zucker bestreuen, mit Rum (40-prozentiger alter Havanna- oder Venezuelarum) nach Geschmack begießen und zugedeckt im Kühlschrank durchziehen lassen (je nach Belieben einige Stunden oder über Nacht). Einige Eiswürfel in einen Glaskrug geben, die Früchte mit dem gezogenen Saft darauf geben und zuerst mit 1 Liter Zitronenlimonade (naturtrüb), dann mit 1 Liter Rotwein übergießen. Alles vorsichtig umrühren und kurz durchziehen lassen.

Kaffee – der Muntermacher

Auf Mallorca trinkt man viel Kaffee, und kaum ein Tag beginnt ohne einen »kleinen Schwarzen«, den *café solo* (wird etwas heiße Milch zugegeben, nennt er sich *cortado*). Für einen richtigen Milchkaffee, den *café con leche*, reicht die Zeit dagegen morgens meist nicht, denn das Frühstück spielt hier, wie fast überall im Süden, keine Rolle. Dafür gibt es im Lauf des Vormittags die *merienda*, eine Brotzeit, die manchmal aus einem belegten Brötchen, dem *bocadillo,* besteht, oft aber auch aus einer *ensaïmada*, die in Milchkaffee gestippt wird.
Auf Mallorca kennt man auch nicht die deutsche Sitte, nachmittags Kaffee und Kuchen zu schlemmen, sondern Kuchen zählt zum Nachtisch und wird nach dem Essen und vor dem Kaffee gegessen. Allerdings trinkt man über den Tag verteilt immer wieder mal zwischendurch einen schnellen Kaffee, denn dafür ist immer Zeit. Und Kaffee – in einer Espressokanne auf dem Herd zubereitet und mit viel Zucker getrunken – wird auch jedem Besucher angeboten. Wen wundert es da, dass bei einer solchen Kaffeeliebe jedes Dorf gleich mehrere Bars hat, in denen meist ein ausgesprochen schmackhafter und durchaus erschwinglicher Kaffee angeboten wird. In diesen Bars verbringen auch die Berufstätigen des Ortes ihre *respiros*, die kleinen Pausen zwischendurch, denn eine Bürokaffeepause, wie wir sie kennen, gibt es auf Mallorca nicht. Es ist auch nicht üblich, im Büro eine Kaffeemaschine aufzustellen, und betriebseigene Kantinen kennt man schon gleich gar nicht, denn für die kleinen Pausen gibt es ja die Bar um die Ecke.
Hier treffen sich die Lieferanten, Geschäftsleute, Angestellte, Friseure und Verkäuferinnen, rauchen rasch eine Zigarette, werfen einen kurzen Blick in die in jeder Bar ausliegenden Zeitungen, halten ein kleines Schwätzchen oder führen ein wichtiges Gespräch auf ihrem Handy. Lange verweilt man dort allerdings nicht, denn schließlich wartet ja die Arbeit – und der Kollege auf die Ablösung, denn auch er möchte seinen Kaffee genießen!

Xocolata calenta – Chocolate caliente Heiße Schokolade

Die heiße Schokolade kann man beim besten Willen nicht als traditionelles mallorquinisches Getränk bezeichnen, denn erst Erzherzog Ludwig Salvator,

Schwer zu sagen, was beliebter ist – *der Import aus Österreich, die köstliche dickflüssige Schokolade, oder aber die urmallorquinische Mandelmilch?*

Frisch gepresste Fruchtsäfte *kann man auf Mallorca das ganze Jahr über genießen.*

hier liebevoll »l'Arxiduc« genannt, führte das österreichische Getränk Ende des vergangenen Jahrhunderts auf der Insel ein. Aber die alles Süße liebenden Mallorquiner entdeckten rasch ihr Herz für dieses wohlschmeckende »Gebräu«, und inzwischen ist es *muy mallorquin*, seine *ensaïmadas* in die Schokolade zu stippen. Jung und Alt mögen die *xocolata*, und heiße Schokolade gehört auf jeden Fall zum Weihnachtsfest, wo sie nach der Christmette am heimischen Kamin getrunken wird.

Die *xocolata* wird oft der Einfachheit halber aus Kakaopulver und heißer Milch zubereitet. Zu besonderen Anlässen oder in guten *xocolaterias* wird das Getränk wie in alten Zeiten aus echter Schokolade und ganz dickflüssig hergestellt: 100 Gramm Blockschokolade in einem Topf im heißen Wasserbad auflösen. Den Topf auf den Herd stellen und bei geringer Hitze nach und nach unter ständigem Rühren 1/2 bis 1 Liter Milch und Zucker nach Belieben zufügen. Alles einmal kurz aufkochen lassen und heiß servieren.

Llet d'ametlla – Leche de almendra Mandelmilch

Die schmackhafte Mandelmilch ist ein Klassiker und wird in vielen Familien noch nach alten Rezepten zubereitet. Als Faustregel gilt: Auf 500 Gramm geschälte Mandeln kommen 2 1/2 Liter Wasser, 50 bis 75 Gramm Zucker, 1 kleine Stange Zimt und die abgeriebene Schale von 1 unbehandelten Zitrone; manchmal wird auch noch etwas Vanille hinzugefügt.

Die Mandeln werden zunächst unter stetiger Zugabe der Hälfte des Wassers gemahlen (dafür verwendete man früher eigene Mandelmühlen, heute tut es aber auch der Mixer). Dann wird die Masse mit dem restlichen Wasser unter ständigem Rühren zum Kochen gebracht, Zucker, Zimt und Zitronenschale (eventuell auch Vanille) zugefügt und alles gut 10 Minuten unter ständigem Rühren bei schwacher Hitze gekocht. Manchmal rührt man auch noch 1 Esslöffel Reismehl unter, wodurch die Milch eine festere Konsistenz bekommt. Zum Schluss lässt man die Mandelmilch etwas abkühlen und trinkt sie noch warm.

Irgendwo auf Mallorca ist immer Markt, der mal nur aus wenigen Ständen besteht, sich manchmal aber auch durch mehrere Straßen und Gässchen zieht. Ein typischer Wochenmarkt – er beginnt meist gegen 8 Uhr und schließt um 13 oder 14 Uhr – hat neben frischem Obst und Gemüse auch immer Haushaltswaren im Angebot. Und auf gar keinen Fall darf ein 100-Peseten-Stand fehlen, wo vom Nähgarn bis zur Haushaltsrolle jedes Teil 100 Peseten kostet.

Girlanden, *die über den Straßen aufgehängt werden, lassen es sofort erkennen – hier wird gefeiert!*

Hier können Sie Mallorcaweine direkt ab Bodega kaufen:

Bodega Puntiró
Geöffnet:
Sa–So 8.00–14.00 Uhr.
Santa Maria del Camí,
Plaça Nova 23.

Bodega Ferrer
Geöffnet:
Mo–Fr 11.00–18.00 Uhr.
Binissalem,
C/. Conquistador 103
(von Palma kommend gleich am Ortseingang).

Bodega Hereus de Ribas – Celler de Ca'n Ribas.
Keine festen Öffnungszeiten, meist Mo–Fr vor- und nachmittags.
Consell, Montana 2
(Landgut mitten im Ort).

Mallorcas Feste

Man soll die Feste feiern, wie sie fallen – unter dieses Motto könnten die Mallorquiner ihre Freude am Feiern, an Geselligkeit und natürlich an den dazugehörigen Gaumenfreuden stellen, denn eigentlich ist hier irgendwo immer irgendetwas los. Vor allem in den Sommermonaten, wenn in den Dörfern aus vielfältigem Anlass, meist zu Ehren des Schutzpatrons des Dorfs, getanzt und gesungen wird, es Umzüge und Märkte gibt – und natürlich viel zu essen und zu trinken.

Wenn Ihnen eine solche *fiesta* auf Ihrer Inseltour begegnet, parken Sie am besten Ihr Auto, und machen Sie ganz einfach mit! Erkennen können Sie es übrigens an den über die Straßen gespannten weißen Papiergirlanden: *Hoy hay fiesta* – heute wird gefeiert!

Und wenn es gerade mal kein öffentliches Fest gibt, wird schnell eine private *fiesta* oder ein Familientreffen organisiert. Denn einer der vielen Freunde oder Familienmitglieder hat garantiert ein mehr oder weniger großes Häuschen auf dem Lande, mit genügend Platz für viele Gäste. Besonders im Sommer sind diese privaten *fiestas* sehr beliebt, und die letzten Gäste gehen meist erst im Morgengrauen. Einige Feste werden auch inselweit gefeiert und sind mittlerweile so bekannt, dass ihr Ruf weit über die Dörfer hinausgeeilt ist. Oft sind es Feste mit kirchlicher Tradition, oder aber der Jahrestag eines wichtigen historischen Ereignisses wird gefeiert.

5. Januar

In Spanien bekommen die Kinder anstatt zu Weihnachten erst am Dreikönigstag ihre Weihnachtsgeschenke. Am Vorabend ziehen die *reyes magos*, die magischen Könige, durch Dörfer und Städte und bringen anschließend die Geschenke ins Haus. In Palma landen die Könige mit einem Schiff im Hafen und ziehen mit großem Gefolge durch die Stadt.

16. Januar

Am Vorabend des Festes zu Ehren des hl. Antonius werden in einigen Dörfern Freudenfeuer, die *foguerones,* angezündet und anschließend *butifarrós* und *sobrassadas* gegrillt.

Besonders intensiv gefeiert wird in Sa Pobla, wo es zu diesem Anlass eine eigene Spezialität gibt, die *espinagada,* eine köstliche Aalpastete.

In Algaida wird an diesem Tag auch das Fest zu Ehren des Schutzpatrons Sant Honorat gefeiert, bei dem die traditionellen Tänze der *cossiers* aufgeführt werden.

17. Januar

Zum Fest des hl. Antonius, des Schutzpatrons der Tiere, werden die Tiere gesegnet, und in allen Kirchen warten Menschenschlangen vor dem Altar, auf dem Arm Hunde und Katzen sowie in Käfigen Wellensittiche, Hamster und Meerschweinchen. Sogar das eine oder andere Aquarium wurde schon gesichtet!

19./20. Januar

Der hl. Sebastian ist der Schutzpatron von Palma. Zu seinen Ehren wird hier alljährlich gleich mehrere Wochen im Januar mit Musikveranstaltungen, Ausstellungen und Theaterstücken gefeiert. Am Vorabend des Sebastiantags werden dann große Freudenfeuer angezündet – und die ganze Stadt ist auf den Beinen, um ausgiebig zu schmausen, zu singen und zu tanzen.

Am 20. Januar findet eine große Prozession quer durch Palma statt.

Auch in Pollença, wo der hl. Sebastian ebenfalls als Schutzpatron verehrt wird,

Zahlreiche mallorquinische Fiestas *erinnern an ein wichtiges historisches Ereignis.*

findet am 20. Januar eine Prozession statt, bei der eine Fahne, die *estandart*, mit dem Bildnis des Heiligen durch die Stadt getragen wird. Begleitet von den *cavallets*, jungen Männern, die einen Pferdekörper aus Pappe um sich tragen und in der Gangart der Pferde traditionelle Tänze aufführen.

Februar
Auch auf Mallorca ist im Februar Karneval, der nicht nur von den Kindern mit viel Enthusiasmus und wunderschönen Kostümen gefeiert wird. In Palma findet am Karnevalssonntag ein großer Umzug statt, aber auch in vielen Dörfern ziehen an unterschiedlichen Tagen Karnevalszüge mit geschmückten Wagen, Musikkapellen, Reitern und Fußgruppen durch die Straßen. Es ist Sa Rua, was frei übersetzt Straßenkarneval heißt. Dabei wird das aktuelle Dorfgeschehen durch den Kakao gezogen, und manch einer der *autoritats* bekommt dabei ordentlich sein Fett weg. Am Abend werden die schönsten Kostüme prämiert, und in der Zwischenzeit vergnügt man sich mit Musik, Tanz und gutem Essen und Trinken!

Ende Februar/Anfang März
In dieser Zeit findet in Marratxi die *fira de fang*, die große Töpfermesse statt. Durch die rote Tonerde dieser Region hat sich die alte Tradition des Töpferhandwerks bis heute erhalten. Und in Portol, einem Ortsteil von Marratxi, kann man wie früher sein Tongeschirr direkt ab Töpferei erwerben – es gilt mallorcaweit als das beste und zugleich schönste.

März/April
Das Osterfest ist das größte kirchliche Fest des Jahres und wird meist im Kreis der Familie gefeiert. Osterhasen und Eierfärben kennt man auf Mallorca nicht, dafür werden nach alter Tradition *empanadas, robiolls* und *crespells* gebacken. Und auch hier gilt das Lamm als österliches Festessen und wird oft sogar im ländlichen Holzbackofen geschmort.

Mai
Anfang Mai findet in Sóller das Fest zu Ehren der Tapferen Frauen statt, der *ses valentes dones.* Mit Wagenumzügen, Schlachtengetümmel und historischen Kostümen feiern die Bürger eine Woche lang die Abwehr eines türkischen Angriffs im Jahre 1561 durch die tapferen Frauen des Ortes.

Juli
Am 16. Juli feiert man in allen Häfen der Insel das Fest der Schutzpatronin der Seefahrer und Fischer, die *festes de la verge del carme.* Zu diesem Anlass finden in einigen Häfen sogar feierliche und farbenfrohe Prozessionen zu Wasser statt.

25. Juli
In Calvià wird an diesem Tag die *nit mallorquí*, die Mallorquinische Nacht,

Viele Umzüge *ermöglichen, dass man Mallorquiner in ihren traditionellen Kostümen bewundern kann.*

Hier können Sie Mallorcaweine direkt ab Bodega kaufen:

Bodega Jaume Mesquida
Keine festen Öffnungszeiten.
Porreres, Carrer de la Vilete (Ortszentrum).

Bodega Galmés i Ferrer
Keine festen Öffnungszeiten.
Petra, Carrer Ordinas 19.

Bodega Miguel Oliver
Geöffnet:
Mo–Fr 9.00–13.00 und 14.30–18.30 Uhr.
Petra, Carrer Font 26.

Bodega Santa Catarina
Geöffnet:
Mo–Fr 9.00–13.00 und 15.00–17.00 Uhr;
sonntags 12.00–14.00 Uhr Weinprobe.
Capdella-Andratx, km 4,

Eine Frau aus Valldemossa *trägt zum Fest ein traditionelles weißes Spitzentuch.*

Wenn Sie bei einer Inselfahrt auf eine *fiesta* stoßen – feiern Sie mit! Denn das ist immer eine gute Gelegenheit, nicht nur das Land, sondern auch die Leute aus nächster Nähe zu erleben.

mit vielen Veranstaltungen, Liedern und Volkstänzen anlässlich der *festes de sant jaume* zu Ehren des Schutzheiligen des Dorfes gefeiert. In Alcúdia, Binissalem, Muro, Santanyí und Porto Colom finden am 25. Juli ebenfalls Feierlichkeiten statt, meist mit einer *colcada*, einem Umzug mit Reitern in typischer Tracht.

27./28. Juli

In Valldemossa wird am 27. Juli ein altmallorquinischer Brauch gepflegt, die *passejada d'es bou*, der Durchzug des Stiers. Dabei wird ein Jungstier an langen Stricken durch das Dorf gezogen. Am 28. Juli findet dort alljährlich auch das Fest zu Ehren der Schutzheiligen der Insel statt, die in Valldemossa geboren wurde. Dabei zieht der Wagen der hl. Catalina Tomás, der *carro de la beata*, mit vielen Begleitkarossen durch den Ort.

2. August

In Pollença findet alljährlich anlässlich des Festes *nostra señora dels angels*, der Muttergottes der Engel, ein Riesenspektakel statt, wenn der historische Kampf zwischen *moros y cristianos* nachgestellt wird, bei dem 1550 die türkischen Piraten, die *moros*, von den christlichen Bewohnern des Orts besiegt wurden. Die Rollen, wer bei den Mauren und wer bei den Christen kämpfen darf, werden jedes Jahr neu entschieden. Und man munkelt, dass es sich bei den Attacken nicht immer nur um Scheingefechte handelt, sondern dass dabei auch schon manch nachbarschaftliche Fehde ausgetragen wird!

23./24. August

Anlässlich des jährlichen Festes des Schutzheiligen des Dorfes, Sant Bartolomeu, finden in Montuiri Tanzaufführungen der *cossiers* statt, deren Tänze zu den ältesten Mallorcas gehören. Dieser schöne Brauch wird nur noch in Montuiri und Algaida gepflegt.

28. August

Anlässlich des alljährlichen Festes zu Ehren des *sant agustí* werden in Felanitx die mittelalterlichen Tänze der *cavallets* aufgeführt – der jungen Männer, die als Pferde verkleidet unter großem Beifall der Zuschauer traditionelle Tänze aufführen.

29. August

Zu Ehren der Feierlichkeiten für den Schutzheiligen Johannes findet in Sant Joan neben Straßenumzügen und Sportveranstaltungen auch der Steinschleuder-Wettbewerb *tir de bassetja* oder *fona* statt. Die Steinschleuder war ursprünglich eine Waffe, und die Schleuderer, die *baliarides*, waren für ihre Treffsicherheit berühmt. Ein Ruhm, der dieser Inselgruppe sogar ihren Namen gab, denn das griechische *ballein* bedeutet schleudern.

Erster Septembersonntag

In Santa Margalida findet zu Ehren der *beateta*, der Schutzheiligen Santa Catalina Tomás, ein besonders prachtvoller Umzug mit geschmückten Wagen und Gruppen in mallorquinischen Trachten statt.

Erste Septemberwoche

Alljährlich wird in Calvià, insbesondere im Ortsteil Sta. Ponça, mit vielen kulturellen Veranstaltungen eines besonderen historischen Ereignisses gedacht. Mit *les festes del rei en jaume* feiert man den Sieg der christlichen Eroberer über die Mauren, die in einer Schlacht unter König Jaume I. von Aragon im Jahre 1229 Mallorca von der jahrhundertelangen Besatzung durch die Araber befreiten. Den Höhepunkt der Festivitäten bildet die am Strand von Sta. Ponça nachgestellte Schlacht – ein Spektakel, das nicht nur die Bewohner von Calvià und die Urlauber im Südwesten, sondern auch Zuschauer und Touristen aus allen anderen Regionen der Insel anlockt.

Die mallorquinischen Fiestas *sind immer auch ein höchst willkommener Anlass für gutes Essen und Trinken.*

Zweiter Septembersonntag
In Vilafranca de Bonany wachsen die Melonen besonders gut, weshalb hier an diesem Tag alljährlich die *festes des meló*, das Melonenfest, mit regem Markttreiben gefeiert wird, und die Besucher auch kostenlos die schmackhaften Melonen probieren können.

Letzter Septembersonntag
In Binissalem findet an diesem Tag alljährlich die *festes des vermar*, das große Weinfest statt, bei dem die Winzer der Region Kostproben ihres Weines kredenzen und mit Spezialitäten wie dem *fideus de vermar* natürlich auch dafür gesorgt wird, dass der *vino* eine gute Grundlage bekommt.

Erster Oktobersonntag
In Sant Joan findet an diesem Tag alljährlich die *torrada des butifarró* statt, das Fest der Blutwurst. Hier kann man bei Volkstänzen, Umzügen und Freudenfeuern einige der mallorquinischen Spezialitäten und vor allem geröstete *butifarró* probieren.

Dritter Oktobersamstag
In Palma findet zu Ehren der Inselheiligen Santa Catalina Tomás, der *beateta*, ein Umzug mit Pferdekarossen aus allen Dörfern der Insel statt.

Letzter Oktobersonntag
An diesem Tag feiert man in Petra die *festes des bunyol*, das Krapfenfest. Dann werden nicht nur in Petra, sondern auf der ganzen Insel die beliebten Kartoffelküchlein, *bunyols*, gebacken.

Dezember
Eine Adventszeit wie bei uns kennt man auf Mallorca nicht. Vielleicht deshalb, weil die Sonne an vielen Tagen noch so warm vom Himmel scheint, dass dadurch keine richtige Weihnachtsstimmung aufkommen will. Aber in den Geschäften, den Supermärkten und natürlich in der Werbung werden die Menschen auch hier daran erinnert, genügend Vorräte im Haus zu haben. Geschenke gibt es an Weihnachten nicht, aber der erste Feiertag steht als ein Fest der Gaumenfreuden ganz im Zeichen der Familie.

31. Dezember
Mit der *festa de l'estendart*, dem Fahnenfest, gedenkt man in Palma der Befreiung der Stadt von den Mauren durch König Jaume I. Diese Gedenkfeier geht auf die Zeit unmittelbar nach der Eroberung zurück, bei der dem königlichen Banner Ehre und Huldigung zuteil wurde.
Silvester wird auf Mallorca gefeiert wie wohl überall. Man geht mit Freunden aus oder feiert den Jahreswechsel zu Hause im Familienkreis. Dazu pflegt man - wie in ganz Spanien - einen Brauch, der viel Anlass zum Lachen (oder Ärgern) gibt: die Glückstrauben. Sobald die Turmuhr beginnt, Mitternacht zu schlagen, muss mit jedem Glockenschlag eine Weintraube verspeist werden - für jeden Monat des kommenden Jahres eine.

Beim Fahnenfest *am 31. Dezember erinnert man sich in Palma an die glorreiche Befreiung von der maurischen Herrschaft.*

Auf den Märkten findet man neben dem normalen Marktangebot auch viel Kitsch, und man sollte genau überlegen, was man als Reiseandenken mitnimmt. Vor allem sollte man bei den angebotenen Lederwaren handeln – die zunächst genannten Preise sind oft überhöht! Allerdings ist Handeln nicht immer üblich, denn es wird auch Kunstgewerbe verkauft, und das hat seinen festen Preis. Orientieren können Sie sich am Preisschild: Sind die Artikel an einem Stand ausgezeichnet, gilt dieser Preis, und Handeln ist nicht angesagt.

REZEPTREGISTER DEUTSCH

MALLORQUINISCH

SPANISCH

MALLORQUINISCHES KÜCHENREGISTER

HOTELS UND FINCAS

RESTAURANTS UND CAFÉS

BODEGAS UND DESTILLERIEN

Faszinierend und prächtig –
La Seu ist das magnetisierende Wahrzeichen Palmas.

GRAFISCHES KONZEPT	Büro für Gestaltung, Dietmar Mayer, Friedhelm Ott, Hamburg
TITEL UND UMSCHLAGGESTALTUNG	Friedhelm Ott, Hamburg
KARTEN	Theiss Heidolph
LEKTORAT	Christine Pfützner
PROJEKTLEITUNG	Michaela Röhrl
BILDREDAKTION	Bettina Huber
HERSTELLUNG	Manfred Metzger
LITHOGRAFIE	PHG Lithos GmbH, München
SATZ	Reiner Löb
COPYRIGHT	1998 Südwest Verlag GmbH in der Verlagshaus Goethestraße GmbH & Co. KG, München

Gedruckt auf chlor- und säurearmem Papier

Printed in Slowenien

ANMERKUNG DER REDAKTION: Diesem Buch liegt die im Juli 1996 in Wien beschlossene und seit 1. 8. 1998 verbindliche Neuregelung der deutschen Rechtschreibung zu Grunde.

ISBN 3-517-07740-2

Wenn Sie nach Mallorca telefonieren möchten:

- Von Deutschland aus wählen Sie: 0034 + 971 und die jeweilige Telefonnummer
- Innerhalb Mallorcas wählen Sie: 971 und die jeweilige Telefonnummer.

Die Paella gehört zu Mallorca
wie das Meer und die Sonne.

Cingle des Pi
Morro den Llobera
Cala de sa Calobra
Cala Tuent
Sa Calobra
S'Illeta
Escorca
Puig de Massanella
1340
Badia de Sóller
Port de Sóller
Embalse de Gorg Blau
Embalse de Cúber
L'Ofre
1090
Sóller
Son Marroig
Punta de sa Foradada
Deià
Es Teix
1062
Orient
Lloseta
Platja de son Bunyola
Valldemossa
Alaró
Bunyola
Punta de son Serralta
Planicie
932
Esporles
Cala d'Estellencs
Santa Maria del Camí
Punta de sa Lluenta
Estellencs
Cala de Ses Ortigues
Moleta de s'Esclop
927
Galatzó
1026
Establiments
Serra de na Burguesa
Son Sardina
Segui
320
Puig de Ses Basses
491
Punta des Fabiolet
Na Bauçana
613
PALMA
(Ciutat de Mallorca)
Sa Dragonera
S'Arracó
Es Capdellà
Sa Vileta
Son Ferriol
Port d'Andraitx
Andraitx
Calvià
Gènova
Aeroport de Son Sant Joan
Ferrer
132
Es Portitxol
Cala d'Egos
Peguera
Cala Major
Coll den Rabassa
Cap de La Mola
Portals Nous
Can Pastilla
Cala de Santa Ponça
Palma Nova
Ses Cadenes
Cap des Llamp
Las Maravillas
Badia de Palma
Llucmajor
Es Malgrat
Cala Vinya
S'Arenal
Cala Mosques
Aquacity
Illa del Sec
Cap Enderrocat
Es Banc d'Eivissa
Cala Figuera
Cala Rafaubetx
Cap de Cala Figuera
El Dorado
Es Pedregar
Cap de Regana
Capocorb
Cala Pi
Cap Blanc
Punta de ses Toronges